AF150231

MARKUS ARNOLD

NO EXIT
ZEITENWENDE
IN CHINA

novum pro

Dieses Buch ist auch als
e-book
erhältlich.

w w w . n o v u m v e r l a g . c o m

Bibliografische Information
der Deutschen Nationalbibliothek:

Die Deutsche Nationalbibliothek
verzeichnet diese Publikation in
der Deutschen Nationalbibliografie.
Detaillierte bibliografische Daten
sind im Internet über
http://www.d-nb.de abrufbar.

Alle Rechte der Verbreitung,
auch durch Film, Funk und Fernsehen,
fotomechanische Wiedergabe,
Tonträger, elektronische Datenträger
und auszugsweisen Nachdruck,
sind vorbehalten

Gedruckt in der Europäischen Union
auf umweltfreundlichem, chlor- und
säurefrei gebleichtem Papier.

© 2022 novum Verlag

ISBN 978-3-99131-766-1
Lektorat: Bernadette Breitenfurther
Umschlagfotos: Aleksandar Mijatovic,
Vasile Bobirnac, Choneschones,
Peter Hermes Furian,
Ilkin Guliyev | Dreamstime
Umschlaggestaltung, Layout & Satz:
novum Verlag

www.novumverlag.com

Climate neutral
Print product
ClimatePartner.com/16547-2201-1002

Ende Dezember 2018 nahe Stuttgart: Bei trübem mitteleuropäischen Winterwetter verbringen wir den Jahreswechsel gemütlich zu Hause und schmieden Pläne für das neue Jahr. Unsere Töchter Alma (15) und Marina (knapp 13) sind Neuem gegenüber sowieso aufgeschlossen. Meine Frau Verena und ich finden ebenfalls, eine Luftveränderung würde uns guttun. Wir nehmen uns vor, im Urlaub eine ganz andere Ecke der Welt kennenzulernen und zum ersten Mal als Familie nach Asien zu verreisen.

Nach ausgiebiger Recherche im Internet peilen wir Japan zur Zeit der Kirschblüte an. Schnell verfliegt unsere Euphorie, als das Reiseportal Flugpreise von 10.000 Euro und mehr avisiert. Während wir uns schon mit den Klassikern Südtirol oder Frankreich anfreunden, lässt Alma nicht locker und verkündet kurz nach Mitternacht, sie hätte erschwingliche Flüge aufgetrieben, praktischerweise während der Pfingstferien. Die Klimatabelle verheißt leider nur Regenzeit und die Kirschen sind zu dieser Jahreszeit längst verblüht. Aber für die Ersparnis im Gegenwert einiger Hundert Regenschirme nehmen wir gerne ein paar Tropfen in Kauf. Während unserer Vorfreude auf zwei Wochen „Asien light" ahnen wir nicht, dass wir am Anfang eines Abenteuers stehen, das die Grenzen unserer Fantasie sprengen würde.

Bald danach erreicht mich ein Anruf meines Chefs, ob ich Lust hätte, eine neue Aufgabe bei unserer Einheit in Singapur zu übernehmen. Das klingt attraktiv – nach ausführlicher Erörterung im Familienrat und vorsorglicher Kontaktaufnahme mit der dortigen deutschen Auslandsschule signalisiere ich Interesse. In den nachfolgenden Gesprächen entpuppt sich die ursprünglich avisierte Stelle in Singapur rasch als Stelle in Shanghai. Der Familienrat ist nun intensiv gefordert und wir stellen Recherchen in unterschiedlichste Richtungen an – die Dimensionen chinesischer Megastädte, Luftverschmutzung und Zensur sind legendär. Auf der anderen Seite gibt es unheimlich viel zu entdecken, mehr als im von tropischem Dschungel und Palmölplantagen umgebenen Singapur. Eine deutsche Schule gibt es auch. So entschließen wir uns, unsere Zelte in Deutschland abzubrechen und für drei Jahre ins Reich der Mitte zu ziehen. Im schlimmsten Fall, so denken wir, können wir während der Ferien immer noch nach Europa fliegen und heimische Luft schnuppern. Wie sehr sollten wir uns irren.

Für Verena, die neben ihrer Berufstätigkeit sowieso schon unsere Familie organisiert, bricht ein Großprojekt an. Zunächst beginnt alles noch harmlos. Meine Firma hat einen Dienstleister engagiert, der weltweit bei Umzügen unterstützt. Dieser schickt uns lange Fragebögen, in denen wir unsere ganzen Bedürfnisse und Hobbys angeben sollen. Alma und Marina malen sich schon aus, wie sie in Shanghai ihrem Lieblingssport Hockey weiter nachgehen. Zu diesem Zeitpunkt wissen wir nicht, dass meine Firma den Vertrag mit dem Dienstleister längst gekündigt hat und ihm unser Umzug und erst recht die Hobbys unserer Töchter herzlich egal sind.

Erste Zweifel kommen auf, als sich unser Ansprechpartner für die Beschaffung unserer Visa für unzuständig erklärt. Meine Firma hat bisher nur wenige Ausländer nach China entsandt und gibt mir zu verstehen, die Sache am besten selbst in die Hand zu nehmen, die Kosten würden dann später übernommen.

Nachdem ich aus den Anweisungen auf der Website der chinesischen Botschaft und der Konsulate in Deutschland nicht schlau werde, engagiere ich eine spezialisierte Agentur. Deren freundlicher Mitarbeiter lotst mich in den kommenden Wochen über viele Stunden geduldig durch den Marathon der Visa-Anträge. Schon wieder geht es mit mehrseitigen Fragebögen los. Da ich außer dem Visum eine Arbeitsgenehmigung benötige, krame ich nach Jahrzehnten wieder mein Abiturzeugnis und meine Abschlussurkunden der Universität heraus. Mit einer einfachen Kopie ist es nicht getan. Es bedarf einer Übersetzung und notariellen Beglaubigung. Mein Arbeitgeber assistiert in Form eines offiziellen Einladungsschreibens, in dem dargelegt wird, aus welchen Gründen meine Mitarbeit als „foreign talent" benötigt wird.

Außerdem erfahren wir, dass Verena zwar gemeinsam mit mir einreisen kann, das heißt aber noch lange nicht, dass sie deshalb automatisch in China arbeiten dürfte. Erst vor Ort kann sie sich theoretisch nach einem Arbeitgeber umsehen, der sich dann um eine eigenständige Arbeitsgenehmigung bemühen muss. In der Realität bleiben die meisten Partner und Partnerinnen zur beruflichen Untätigkeit verdammt, weil die praktischen und bürokratischen Hürden sehr hoch liegen. Schon früh lernen wir unsere erste Lektion, nämlich dass das Leben in China noch mehr als anderswo einem Hindernislauf gleichkommt.

Wegen der besagten Regelung eignet sich China vor allem für Singles oder für Paare, bei denen ein Partner entweder keine beruflichen Ambitionen hegt oder eine Auszeit beabsichtigt. Weil sich selbst in der aufregendsten Großstadt irgendwann eine neue Routine einstellt, birgt das enormes Frustrationspotential. Viele ausländische Firmen bieten für die nicht berufstätigen Partner ein paar Stunden Coaching an, damit sie sich in der neuen Umgebung zurechtfinden und eine sinnstiftende Rolle finden, während der berufstätige Teil lange Stunden in der Firma verbringt. Paare mit kleinen Kindern sind da im Vorteil, weil praktisch nie Langeweile aufkommt. Ist der Nachwuchs aber schon größer oder aus dem Haus, kann es schwierig werden.

Aus chinesischer Sicht hat die Regelung den Vorteil, dass die meisten Ausländer das Land in absehbarer Zeit aus freien Stükken wieder verlassen. Qualifizierte Partner mit beruflichen Ambitionen finden sich nämlich auf Dauer nicht mit der Rolle des geduldeten Anhängsels ab. Für ausländische Firmen macht das die Entsendung von Expats schwierig und teuer, weil das wegfallende Einkommen eines zuvor berufstätigen Partners irgendwie kompensiert werden muss und weil die Mitarbeiter oft häufiger wechseln als es dem Geschäft guttut.

Glücklicherweise kann sich Verena nach vielen Jahren in der Tretmühle mit einer Auszeit vom Beruf arrangieren, und die

Betreuung von zwei Teenagern plus Hund lässt fürs Erste keine Langeweile befürchten.

Für Paare ohne Trauschein ist es fast unmöglich, gemeinsam eine Aufenthaltsgenehmigung zu erhalten. Eine Bekannte aus der Schweiz kehrt deshalb China gerne den Rücken – erst durfte ihr Verlobter nicht einreisen, und später, als ihr Ehemann, war er wegen der Pandemie nicht willkommen.

China hat sich genauso wie die Nachbarländer noch nie als Einwanderungsland verstanden. Ausländische Arbeitnehmer bleiben im Wortsinn „Gastarbeiter", selbst nach vielen Jahren Aufenthalt. Aus westlicher Sicht mag die Vorstellung, nach China auszuwandern, befremdlich erscheinen. Für Menschen aus ärmeren afrikanischen oder asiatischen Ländern sieht das wegen der lange Zeit boomenden Wirtschaft schon ganz anders aus. Mehrfach begegnen wir später in Shanghai Service-Mitarbeitern aus den Philippinen. In Guangzhou hat sich eine afrikanische Community etabliert. Dort gehen die Behörden konsequent gegen illegale Migration und illegale Beschäftigung vor.

Zu unserer Überraschung lernen wir, dass China nach US-Vorbild eine Greencard eingeführt hat, die besonders willkommenen ausländischen Fachkräften nach mehrjähriger Wartezeit einen dauerhaften Aufenthalt gestattet und sie in bestimmten Fragen mit chinesischen Bürgern gleichstellt, etwa beim Erwerb von Immobilien. Und tatsächlich lernen wir im Lauf unseres Aufenthalts zwei Landsleute kennen, die sich das Dokument im Scheckkartenformat gesichert haben. Im Einzelfall zeigen sich die Behörden also flexibel. Ein derartiger Gunsterweis gegenüber einzelnen Personen oder Unternehmen ändert indes nichts am Grundsätzlichen.

Leicht genervt von den Mühlen der Visum-Bürokratie unterbrechen wir unsere Vorbereitungen und nehmen unser ursprüngliches Ziel Japan in Angriff. Vielleicht können wir ja einiges für unseren Aufenthalt in China lernen, und wenn es nur die puren Gegensätze zu Europa einerseits und zu China andererseits sind. Wir werden nicht enttäuscht: Unser Zubringerflug nach Düsseldorf hat eineinhalb Stunden Verspätung, wir beginnen unsere Reise fast schon abzuschreiben. Doch da haben wir die Rechnung ohne die Japaner gemacht. Die Crew der ANA erwartet uns schon am Bus und lotst uns mit ausgesuchter Freundlichkeit, unaufdringlich, aber im Eiltempo durch alle Flure und Kontrollen bis ins Flugzeug. Erleichtert lassen wir uns in die Sitze sinken, die Mitreisenden unterhalten sich im Flüsterton und ziehen artig ihre extra mitgebrachten Reisesocken an. Mit gerade drei Minuten Verspätung starten wir gen Osten und erreichen Tokyo vorzeitig. Die Passagiere verlassen das Flugzeug, ohne zu drängeln und in nahezu andächtiger Stille. Mit Visumanträgen müssen wir uns nicht herumschlagen.

In Tokyo erwartet uns ein chaotischer Siedlungsbrei aus Millionen zumeist winziger Häuschen, nach zwei Jahren inmitten chinesischer Hochhäuser werden sie uns noch winziger vorkommen als im Original. In der Tokyoter U-Bahn finden wir dank englischsprachiger Beschriftung die Orientierung, meistens jedenfalls. Als wir einmal verloren vor Dutzenden Wegweisern stehen, fragt uns ein hilfsbereiter Einheimischer, wo wir denn hinwollten. Danach geleitet er uns durch das Labyrinth zum richtigen Ausgang. Die Episode sollte uns auch deshalb in Erinnerung bleiben, weil sich derlei spontane Hilfsbereitschaft auf offener Straße in China kein einziges Mal wiederholt hat.

Eine bittere Erfahrung müssen wir bereits in Japan machen. Trotz jahrzehntelanger Bindung an den Westen ist es um englische Sprachkenntnisse traurig bestellt, quer durch alle Regionen und Generationen. Aus Furcht, das Gesicht zu verlieren, gehen viele Menschen dem Gespräch mit Ausländern aus dem Wege. Selbst in Hotels westlicher Prägung muss erst einmal der oder die Richtige ausfindig gemacht werden, um mit dem Westler zu kommunizieren. Als wir in einer Provinzstadt den vorreservierten Leihwagen abholen, verfügt dort nur das Navigationssystem über Englischkenntnisse. Mit meinen hundert Worten Japanisch kapituliere ich umgehend. Uns beschleicht der Verdacht, dass es in China nicht einfacher werden sollte.

Mit China kommen wir erst einmal indirekt in Berührung. Da die Zahl chinesischer Touristen stark zugenommen hat, erfolgen die Durchsagen im Shinkansen neben der Landessprache auch noch auf Englisch und in Mandarin. In Kyoto begegnen uns bei den zahlreichen Tempelanlagen junge Damen in traditioneller Geisha-Tracht, die sich gegenseitig in den unterschiedlichsten Posen fotografieren. Rasch stellen wir fest, dass es sich um chinesische Touristinnen handelt, die dem Volkssport Fotografieren nachgehen. Wir werden Zeuge der Hassliebe zwischen den beiden Völkern. Trotz konfliktreicher Vergangenheit und der bis heute anhaltenden Spannungen erfreut sich Japan gerade bei jüngeren Chinesen großer Beliebtheit als Reiseland. Dort finden sie Zeugnisse vergangener Epochen, die zu Hause Krieg und Kulturrevolution nicht überlebt haben. Und spätestens bei Sushi und Sashimi hört für die allermeisten die Politik auf. Das gilt erst recht beim Shopping – der Duty-free-Laden am Flughafen scheint vor allem von Besuchern aus dem Reich der Mitte zu leben.

Beim Besuch des Dokumentationszentrums des ersten Einsatzes einer Atombombe in Hiroshima fällt uns auf, dass dieses ausschließlich dem Leiden der Opfer gewidmet ist. Kaum ein Wort zur Vorgeschichte, insbesondere der japanischen Okkupation in China, Korea und anderen Teilen Asiens. Kritische Selbstreflexion scheint in der Region nicht en vogue zu sein, ganz zu schweigen von permanenter Selbstkasteiung wie in Deutschland.

Nach der Rückkehr aus Japan wird es allmählich ernst, weitere Überraschungen bleiben uns nicht erspart. So rät die Deutsche Schule in Shanghai Alma, die dort die zwei Jahre Kursstufe bis zum Abitur ablegen soll, trotz guter schulischer Leistungen sicherheitshalber die Klasse 10 zu wiederholen. Nach einer Schrecksekunde widersetzen wir uns vehement und schaffen es letztlich, dass sie nahtlos in Klasse 11 weitermachen darf.

Da wir uns in eine Weltgegend mit vielen Stempeln begeben, schlägt Verena in weiser Voraussicht vor, wir sollten uns neue Reisepässe beschaffen. Die aktuellen würden in einem guten Jahr ablaufen und man wisse ja schließlich nie. Wir machen uns auf zum Fotografen sowie zum örtlichen Bürgerbüro, nach kaum zwei Wochen halten wir druckfrische Reisepässe in

Händen. Eine weitere, ungleich nervenaufreibendere Investition tätigen wir in neue Mobiltelefone. China gilt schließlich als Speerspitze der Digitalisierung, da wollen wir uns mit unseren alten Prügeln nicht blamieren. Selten hat sich eine Anschaffung so bewährt wie diese.

Da wir unser Eigenheim nicht drei Jahre leer stehen lassen wollen, ringen wir uns durch, dieses zu vermieten. Einfacher gesagt als getan, weil da noch die eine oder andere Reparatur ansteht. Außerdem muss unser ganzer Hausrat sortiert und für den Versand nach China vorbereitet werden. Immerhin bietet sich die Gelegenheit, sich von manchem Überflüssigen zu trennen, was sich über die Jahre angesammelt hat. Verena leistet Schwerstarbeit, die Handwerker gehen ein und aus.

Nicht überflüssig, aber dennoch Ballast wären unsere fahrbaren Untersätze. Und so verkaufen wir auch noch das gerade angeschaffte E-Fahrzeug sowie den vor allem von unseren Kindern heißgeliebten Wohnwagen. Jedes Vorhaben für sich kostet uns etliche Tage Aufwand und manche Nerven.

Nicht hingegen trennen wir uns von unserem Familienhund Willy, einem kräftigen 20-Kilo-Rüden mit ausgeprägtem Bewegungsdrang in freier Natur und mit einem Pelz, der ihn eher für die Arktis als das subtropische Shanghai prädestiniert. Erfreut lesen wir in den Entsendungsrichtlinien meiner Firma, dass Hunde im Unterschied zu Pferden im Rahmen des Servicepakets nach China expediert werden. Doch auch für Willys Umzug gilt es manch medizinische wie bürokratische Hürde zu überwinden. Welch ein Glück, dass er von Anfang an vorschriftsgemäß registriert, geimpft und entwurmt worden ist. Obendrein benötigt er als ein einziges Familienmitglied kein Visum und muss keine Sprachbarriere überwinden. Doch auch hier liegen die Tücken im Detail: Meine Eltern haben mir gleich drei Vornamen beschert, die sich leider nur schwer auf das entsprechende Zollformular für den Hundehalter pressen lassen – und ohne das korrekt ausgefüllte Formular keine Einreise für den Hund. Die Lösung dieses Problems in einer hektischen Nacht-und-Nebel-Aktion kostet Verena den vorletzten Nerv.

Eine echte Hiobsbotschaft hält die Spedition für uns bereit: In China gebe es leider die Spezialität, dass das Umzugsgut aus dem Ursprungsland, in unserem Fall also aus Deutschland, erst dann auf den Weg gebracht werden dürfe, sobald wir vor Ort die eigentliche Aufenthaltsgenehmigung erhalten hätten. Das dauere mindestens drei bis vier Wochen ab der Einreise. Unser Visum reiche dafür nicht aus. Wir verfluchen die Bürokratie und setzen die Aufenthaltsgenehmigung ganz oben auf die Prioritätenliste für die Zeit nach unserer Ankunft. Wir stellen uns darauf ein, mehrere Wochen aus dem Koffer zu leben, am Ende werden es fast fünf Monate.

Unsere Packaktion bleibt ebenfalls nicht ohne Zwischenfälle. Fein säuberlich trennen wir unser Umzugsgut zwischen der Luftfracht, die „schon" nach wenigen Wochen eintreffen soll, sowie in die große Masse, die auf dem Seeweg verschifft wird. Trotz Erinnerung durch Verena versäume ich es, ein oder zwei Anzüge rechtzeitig in den Koffer zu legen. Nachdem die Packer verschwunden sind, konstatieren wir entsetzt, dass meine Anzüge im Seegepäck gelandet sind.

Die Spedition versichert uns mit dem größten Ausdruck des Bedauerns, dass es unmöglich sei, aus Dutzenden von Kartons ein paar Kleidungsstücke herauszuholen. Um mein neues Amt halbwegs ansehnlich anzutreten, muss dringend Ersatz beschafft werden. Anstatt den Abend vor meinem Abflug entspannt zu verbringen, erreichen wir um 19.40 Uhr abgekämpft das nächstgelegene Kaufhaus, nahezu blind erstehe ich zwei Anzüge. Glücklicherweise ist gerade Sommerschlussverkauf …

Um in den ersten Wochen passabel unterzukommen und in Ruhe eine dauerhafte Bleibe suchen zu können, mieten wir mit Unterstützung des Umzugsdienstleisters für die Anfangszeit ein möbliertes Apartment, eines der wenigen, das auch Hunde akzeptiert. Es handelt sich um dasselbe Apartment, das Verena selbst bereits im Internet ausfindig gemacht hatte – nur eben mit Vermittlungsprovision für unsere Helfer, wie sich später herausstellte.

Am Abend des 7. August 2019 fliege ich als Vorauskommando gen Shanghai, während meine Familie noch eine weitere Woche Kärrnerarbeit bei der Auflösung unseres Haushalts verrichtet. Am Vormittag des 8. August schwebe ich über einem Meer aus Hochhäusern in Shanghai ein. Peinlich genau befolge ich bei der Einreise die Instruktion der Spedition, bitte jeweils zwei Zollformulare für Flugfracht, Seefracht sowie für den Hund auszufüllen und abstempeln zu lassen. Ohne dieses Formular wäre die spätere Einfuhr leider nicht möglich. Nachdem ich den richtigen Schalter gefunden und die Stempel erhalten habe, hüte ich fortan die Formulare wie meinen Augapfel.

Am Ausgang empfängt mich mein sympathischer Fahrer Tian, der an diesem Morgen wohl genauso neugierig ist wie ich, was ihn in den kommenden drei Jahren wohl erwartet. Nach etlichen Jahren in Diensten amerikanischer Expats bin ich sein erster Europäer. Tian spricht passabel Englisch, fährt souverän und flößt mir spontan Vertrauen ein.

Über vorzüglich ausgebaute Schnellstraßen erreichen wir nach einer guten halben Stunde meine Unterkunft. An der Rezeption dauert es ein paar Minuten, den einzigen englischsprachigen Mitarbeiter aufzutreiben. Der erklärt mir, dass die Wohnung leider erst am Nachmittag bezugsfertig sei. Deshalb lasse ich mein Gepäck zurück und fahre, ungeduscht und zerknittert, in die Firma, um meine künftigen Kollegen kennenzulernen. Dort begrüßen mich in bestem Englisch unsere Personalchefin und meine Assistentin. Sie finden, dass ich nach dem langen Flug ein Mittagessen verdient hätte. Wir gehen in das nächstgelegene japanische Restaurant, was meine Beobachtungen aus Kyoto bestätigt.

Beim Verlassen des Büroturms verschlägt es mir beinahe den Atem. In Shanghai herrscht Hochsommer bei weit über 30 Grad und 90% Luftfeuchtigkeit. Die subtropische Sonne brennt erbarmungslos vom Himmel. 200 Meter Fußweg zur gegenüberliegenden Mall reichen aus, um jedem Mitteleuropäer den Schweiß aus den Poren zu treiben. Insgeheim beneide ich meine Assistentin, die sich wie viele andere weibliche Büroangestellte mit einem Schirm bewaffnet hat, der gegen Sonnenbrand und Hitzschlag gleichermaßen schützt.

Der Bestellvorgang im Restaurant katapultiert mich unversehens in die nächste Stufe des Internet-Zeitalters. Damit es zügig geht und mittags jeder Tisch mehrfach besetzt werden kann, bedienen sich die Gäste eines am Tisch befestigten QR-Codes anstelle einer herkömmlichen Speisekarte, lange bevor Corona derlei Methoden auch in Europa den Weg bereitet. Binnen einer Minute wird online bestellt sowie vorab bezahlt. Die erforderlichen Apps fehlen noch auf meinem Handy. Deshalb oute ich mich als Neuankömmling und bitte um eine schöne klassische Speisekarte. Diese wird flugs gebracht. Zu meiner freudigen Überraschung strotzt sie vor bunten Bildern, in diesem Fall sogar mit zweisprachigen Erklärungen. Verhungern werde ich also definitiv nicht. Wie ich später feststelle, sind die Bilder landesweit Standard, nur die englische Übersetzung endet außerhalb der von Ausländern frequentierten Geschäften und Restaurants.

Nach einer ersten Vorstellungsrunde, Einweisung in Büro und Technik gilt es in den ersten Tagen vor allem meine Überlebensfähigkeit für den chinesischen Alltag herzustellen, und zwar in der Reihenfolge Bankkonto, Handyvertrag und Ausstattung mit den wichtigsten Apps. Dazu zählen vor allem WeChat, das chinesische Pendant zu WhatsApp, sowie Alipay. Die Registrierung erfolgt mit Reisepass und diversen weiteren persönlichen Informationen. Die Big-Data-Algorithmen der Behörden lesen garantiert mit, aber seit dem Visaantrag gibt es ohnehin kaum mehr Geheimnisse.

Bezahlen über WeChat oder Alipay ist absoluter Standard, die Verwendung von Bargeld erregt beinahe schon Argwohn. Für die Übergangszeit besorge ich mir an einem Geldautomaten mittels Kreditkarte notgedrungen einen Mindestbetrag an Bargeld. Die Einfuhr von Bargeld ist, abgesehen von Bagatellbeträgen, wegen der Devisenbewirtschaftung verboten, westliche Kreditkarten werden selten akzeptiert und ohne Bankkonto funktioniert keine der wichtigsten Apps.

Derart gerüstet, rücke ich am frühen Abend erneut in unserer Unterkunft an, doch vor der ersehnten Dusche, gilt es auch hier die Hürden der Bezahlung zu überwinden. Der Rezeptionist besteht auf Vorauskasse für vier Wochen, wovon unser angeblicher Umzugsexperte nicht berichtet hat. Leider überschreitet die Miete das Limit meiner Kreditkarte, kein Wunder bei den Mieten in Shanghai. Nach einigem Hin und Her begnügt sich der Rezeptionist mit einer Anzahlung. Telefonisch bitte ich V., sich bei unserer Bank zu Hause um ein großzügigeres Limit zu bemühen.

Die mir zugewiesene Wohnung ist modern, der leicht muffige Geruch ficht mich nach einem langen Tag nicht weiter an. Um eine Vorstellung von der neuen Umgebung zu entwickeln, entschließe ich mich zu einem abendlichen Spaziergang. Schon seit ungefähr 18.30 Uhr herrscht pechschwarze Nacht. Wegen der Lage auf dem 31. Breitengrad wird es nahezu schlagartig dunkel, eine längere Dämmerung nordischer Prägung ist unbekannt.

Bei unseren Recherchen vor der Abreise hatten wir den Aspekt der Zeitzone vernachlässigt, was sich nun als grobe Fahrlässigkeit herausstellt. Aufgrund einer West-Ost-Ausdehnung von über 5 000 Kilometer liegt China innerhalb von fünf der weltweit 24 Zeitzonen. Seit 1949 gilt trotzdem landesweit einheitlich die Pekinger Zeit, Symbol eines tief verwurzelten Zentralismus. Nachdem regionale Sonderwege leicht als Vorstufe zum Separatismus gelten, wagt niemand den Status quo in Frage zu stellen. Nicht einmal eine Sommerzeit gibt es, nachdem ein fünfjähriger Versuch 1986–1991 wohl auf wenig Resonanz gestoßen ist.[1]

So fühlen wir uns erst einmal im Land der Dunkelheit, schließlich können wir uns beim besten Willen nicht aufraffen, im Sommer um vier oder fünf Uhr aufzustehen, um die Morgensonne zu genießen. Umso mehr sollten wir uns in den kommenden beiden Jahren über Aufenthalte weiter im Westen von China freuen, wo es ähnlich wie in Europa helle Sommerabende gibt.

Die Straßenlampen spenden ein Funzellicht, bei dem selbst für Fußgänger Vorsicht geboten ist. An den Glitzermeilen des Geschäftsviertels und am Huangpu, der Shanghai durchzieht, sieht es natürlich anders aus. Ungleich gefährlicher als die Fußgänger

---

1 Vgl. echinacities.com/Q&A.

leben die zahlreichen Fahrer von E-Scootern. Um die Reichweite ihrer Batterien auszuschöpfen, hält es kaum einer für nötig, das durchaus vorhandene Licht einzuschalten. Am Gewicht wird ebenso gespart – fast niemand trägt Helm, von den wenigen Fahrradfahrern ganz zu schweigen. Autofahrer respektieren wegen der allgegenwärtigen Kameras die roten Ampeln, Mopedfahrer scheinen die Ampeln eher als unverbindliche Empfehlung zu betrachten. Rasch wird mir klar, warum die meisten ausländischen Firmen ihren Expats das Autofahren angesichts der hohen Unfallgefahr entweder verbieten oder jedenfalls dringend davon abraten.

Ein deutscher oder europäischer Führerschein wird in China nicht anerkannt. Schon die ersten Eindrücke bestätigen mich darin, auf den Erwerb eines chinesischen Führerscheins zu verzichten. Eigentlich schade – der Verkehr ist keineswegs chaotisch, sobald die Autos unter sich sind, die Straßen sind meistens gut.

Die Dunkelheit wird untermalt durch eine einzigartige Geräuschkulisse. Doch nicht Straßen- oder Industrielärm dringen an mein Ohr, sondern ein schrilles Konzert Zehntausender Riesengrillen, die sich in den Alleebäumen breitgemacht haben. Ansonsten ist es trotz der dichten Besiedlung extrem ruhig, die meisten Menschen sind inzwischen längst zu Hause, die Geschäfte und Restaurants um diese Zeit spärlich besucht. Keine Spur von überbordenden Menschenmassen.

Weitere Erkundungen nehme ich mir für das erste Wochenende vor, habe meine Rechnung aber ohne den Wettergott gemacht. Die Kollegen warnen mich vor dem herannahenden Ausläufer eines Taifuns. Am Freitagnachmittag wird mir aus meinem Büro im 37. Stock ein Logenblick auf die herannahende schwarze Wolkenwand zuteil. Kurz darauf gießt es wie aus Kübeln. Auf dem Heimweg reichen die wenigen Meter Sprint zum und vom Auto, um völlig durchnässt zu werden.

Am nächsten Morgen sind die Straßen übersät von Ästen und losen Gegenständen, die der Sturm mitgerissen hat. Die tags zuvor noch adrett in Reih und Glied aufgestellten Leihräder liegen auf der Seite wie Dominosteine. Die Temperatur ist auf erträgliche 25 Grad gefallen, die App mit den aktuellen Daten zur Luftqualität meldet Bestwerte. So mache ich mich trotz des immer noch strömenden Regens auf, ein paar Lebensmittel zu besorgen und um unser Quartier abzulaufen. Dieses erfreut sich bei Ausländern großer Beliebtheit, vielleicht findet sich ja in der Nähe eine passende Bleibe.

Meine Exkursion endet nach wenigen Minuten, als die erste stärkere Bö meinen Regenschirm zerfetzt. Ausgestattet mit einem robusten Prachtexemplar aus heimischer Produktion, entliehen bei der Rezeption, unternehme ich einen zweiten Anlauf. Zielstrebig steuere ich das Carrefour-Einkaufszentrum um die Ecke an, dem praktischerweise ein Food-Court mit Dutzenden Imbissständen, Restaurants und Cafés angegliedert ist. Der Supermarkt erweist sich als unvorstellbar leer, was ich zunächst auf das schlechte Wetter schiebe. Später erfahre ich, dass die meisten Kunden inzwischen nach Hause liefern lassen. Das Personal steht sich die Beine in den Bauch, der riesige Supermarkt wirkt plötzlich wie aus der Zeit gefallen, schon vor Corona.

Das Sortiment zeugt von der kurz zuvor erfolgten Übernahme von Carrefour China durch einen einheimischen Investor. Abgesehen von einigen französisch geprägten Weinregalen hat man sich dem lokalen Geschmack angepasst. Viele Produkte vermag ich ohne Sprachkenntnisse nicht zu identifizieren. Das Bedürfnis nach wirklich frischen Lebensmitteln scheint Chinesen und Franzosen zu einen. Anstelle frisch gefangener Fische aus dem Mittelmeer grüßt hier ein – noch lebender – Ochsenfrosch. Obst und Gemüse gibt es in Hülle und Fülle.

In anderer Hinsicht folgt man leider dem schlechten Beispiel aus Amerika. Gebäck, Schokolade und selbst Joghurt enthalten Unmengen an Zucker. Käse wird großteils in Form gummiartiger Scheiben dargeboten, die während meiner Kindheit en vogue waren, sich aber glücklicherweise in Europa nicht durchgesetzt haben. Brot gibt es entweder abgepackt in Form labbriger Toastscheiben oder frisch nach französischer Machart. Da das Personal kein Wort Englisch spricht und die Übersetzungsapp an Spezialitäten wie „glutenfrei" scheitert, fällt mein erster

Einkauf mickrig aus. Als ich an der Kasse als Einziger in bar bezahle, fühle ich mich wie ein Relikt aus der Steinzeit.

Wenige Tage später werde ich stolzer Inhaber eines chinesischen Bankkontos. Dazu bedarf es der Hilfe zweier Kollegen, die alle möglichen Dokumente vom Arbeitsvertrag bis zur Meldebescheinigung in die Bankfiliale mitgebracht haben und übersetzen. Die Vorschriften für Ausländer scheinen kompliziert zu sein. Zwei, zeitweise drei Mitarbeiter der Bank sind damit beschäftigt, die Eröffnung meines schlichten Girokontos abzuwickeln. Nach rund eineinhalb Stunden ist es dann geschafft, gleichzeitig habe ich die Eintrittskarte in die Welt des chinesischen e-business gelöst. Danach kümmern wir uns um eine Mobilnummer. Das funktioniert ähnlich wie in Europa in einer Filiale des Telekomanbieters, nur mit etwas mehr Daten und Unterschriften. Der Reisepass mit Visum zählt bei all diesen Vorgängen zur Standardausstattung und als Nachweis dafür, dass man sich völlig legal im Land aufhält.

Mitte August trifft mit hängender Zunge meine Familie in Shanghai ein. Verena und die Kinder waren bis zum Abflug damit beschäftigt, unser Haus für die Vermietung vorzubereiten. Ohne die tatkräftige Hilfe unserer Verwandtschaft wäre es ganz eng geworden. Für Alma und Marina fallen die Sommerferien ins Wasser, weil das alte Schuljahr in Baden-Württemberg erst Ende Juli endet und das neue in Shanghai bereits um den 20. August beginnt. Obendrein gleichen die verkürzten Sommerferien 2019 umzugsbedingt einem Arbeitslager.

Die Koffer sind noch nicht verstaut, da ziehen Verena und die Kinder schnüffelnd durch die Wohnung, während ich mich mit dem modrigen Geruch abgefunden hatte. Nach kaum zehn Minuten haben sie mehrere Schimmelnester ausfindig gemacht. Trotz der Müdigkeit bestehen wir an der Rezeption auf eine andere Wohnung, die nicht im Erdgeschoss liegt. Welch ein Glück, dass wir noch nicht voll bezahlt haben, die Drohung mit Mietminderung wirkt auch in China Wunder. Flugs beziehen wir ein Apartment im Obergeschoss und verstauen den Inhalt unserer Koffer.

Noch am selben Tag wird mit großem Hallo unser Hund begrüßt. Willy hat es von uns allen am besten getroffen, muss er doch zur gemeinsamen Unternehmung nichts beitragen und darf, nach tierischen Standards, first class reisen. Eine derart überdimensionierte Hundekiste haben wir über all die Jahre nicht gesehen. Jetzt verstehen wir, warum die Firma alle Transportkosten übernommen hat, nicht jedoch die 250 Euro für die Transportbox. Auf Nachfrage erfahren wir, dass im internationalen Flugverkehr Tierschutz großgeschrieben wird. Die Kiste muss angeblich ausreichend Platz bieten, damit sich der Vierbeiner bequem der Länge nach ausstrecken kann, zuzüglich Schwanz versteht sich. Im Vergleich dazu waren unsere Economy-Sitze die reinste Käfighaltung. Willy darf zur Belohnung noch kurz auf die Straße. Angesichts der anhaltenden Hitze scheint er um Jahre gealtert. Erschlafft trottet er neben mir her, bis herumstreunende Katzen kurzzeitig seinen Jagdinstinkt wecken.

Die folgenden Tage stehen im Zeichen der Schulvorbereitung und der Beschaffung des Nötigsten für den Haushalt. Trotz praller Koffer und Übergepäck haben wir uns einschränken müssen. Die Ausstattung unseres Apartments zielt mehr auf den schönen Schein als auf das Praktische ab. Die Messer schneiden nicht, auf der Butter hinterlassen sie selbst nach mehrfachem gründlichem Spülen bläuliche Schlieren. Die übrigen Kochutensilien reichen allenfalls für Rühreier.

Anlass genug, nach Carrefour einem der rund halben Dutzend IKEA-Märkte in Shanghai einen Besuch abzustatten. Wir treffen auf ein Musterbeispiel weltweiter Standardisierung: dieselben endlosen verwinkelten Gänge, dieselbe Reihenfolge der Möbel und dieselbe Tischdeko wie überall. Im Gegensatz zum Supermarkt scheinen Möbelhäuser für chinesische Konsumenten noch ein echtes Einkaufserlebnis zu bieten. Komplette Familien mit allen Generationen rücken an, manche nutzen ausgiebig die Gelegenheit zum Probeliegen oder gleich für einen Mittagsschlaf. Rabattaktionen erfreuen sich großer Beliebtheit: Zunächst sind wir irritiert über den Wortschwall der Kassiererin, bis wir verstehen, dass sie es nur gut mit uns meint. Mit Nachdruck legt sie uns die Kundenkarte ans Herz, damit wir das neue Besteck und die Töpfe zum möglichst günstigsten Preis erwerben. Wir wollen sie nicht enttäuschen und nehmen dankend an.

Im Vertrauen darauf, dass IKEA einen Ruf zu verlieren hat und seine Kunden nicht vergiftet, wagen wir uns in den nächsten Tagen dank der neuen Gerätschaften an die Zubereitung von Speisen in unserer Küche. Einige Einkaufsquellen haben wir ja bereits ausfindig gemacht, gewöhnungsbedürftig finden wir das Trinkwasser aus Wasserkanistern mit 4–5 Litern Inhalt. Kollegen und die Mitarbeiter der Umzugsfirma raten inständig davon ab, das Leitungswasser zum Kochen zu verwenden oder gar zu trinken, denn Schwermetalle verschwinden leider nicht durch Erhitzen. Wir mögen uns gar nicht ausmalen, welchen Beitrag allein die Trinkwasserversorgung von 1,4 Milliarden Menschen aus Kunststoffkanistern zum Anschwellen des Plastikmülls leistet.

Nebenher organisieren wir die Versorgung unseres Vierbeiners. An Geschäften für Haustierbedarf herrscht kein Mangel. Die Zahl der Hunde- und Katzenbesitzer steigt exponentiell, untrügliches Signal für steigenden Wohlstand und vielleicht auch für die hohe Zahl kontaktarmer Singles. Manches Hunde-Accessoire kann nicht schrill genug sein, damit die Umgebung das lebende Statussymbol auch gebührend wahrnimmt. Unserem Willy wird es also an Futter nicht fehlen.

Sein Bewegungsspielraum stellt sich bald als beschränkt heraus – in öffentlichen Verkehrsmitteln ist die Mitnahme von Haustieren strikt untersagt, verständlich angesichts des Gedränges zu den Stoßzeiten. Leider besteht auch in den meisten Parks Hundeverbot. In unmittelbarer Nachbarschaft unserer provisorischen Unterkunft liegt ein Gewerbepark, der dank eines hübschen kleinen Sees und üppigem Grün seinem Namen alle Ehre macht. Die Zufahrten werden, wie in China üblich, von einem privaten Sicherheitsdienst überwacht, zumindest zu den üblichen Geschäftszeiten. Somit scheitert unser erster Versuch zur Erkundung des Terrains an einer resoluten Dame, die wahrscheinlich über die geballte Gefahr durch Ausländer und Hund ebenso erschrocken ist wie ich über ihr Gezeter.

Fortan halte ich es mit den einheimischen Hundebesitzern. Die nutzen nämlich ein paar Trampelpfade abseits der offiziellen Zugänge und kommen bevorzugt frühmorgens oder abends, während die Security-Leute ihren Feierabend genießen. Hat man es einmal in den Park geschafft, droht nur selten Ungemach. Angesichts der Hitze bewegen sich die wenigen Wachleute innerhalb eines Radius von 20 Metern und lassen friedliche Hundebesitzer gewähren, solange nur der Abstand ausreichend groß ist. Dabei gilt es stets das Gesicht zu wahren: Hat man sich zufällig gegenseitig aus den Augenwinkeln erspäht, sehen beide Parteien voneinander weg und gehen jeglicher Eskalation aus dem Weg. Unangenehm nur, wenn der Chef mit auf Patrouille unterwegs ist oder wenn man in den militärisch zelebrierten Morgenappell des Security-Trupps gerät – in einem solchen Fall gibt sich niemand eine Blöße. Mit Hilfe von Trillerpfeifen und unter wildem Gestikulieren werden Eindringline kompromisslos vertrieben – bis das Katz-und-Maus-Spiel am nächsten Tag von Neuem beginnt.

So verschafft uns Willy ungewollt eine weitere kulturelle Erfahrung: Entgegen vielen westlichen Vorurteilen erleben wir einen ausgeprägten Hang zum laissez-faire, ja geradezu zur Anarchie. Regeln laden dazu ein, frei interpretiert, gebogen und kreativ umgangen zu werden. Im Erfolgsfall erntet man dafür Respekt und Bewunderung. Nach teutonischer Manier dagegen den direkten Weg zu suchen, und sei es stur mit dem Kopf gegen die Wand zu rennen, gilt als Ausweis mangelnder Reife.

Am 20. August beginnt das Schuljahr an der Deutschen Schule in Shanghai. Davon gibt es sogar zwei, an entgegengesetzten Enden der Stadt. Alma und Marina besuchen diejenige in Yangpu, mit 300 Schülern vom Kindergarten bis zum Abiturjahrgang fast eine Zwergschule. Die Schüler sind ähnlich bunt zusammengewürfelt wie die Lehrerschaft. Kinder von Expats wie unsere Töchter, die ein paar Jahre bleiben und dann wieder zurückkehren, stellen vielleicht noch die Hälfte, weil die Zahl der Entsandten seit einigen Jahren sinkt. Die anderen Kinder entstammen Familien, die dauerhaft in Shanghai leben, davon viele Mischehen zwischen einem deutschen und einem chinesischen Partner, oder auch chinesischen Familien mit Pässen eines deutschsprachigen Landes.

Chinesische Bürger dürfen ihre Kinder nicht an der Deutschen Schule anmelden. Kein Wunder, ist doch diese einer der wenigen Orte freier Meinungsäußerung außerhalb der eigenen vier Wände. In der Schule treffen die Kulturen und Meinungen aufeinander, und so kommt es durchaus vor, dass Werte oder Positionen, die in Europa als selbstverständlich gelten, von Schülern, die der Kommunistischen Partei nahestehen, angegriffen werden.

Eine chinesische Schülerin rechtfertigt das Massaker auf dem Platz des Himmlischen Friedens mit der Bemerkung, die Demonstranten seien zuvor gewarnt worden. Wer dies missachte, sei selbst schuld. Ihre Eltern haben Jahre in Deutschland verbracht, von demokratischen Werten aber wohl nichts mitgenommen, jedenfalls nichts weitergegeben. Zu allem Überfluss soll sich der Schüler, der das Massaker angeprangert hat, auch noch entschuldigen, weil er die Gefühle seiner Mitschülerin verletzt habe. Wie in Europa, wo Ideologie und Aggression vorwiegend aus der islamistischen, links- oder rechtsradikalen Szene kommen, bietet die Deutsche Schule auch in Shanghai den Feinden der Freiheit Raum. Wir fragen uns, wie die Freiheit verteidigt werden soll, wenn deutsche Institutionen Radikale ungestraft gewähren lassen. Neben solchen Unterschieden in der Weltanschauung nehmen Alma und Marina im Vergleich zu Deutschland ein stark ausgeprägtes Konkurrenzdenken unter den Schülern wahr.

Bald machen wir uns an die Wohnungssuche. Unsere Töchter freuen sich schon auf ein hübsches Haus, mit Garten und Terrasse. Damit wir uns in der Metropole zurechtfinden, beinhaltet das Umzugspaket meines Arbeitgebers Unterstützung durch einen freundlichen, englischsprachigen Helfer. Dieser holt uns an einem Samstag früh morgens ab. Wir brechen zu einer Rundtour zu bestimmt zwanzig Häusern in den typischen Siedlungen für wohlhabende Einheimische und die ausländischen Expats auf. Da Baugrund astronomisch teuer ist, liegen diese weitab vom Stadtzentrum, mindestens eine halbe Stunde Fahrt ins Büro, egal ob mit dem Auto oder mit der U-Bahn.

Von außen vermitteln diese Compounds einen adretten Eindruck. Umgeben von üppigem Grün und geschützt durch hohe, teils stacheldrahtbewehrte Mauern, unzählige Kameras und die allgegenwärtigen Security-Leute an den Zugängen, versprechen die Häuser im einheitlich gehaltenen Stil Sicherheit und großzügigen Wohnkomfort. Schon als wir das erste Haus betreten, verschlägt es uns den Atem. Das feuchtwarme Klima hat seine Spuren hinterlassen. Der Schimmel blüht, sofern er nicht gerade frisch übertüncht worden ist.

Angesichts der dürftigen Isolierung von Wänden, Fenstern und Türen erkundigen wir uns nach Heizung und Klimaanlage. Das Haus entpuppt sich als energetisches Fossil. Heizung und Klimatisierung erfolgen aus ein und derselben, elektrisch betriebenen Lüftungsanlage. Der Makler erläutert uns, dass dies der Standard und beileibe keine Ausnahme ist. Bei rund 300 m² Wohnfläche nähern sich die Stromkosten in den Spitzenmonaten der 1.000-Euro-Marke, obwohl der Strompreis bei nur einem Drittel des deutschen Niveaus liegt. Der Garten entpuppt sich als modrige Wiese. Auf der Terrasse steht noch das Wasser vom letzten Wolkenbruch, weil die Handwerker die Neigung leider in die falsche Richtung angebracht haben.

Dankend lehnen wir ab, doch in den nächsten Häusern kommt es noch besser. In einem der Wohnzimmer staunen wir ob einer Möblierung, die jedem europäischen Schloss zur Ehre gereichen würde. Der Hauseigentümer hat einen überdimensionalen vergoldeten Thronsessel erworben, den auszufüllen es unserer kompletten Familie bedürfte. Ein anderer hat sich eine 10 Meter lange Kellerbar nebst Disco einbauen lassen. In einer Wohnanlage, die schätzungsweise 25 bis 30 Jahren auf dem Buckel hat, sind die Häuser reihenweise eingerüstet, weil eine Grundsanierung ansteht. Hier wird nicht für die Ewigkeit gebaut.

Gegen Mittag weicht unsere anfängliche Verzweiflung zunehmender Heiterkeit, weil die Kombination aus Pfusch am Bau, neureicher Ausstaffierung und hanebüchenen Mietforderungen

Stoff für einen ganzen Kabarettabend liefert. Wir beschließen, die Tour als Abenteuer zu betrachten und als Lehrstück darüber, wie wir es nicht haben möchten.

Haus um Haus sagen wir ab, woraufhin unser Helfer Henry meint, das Erlebnis noch steigern zu müssen. Möglicherweise deutet er unsere gute Stimmung als Ausdruck von Wohlgefallen. Zu guter Letzt landen wir in einer Anlage im Tudor-Stil, deren Wohnfläche 500 m² beträgt. Die Energiekosten entsprechen einem deutschen Durchschnittslohn, der riesige Garten würde einen Gärtner auf Trab halten.

Henry versucht uns hartnäckig zu entlocken, wie viel Budget denn meine Firma für die Miete ausgeben möchte. Er kann es nämlich gar nicht glauben, dass wir anders als üblich selbst als Mieter auftreten. Im Normalfall, so erfahren wir, suchen sich die entsandten Mitarbeiter innerhalb eines bestimmten Budgetrahmens eine Bleibe aus. Der jeweilige Arbeitgeber schließt dann den Mietvertrag ab, stellt die Kaution und kümmert sich um die Formalitäten. Dieses Strickmuster führt zuverlässig dazu, dass die Mitarbeiter mit Unterstützung der dienstbaren Geister vor Ort darauf achten, nur ja nichts zu verschenken.

Sie entscheiden sich dann für eine Unterkunft, die genau dem vorgegebenen Budget entspricht oder auch knapp darüber. Verhandelt wird üblicherweise nicht. Deshalb verstehen wir, weshalb uns Henry andauernd völlig überteuerte Objekte präsentiert, schließlich haben die meisten seiner Kunden keinen Anreiz zu sparen. Ich erkundige mich, ob er denn ausschließlich vom Honorar meines Arbeitgebers lebe. Natürlich nicht, entgegnet er ganz unverblümt. Üblicherweise würden er und der Makler des Eigentümers die Provision hälftig teilen. Auf zwei Beinen stehe man schließlich besser als auf einem, und je teurer die Miete desto üppiger die Provision.

Nun erkläre ich Henry, dass sich meine Firma ein intelligenteres System ausgedacht habe. Wir erhalten nämlich einen Pauschalbetrag zum Ausgleich der höheren Lebenshaltungskosten, kümmern uns selbst um die Wohnung und die Firma hat mit allem Weiteren nichts zu tun. Im Übrigen lägen alle präsentierten Objekte weit oberhalb dessen, was wir für die Miete auszugeben gedächten. Da könnten wir auch noch eine geraume Zeit in unserer provisorischen Wohnung ausharren. Diese Hiobsbotschaft schlägt Henry sichtlich auf den Magen. Als wir aus dem Auto aussteigen, verspricht er nach günstigeren Objekten Ausschau zu halten, also in seiner Vorstellungswelt weniger als 6.000 bis 8.000 Euro. Daraufhin hüllt er sich tagelang in Schweigen.

Wir dagegen sind richtig in Fahrt gekommen. Da uns nichts mehr schrecken kann, schnappen wir uns nach dem Ende der bemerkenswerten Rundtour mit Henry den nächstbesten Immobilienmakler auf der Straße. Das ist ganz einfach, denn die Makler stellen sich – vorzugsweise an den Wochenenden – an die Einfahrten der großen Wohnanlagen und bieten die aktuell verfügbaren Wohnungen feil. Sogar Marina arrangiert sich infolge der Schocktherapie mit dem Gedanken, dass eine passable Wohnung jedem der besichtigten Häuser vorzuziehen sei. Den Makler an der nächsten Siedlung packt der Schrecken, als unbegleitete Ausländer ihn ansprechen, doch er fasst sich rasch und organisiert in Windeseile einen des Englischen mächtigen Kollegen.

Auf diese Weise lernen wir noch am selben Tag ein halbes Dutzend Wohnungen in „unserem" Quartier kennen. Zwar werden wir noch nicht fündig, lernen aber mit jeder Besichtigung dazu. Auch hier blüht im Erdgeschoss der Moder, während es sich weiter oben trocken und heller lebt, weil weniger Gebüsch und Nachbargebäude das Licht abhalten.

Wo auch immer wir uns umsehen, liegen die Mieten extrem hoch, erst recht gemessen an der Qualität der Behausungen. Vergleichbares findet sich in Europa allenfalls in London oder Paris, deutsche Miethaie nehmen sich dagegen wie Waisenknaben aus. Wer es sich in China irgendwie leisten kann, lebt nicht zur Miete, sondern kauft, am liebsten gleich mehrere Eigentumswohnungen.

Zur Minderheit der Mieter zählen demzufolge ärmere Menschen, Berufsanfänger, die nicht mehr bei ihren Eltern wohnen und Leute, die ihren offiziellen Wohnsitz in einer anderen Provinz haben und deshalb an ihrem tatsächlichen Wohnort nicht berechtigt sind, eine Immobilie zu erwerben. Die wenigen Ausländer fallen kaum ins Gewicht. Der Umstand, dass viele Wohnungen einfach leer stehen, treibt ebenfalls die Preise. Teile der reichen Oberschicht betrachten Wohnungen als Spekulationsobjekt, mit Mietern mögen sie sich gar nicht abplagen. Freunde von uns wohnen in einem der vornehmeren Compounds in der Innenstadt. Sie schütteln den Kopf darüber, dass sich Eigentümer Jahresmieten von 70.000 oder 80.000 Euro einfach entgehen lassen.

Spätabends fallen wir todmüde und um etliche Erfahrungen reicher ins Bett. Verena trifft die heroische Entscheidung, die Sache selbst in die Hand zu nehmen. Bereits am nächsten Tag beginnt sie die Angebote auf englischsprachigen Immobilienportalen abzugrasen und einige vielversprechende Viertel in der Nähe des Zentrums in Augenschein zu nehmen. Parallel dazu höre ich mich in der Firma um. Die Kollegen müssen es schließlich wissen, sind sie doch ausnahmslos in China geboren und aufgewachsen. Auf die Idee, sich ein ganzes Haus zu mieten, käme dort niemand. Wer es sich leisten kann, wohnt zentrumsnah in einer großen Wohnung in einem vorzeigbaren Compound. Einige legen mir nahe, besser eine Immobilie zu kaufen. Ein Kollege hat sogar eine Wohnung in fußläufiger Entfernung zu unserem Büro im Herzen des Business District angemietet. Da wähnen wir uns in guter Gesellschaft und schalten unseren Suchmodus auf die chinesische Variante um.

Es dauert nicht lange, bis uns eine hübsche, frisch renovierte Wohnung um die Ecke angeboten wird. Leider ist sie etwas zu klein, doch wieder lernen wir etwas dazu. Die Vermieterin preist als einen besonderen Vorzug an, dass sie garantiert giftfreie Farbe aus deutscher Produktion verwendet habe. Weitere Erkundigungen bestätigen, dass solche Menschenfreundlichkeit keine Selbstverständlichkeit ist. Deshalb kann man sogar ein spezialisiertes Serviceunternehmen damit beauftragen, vor Abschluss des Mietvertrags den baubedingten Schadstoffgehalt der Innenraumluft (also unabhängig von etwaiger Smogbelastung) sowie des Leitungswassers bestimmen zu lassen. Vorsorglich beschaffen wir uns die Kontaktdaten.

Kurz darauf wird Verena nach intensiver Suche fündig, alles passt: Die Wohnung liegt im selben Compound wie die meines Kollegen, ein gepflegter Park, gerade einmal zwei Kilometer ins Büro, der Schulbus hält um die Ecke. Aus der 31. Etage bietet sich eine großartige Aussicht auf den Wolkenkratzerwald und den Fluss. Etwas in die Jahre gekommen, ist die Wohnung doch ordentlich in Schuss und geradezu ein Prachtstück im Vergleich zu allem, was wir bisher gesehen haben. Verena verhandelt noch ein bisschen, bis man sich einigt.

Kurz vor der Unterschrift unter den Mietvertrag taucht unversehens Henry aus der Versenkung auf, um uns stolz eine ideale Wohnung für unsere Bedürfnisse zu präsentieren. Als wir seine Nachricht lesen, trauen wir unseren Augen nicht – es ist doch tatsächlich genau dieselbe, die anzumieten wir im Begriff sind, allerdings jeden Monat um 600 Euro teurer. Inzwischen wissen wir ja, dass die Provision für beide Seiten reichen muss. Damit er nicht das Gesicht verliert, so viel haben wir mittlerweile begriffen, erwähnen wir von unserer selbst initiierten Suche kein Sterbenswörtchen, erbitten freundlich Bedenkzeit und unterschreiben unverzüglich den Mietvertrag, nachdem auch noch der Test auf Luftschadstoffe negativ ausgefallen ist.

Der „Einzug" gestaltet sich weniger aufwendig als es das Wort suggeriert. Unsere Habe befindet sich zu diesem Zeitpunkt immer noch sicher verstaut irgendwo in einem Containerlager in Deutschland, mit zwei Autofuhren für den Inhalt unserer insgesamt acht Koffer plus Hund ist es getan. Glücklicherweise ist die Wohnung wie die allermeisten in China möbliert. Die meisten unserer eigenen Möbel haben wir zu Hause gelassen. Willy erschnüffelt zufrieden sein neues Territorium, nur vom Balkongeländer in 90 Metern Höhe hält er einen gehörigen Respektabstand. Angesichts der großen, wie üblich mäßig isolierten Fenster tröstet uns der Umstand, dass in einem so schönen Hochhaus jeder für jeden mitheizt und mitkühlt.

Für Verena hat indes das Projektmanagement erst begonnen. Der Schadstofftest des Leitungswassers fällt erwartungsgemäß bedenklich aus, obwohl sich die Qualität nach glaubhaften Berichten in den letzten Jahren deutlich gebessert hat. Nicht ohne Grund stoßen wir auf einer Messe für Ausländer auf ein breites Angebot für Filter an Wasserhähnen und Duschköpfen. Für die Küche gönnen wir uns ein Hightech-Gerät zur Wasserreinigung, um nicht jeden Tropfen Wasser im Supermarkt besorgen zu müssen. Nachbarn, die schon länger hier leben, machen uns darauf aufmerksam, dass mit dem herannahenden Winterhalbjahr die Heizsaison bevorstehe, und da sei mit erhöhter Smogbelastung zu rechnen. Also beschafft Verena mobile Luftfiltergeräte für die unterschiedlichen Räume, obendrein ein digitales Messgerät, das wir an prominenter Stelle im Wohnzimmer platzieren. In den WeChat-Gruppen blüht der Gebrauchtwarenhandel zwischen Neuankömmlingen und Rückkehrern, so kommen wir in den Genuss eines Luftfilters aus zweiter Hand.

Die Entwicklung gibt ihr recht – keine Woche später bricht die erste Smogwelle des Herbstes über Shanghai herein. Die Luftqualitätsapp auf unseren Handys zeigt tiefes Rot. Nachdem wir unser neues Spielzeug kurzerhand vom Wohnzimmer auf den Balkon verfrachtet haben, bestehen keine Zweifel mehr. Die Wirksamkeit der Luftfilter testen wir, indem wir sie in einzelnen Zimmern gezielt ausschalten und nachmessen. Es dauert nicht lange, bis die Dreckluft durch die Fensterritzen dringt und die Innenräume verpestet. Ebenso schnell sorgen die Geräte wieder für eine erträgliche Umgebung. Schlimm nur, dass all diese Filter mit demselben Kohlestrom betrieben werden wie alles andere, ein echter Teufelskreis. Mit Hilfe des Geräts lernen wir in den folgenden Monaten, den Smogindex einigermaßen mit bloßem Auge einzuschätzen, eine Fähigkeit, die künftige Generationen des homo sapiens hoffentlich nicht mehr benötigen.

Als Smogfalle erster Güte entpuppt sich die Küche. Zu den natürlichen Ursachen zählt scharfes Anbraten. Das bringt die Anzeige unseres Wundergeräts an die Grenze des messbaren Bereichs. Als nicht so extreme, aber umso hartnäckigere Quelle identifizieren wir nach längerem Experimentieren den Dunstabzug, der offensichtlich Dünste nicht nur von innen nach außen ableitet, sondern auch umgekehrt. Nachdem unser Filter in der

Küche gegen den Smognachschub über den Dunstabzug kaum ankommt, gehen wir zu einer zutiefst chinesischen Lösung über. Kleinreparaturen erfolgen oft schlicht mit Hilfe von Klebeband und Folien. So verpacken wir den Dunstabzug kurzerhand in zwei Schichten Alufolie und fixieren unser Werk mit Klebeband. Weniger elegant als von Christo, doch wirksam.

Das Gröbste wäre damit erledigt. Rasch stellen wir fest, dass unser Wohnturm nicht für die Ewigkeit gebaut ist und die Eigentümer bei der Ausstattung weniger auf deren Haltbarkeit als auf niedrige Kosten geachtet haben. So empfängt Verena in den ersten Wochen den sogenannten „repairman" als Dauergast. Diese Vielzweckhandwerker kümmern sich im Auftrag des Eigentümers um alles, wenn es irgendwo klemmt, von der Elektroinstallation über die Möbel bis hin zum Sanitärbereich. Nachdem ein solcher Tausendsassa nicht gleichzeitig Spezialist sein kann, fehlt es bisweilen an der Detailkenntnis und im Zweifelsfall wird nach dem Prinzip „Versuch und Irrtum" improvisiert. Verena, an schwäbische Gründlichkeit gewöhnt, gerät wiederholt an den Rand der Verzweiflung, wenn es mehrerer Anläufe mit einer erklecklichen Portion Irrtum bedarf, um das Problem zu lösen.

Freunde versichern uns, dass wir mit dieser Erfahrung nicht allein dastehen. Je mehr andere Wohnungen wir bei Besuchen im Freundeskreis kennenlernen, umso glücklicher schätzen wir uns. Außerdem beginnen wir manchen technischen Pannen eine humoristische Seite abzugewinnen. Anlass dazu bietet unter anderem unsere Spülmaschine, bei der der Hersteller leider die Dichtung vergessen hat. Nach jedem Spülgang tappen wir durch Wasserlachen auf dem Küchenboden. Der repairman mag es zunächst auch nicht glauben. Nach dem dritten erfolglosen Anlauf einer Reparatur kapituliert er und bewegt den Vermieter zur Anschaffung eines neuen Geräts. Leider hat er die Küchenmöbel falsch vermessen oder das nächstbeste Sonderangebot genutzt – das neue Gerät ist um etliche Zentimeter zu niedrig geraten und kippt jedes Mal unter lautem Geschepper nach vorne, wenn wir bei der Beladung die Gewichtsverteilung nicht sorgsam austarieren. Unser findiger repairman erweist sich als echter

Sparfuchs. Den Hohlraum zwischen Spülmaschine und Küchenplatte stopft er einfach provisorisch mit einer übrig gebliebenen Styroporplatte zu. Als diese nach zwei Wochen Belastung zu bröseln beginnt, stopfen wir selbst.

Abwechslung bietet Monate später der Austausch einer schwer angeschimmelten Badezimmertür – im ersten Anlauf wird eine Tür mit völlig anderen Maßen geliefert. Womöglich hat man sich in der Wohnung vertan oder man versucht es mit Recycling. Beim zweiten Exemplar eine Woche später stimmen halbwegs die Maße, die beige Farbe bietet aber einen bemerkenswerten Kontrast zum dunkelbraunen Türstock.

Den Weg zum Sicherungskasten im Hausflur finden wir bald im Schlaf, weil bei stärkerer Belastung regelmäßig der Strom ausfällt. Während der Backofen in Betrieb ist, achten wir darauf, von weiteren Stromfressern wie dem Staubsauger oder dem Fön die Finger zu lassen. Derlei Petitessen nehmen wir mittlerweile gelassen und erfreuen uns lieber an der Aussicht auf das umliegende Häusermeer und den Huangpu mit seinem regen Schiffsverkehr. Bald gewöhnen wir uns an das tiefe Wummern der Schiffsdiesel, das nachts mangels anderer Geräuschkulisse bis zu uns heraufdringt.

Die Erfahrungen nach unserem Einzug lehren uns im Kleinen, dass auch in China nur mit Wasser gekocht wird. Hinter einer pompösen Oberfläche steckt nicht immer viel Substanz. Während viele Menschen im Westen in einer Art Angststarre nach China blicken, erleben wir im Alltag ein Land, das einfach anders funktioniert, nicht zwangsläufig besser oder schlechter als andernorts, und in dem wir uns anders verhalten müssen, als wir es von Kindesbeinen an gelernt haben. Zu unseren härtesten Lektionen gehören eine ausgeprägte Robustheit in der Durchsetzung der eigenen Interessen, insbesondere die richtige Beschwerde. Oft klappen Dinge nicht auf Anhieb, weil Handwerker, Verkäufer, Kellner, Vermieter und so weiter schlampen und improvisieren. Viele sind angelernt und geraten ins Schleudern, wenn ein Anliegen aus der Reihe fällt. Ohne den Chef dürfen sie praktisch nichts entscheiden und lehnen erst einmal ab. Bei manchen gewinnen wir den Eindruck, sie hätten es auf den schnellen Reibach abgesehen.

Anfangs beschweren wir uns noch europäisch zurückhaltend. Diese Sprache wird in meiner Firma und auch in Teilen der Bürokratie verstanden, meistens gilt sie als Zeichen von Schwäche. Es passiert einfach nichts. Nolens volens eignen wir uns den lokalen Modus an, werden gegenüber einem Handwerker barsch und notfalls laut, rufen nach dem Chef, schreiben unfreundliche Chat-Nachrichten, halten Zahlungen zurück. Besonders leiden muss die Dame, die im Auftrag unseres Vermieters die Wohnung verwaltet. Richtig schlecht fühlen wir uns, die Leute manchmal zusammenzustauchen, aber es funktioniert. Unser schlechtes Gewissen beruhigt sich, als wir merken, dass es uns niemand übelnimmt. Nach dem reinigenden Gewitter hellt sich die Stimmung blitzschnell wieder auf, und wir gehen wieder freundlich miteinander um, als wäre nichts gewesen. Weil uns sowieso niemand versteht, kündigen wir innerhalb der Familie das Ritual an. Ich muss dann nicht mehr erschrecken, wenn Verena wie auf Knopfdruck aus der Haut fährt.

Nach unserem Umzug lernen wir einen Eckpfeiler moderner Wohnkultur im städtischen China kennen, das „Wohnquartier". Alleinstehende Einfamilien- oder Mehrfamilienhäuser finden sich fast nur noch im historischen Bestand oder auf dem Land. Stattdessen werden mehrere Hochhäuser auf einem Gelände von mehreren Hektar zu einem solchen Quartier zusammengefasst. Bei Neubauten errichtet der Bauträger den ganzen Compound. Dieser wird umzäunt und mit mehreren Eingängen und Einfahrten versehen, an denen Mitarbeiter eines Sicherheitsdienstes nach dem Rechten sehen. Bei Siedlungen jüngeren Datums sind Tiefgaragen fester Bestandteil der Ausstattung. Das schafft an der Oberfläche Platz für Grün und Sporteinrichtungen. Gelegentlich gibt es einen kleinen Laden für Lebensmittel und Gegenstände des täglichen Bedarfs oder auch ein Café.

Ältere Anlagen ohne Tiefgarage bieten solche Annehmlichkeiten nicht. Freiflächen dienen als Parkplatz.

Die Vorteile dieses vielleicht etwas langweiligen Ansatzes erschließen sich auf den ersten Blick. Anstelle eines chaotischen Siedlungsbreis wie in anderen asiatischen Ländern sind die moderneren Viertel ansehnlich und geordnet. In den Städten wird in die Höhe gebaut wird, 20 bis 30 Geschosse sind die Norm. Dadurch gibt es zwischen den Häusern viel Platz. Auf kleiner Fläche leben viele Menschen, ohne dass ein Gefühl der Enge entsteht, weder unten auf der Straße noch in den Wohnungen selbst. Die durchschnittliche Wohnfläche pro Person lag 2020 in Peking bei 32 Quadratmetern, in anderen Städten meistens noch höher.[2] Würden Chinesen siedeln wie Europäer oder gar wie Nordamerikaner, wären weite Regionen zubetoniert. Oder umgekehrt: Auch im dichtbesiedelten Deutschland wäre ausreichend Bauland und Platz für die Natur vorhanden, würden nicht Hochhäuser tabuisiert und das Einfamilienhaus in manchen Gegenden quasi zum Menschenrecht erklärt.

Zur Standardausstattung eines solchen Quartiers gehört die Hausverwaltung, die den Laden technisch und organisatorisch zusammenhält. Da die einzelnen Wohnungen an private Eigentümer verkauft werden, denken wir gleich an die Eigentümergemeinschaft zu Hause. Ein echt chinesisches Unikum stellt das sogenannte „Neighbourhood Committee" dar, das die Schnittstelle zur öffentlichen Verwaltung bildet und manche Aufgaben des Zivilschutzes wahrnimmt.

Dass die Partei ein waches Auge auf die Nachbarschaftskomitees hat, darf getrost unterstellt werden, stellt aber keine Besonderheit dar, weil die Partei in praktisch jeder Institution ihre Parallelstrukturen unterhält, bis hinein in viele Unternehmen der Privatwirtschaft. In staatlichen oder staatsnahen Betrieben agiert der Chef oft in Personalunion als Vorsitzender des betrieblichen Parteikomitees. Daraus macht niemand ein Geheimnis, manche Visitenkarte weist beide Funktionen gleichzeitig aus. Dazu passend empfehlen mir langgediente Expats, mich bei Bedarf an

---

2 Wikipedia: Standard of Living in China, statista.com.

fachlicher Kompetenz in solchen Unternehmen an die zweite Führungsebene zu halten, oben werde nur die Politik gemacht.

Um uns an der neuen Adresse anzumelden, müssen wir also nicht zur nächsten Polizeistation, sondern wenden uns an das Büro des Nachbarschaftskomitees, das den Meldeservice übernimmt. Als im Winter 2020/2021 ungewohnte Kältewellen über Shanghai hereinbrechen, fordert unser Nachbarschaftskomitee schon Tage zuvor die Bewohner auf, Wasserhähne auf den Balkonen gegen den Frost zu sichern und sich bei Verlassen des Hauses warm anzuziehen. Generell wird der Zivilschutz ernst genommen, für Shanghai erfolgen jedes Jahr Taifun-Warnungen, es gilt dann der Grundsatz „safety first". Wer kann, wird aufgefordert, von zu Hause zu arbeiten, Flug- und Zugverkehr werden nach Vorankündigung eingestellt. Uns erreichen solche Nachrichten in der Regel über eine der Chatgruppen oder über meine Firma.

Bei der Volkszählung 2020 organisiert das Nachbarschaftskomitee in unserem Wohnviertel die reibungslose Durchführung. Im Foyer unseres Hochhauses wird ein Stand aufgebaut, wo die Mitarbeiter Sinn und Zweck der Veranstaltung vermitteln und gleich die Erhebung durchzuführen. Ohne befragt zu werden, kommt hier niemand vorbei. Verena beantwortet die Fragen gesammelt für die ganze Familie und bekommt als Dank kleine Geschenke ausgehändigt. Die Fragen finden wir inhaltlich erstaunlich harmlos und weit entfernt von der Privatsphäre. Für sensible Informationen gibt es gewiss geeignetere Instrumente als eine Volkszählung.

Ein spezielles Ergebnis des Zensus beeindruckt uns besonders: In der ganzen Volksrepublik leben gerade einmal 1,4 Millionen „overseas residents", davon etwa 600 000 ethnische Chinesen aus Hongkong, Taiwan und Macao. Die verbleibende Zahl von 850 000 entspricht ungefähr der Zahl der in Berlin gemeldeten Ausländer.[3] Dabei ist noch gar nicht berücksichtigt, dass sich Chinesen während eines Studiums oder einer Berufstätigkeit im

---

3 Xinhua 11.05.2020 (nach www.registrationchina.com), www.statista.com.

westlichen Ausland gerne die Staatsbürgerschaft des Gastlandes zulegen. Die Zahl der „richtigen Ausländer" ohne chinesische Wurzeln liegt somit noch einmal niedriger.

Schnell legen wir die Illusion ab, Chinesen mit Auslandserfahrung oder westlichem Pass würden sich westliche Werte zu eigen machen. Einige, die wir kennengelernt haben, geben sich nach ihrer Rückkehr in die Heimat besonders patriotisch und parteinah. Ein Pass macht noch keinen neuen Menschen und verändert noch lange nicht das Denken. Den neuen Pass betrachten dessen Inhaber meistens völlig nüchtern als zusätzliche Option für ihre Lebensplanung. Parteimitglieder stören sich nicht unbedingt am westlichen Pass ihres Partners.

Besondere Bedeutung wird dem Nachbarschaftskomitee während der Corona-Pandemie zukommen. Da geht es um Information und Aufklärung, Zugangsregeln und -Kontrollen, die Logistik für die Anlieferung der Pakete, Quarantäneregeln oder um Werbung für die Impfkampagne.

Am Anfang staunen wir ob der Auswahl an Luxuskarossen, die über die Wege unseres Compounds kurven. Über den Fuhrpark eines großbürgerlichen Wohnviertels in Deutschland geht das weit hinaus. Die italienischen oder britischen Edelmarken würden wir zu Hause mit zwielichtigen Zeitgenossen assoziieren, die ihr Geld mit Drogenhandel, Prostitution oder Schutzgelderpressung verdienen. Sogar in benachbarten Quartieren, die dem Äußeren nach in Europa als sozialer Brennpunkt durchgehen würden, stehen Teslas und Mercedes vor der Haustür. In China hat es organisierte Kriminalität schwerer als anderswo, daher ist der Hintergrund profan.

Wer vor 15 oder 20 Jahren in Shanghai in Immobilien investiert oder solche geerbt hat, ist unversehens und ganz legal zum Millionär geworden. Zweitens gibt es mittlerweile eine Schicht an wohlhabenden Unternehmern. Drittens sehen sich reiche Chinesen mit dem Luxusproblem konfrontiert, wie sie ihr Geld ausgeben sollen. Dem unbegrenzten Immobilienerwerb hat der Staat inzwischen den Riegel vorgeschoben, um die Spekulation einzudämmen. Viertens ist die Landeswährung nicht frei konvertierbar. Ein Bekannter erzählt mir, er würde ja liebend gerne im Ausland investieren, aber die Regierung habe den Umtausch pro Person auf 50.000 US-Dollar im Jahr begrenzt.[4] Wir hören von verschlungenen Umwegen, um Kapital ins Ausland zu transferieren, etwa über Firmen oder im Ausland studierende Kinder. Doch viele scheuen die damit verbundenen Risiken und Mühen. Und so werden die überschüssigen Millionen für teils obszönen Luxus auf den Kopf gehauen. Insgeheim sind wir nicht allzu traurig über die strikte Devisenkontrolle. Würde nämlich all dieses Kapital nach München, Frankfurt oder Hamburg drängen, würde das Wohnen dort noch unbezahlbarer als schon heute.

Mit unserer Standortwahl mitten im Zentrum sind wir zufrieden und verbringen dank Verenas Luftfilteroffensive feinstaubfreie Abende. Noch größere Freude kommt auf, als kurz darauf die große alljährliche Import-Export-Messe stattfindet. Der Präsident hat sich zur Eröffnung angesagt und trifft aus diesem Anlass Emmanuel Macron. Die Blumenkästen an den großen Verkehrsachsen werden frisch bestückt und zahlreiche Betriebe heruntergefahren, um Emissionen zu vermeiden. Zu Marinas Entzückung wird auch die Deutsche Schule angewiesen, an zwei Tagen den Unterricht einzustellen, damit die Schulbusse nicht die Luft verpesten.

Die Produktion im Business District beschränkt sich auf Besprechungen und Arbeit am PC. Deshalb zähle ich zu der privilegierten Minderheit, die in der ausgestorben wirkenden Stadt mit Sondergenehmigung zur Arbeit antreten darf. Leider entgeht mir der Blick auf die präsidentielle Flussfahrt, da die Verwaltung unseres Bürogebäudes vorsorglich die Fensterblenden herunterfährt, vermutlich aus Sicherheitsgründen. Wir genießen eine Woche Frischluftkur wie zu Hause und haben zudem Glück, dass auch im weiteren Verlauf des Herbstes eine frische Brise vom Meer den aufkommenden Smog regelmäßig wieder verbläst, bevor es allzu schlimm wird.

---

4 So auch: China US Focus.com, 29.08.2011.

Nervenzehrend gestaltet sich die Erlangung unserer Aufenthaltsgenehmigung. In Deutschland waren wir noch der naiven Ansicht, mit dem für uns alle für jeweils drei Jahre ausgestellten Visum sei es im Wesentlichen getan, schließlich haben wir neben einem Einladungsschreiben meines Arbeitgebers einen ausführlichen Lebenslauf, Uni-Diplom, Geburts- und Heiratsurkunden etc. eingereicht. Auf diese Weise haben wir es zwar ins Land geschafft, jedoch nur provisorisch. Im nächsten Schritt muss mein Arbeitgeber eine Arbeitsgenehmigung beschaffen. Dazu unterzeichne ich mehrere Dokumente, die ich nicht verstehe, gebe zwischenzeitlich meinen Reisepass ab, und halte nach etwa zwei Wochen stolz meine chinesische Arbeitserlaubnis im Scheckkartenformat in Händen.

Im nächsten Schritt sieht das Verfahren einen Gesundheitstest für alle Personen ab 16 Jahren vor. Diesen absolviere ich nach Online-Anmeldung durch meine Firma gemeinsam mit meiner Frau und einigen Hundert weiteren Ausländern in einem extra für diesen Zweck eingerichteten Gesundheitsamt. Unsere Töchter sind noch unter 16, deshalb entgeht ihnen dieses Erlebnis.

Die meisten anderen Expats haben ihre Assistentin mitgebracht. Wir schlagen uns ohne fremde Hilfe durch, ebenso wie die ausländischen Studenten, die zu diesem Zeitpunkt noch die zweite bedeutsame Ausländergruppe bilden. Also reihen wir uns auf Verdacht in die erste längere Schlange ein, die sich auch als die richtige herausstellt, nämlich Schritt 1 „Registrierung". Schritt 2 „Bezahlen" erschließt sich von selbst, da am nächsten Schalter Bargeld den Besitzer wechselt. Nach dem Vorgeplänkel dürfen wir uns umziehen und bekommen neben Pantoffeln eine Art OP-Kittel ausgehändigt, mit dem wir leicht bekleidet die Folgestationen absolvieren. Die Atmosphäre erinnert an ein Sanatorium in der ausgehenden Sowjetunion.

Der Gesundheitstest besteht aus sieben oder acht Reihenuntersuchungen, vom Standardblutbild über Ultraschall der Bauchorgane bis zum EKG. Alles ist in dieser Untersuchungsfabrik zackig durchorganisiert, die rudimentären Englischkenntnisse des Personals lassen die Kommunikation auf das absolute Mindestmaß schrumpfen. Nur gut, dass deren Anweisungen schon vorab über die Warteschlange verbreitet werden und wir wissen, was uns erwartet. Nach eineinhalb Stunden haben wir es geschafft und bekommen eine Bescheinigung mit, damit wir einige Tage später unseren Musterungsbescheid abholen können. Dieser erweist sich in Anbetracht des minimalistischen Ansatzes als beeindruckend treffsicher und gibt ziemlich exakt die Erkenntnisse vergangener Arztbesuche von zu Hause wieder.

Trotz grünen Lichts der Gesundheitsbehörden steigt unsere Nervosität, weil unsere Habe nach wie vor in Deutschland auf die Einschiffung wartet und erst nach Vorlage der Aufenthaltspapiere abgeschickt werden darf. Für den endgültigen Antrag muss ich meinen Pass erneut einige Tage abgeben, den brauche ich aber, um eine Geschäftsreise nach Singapur anzutreten. Somit vergehen weitere zehn Tage, bis wir endlich in Begleitung eines hierfür von meiner Firma angeheuerten Spezialisten das Ausländeramt Shanghai aufsuchen.

Die effiziente Fließbandarbeit kennen wir bereits aus dem Gesundheitsamt. Die Mitarbeiter werden anhand eines Kärtchens an jedem Schalter identifiziert, damit die Antragsteller wissen, mit wem sie es zu tun haben. Parteigenossen weisen sich zusätzlich durch einen roten Anstecker mit Hammer und Sichel auf der Uniform aus. Nachdem wir unsere Pässe nebst einem Bündel von Anträgen und Unterlagen abgegeben haben, klebt die zuständige Mitarbeiterin endlich die Aufenthaltsgenehmigung für drei Jahre in unsere Pässe.

Sie ist gerade dabei, uns diese auszuhändigen, als sie stutzt und den Pass unserer älteren Tochter mit kritischem Blick zurückhält. Sie hat nämlich bemerkt, dass Alma schon nach gut zwei Jahren volljährig wird. Daraufhin verkürzt sie die Dauer ihres Bleiberechts auf gut zwei Jahre, nämlich genau bis zu ihrem 18. Geburtstag, wenige Monate nach ihrem voraussichtlichen Abitur und fast ein Jahr vor dem Ablauf meiner Entsendung. Das entspricht offensichtlich der Gesetzeslage, leider hören wir von diesem Umstand jetzt zum ersten Mal. Trotz längeren Palavers lässt sich die Beamtin nicht umstimmen.

Kollegen trösten mich mit dem Hinweis, dass unsere Tochter nach dem Abitur der Form halber ein Studium in China aufnehmen und dann weiter bei uns bleiben dürfe. Irgendeine Lösung würde sich in solchen Fällen immer finden, und damit haben sie rückwirkend betrachtet recht. Alma fühlt sich in diesem Augenblick als Persona non grata und ist stocksauer. Ihr widerstrebt, in einem Akt der Selbsterniedrigung ein Scheinstudium aufzunehmen, um noch weiter geduldet zu werden. So erleben wir im Kleinen wieder einmal die unterschiedlichen Systeme und die unterschiedliche Mentalität.

Während in China mit grenzenlosem Pragmatismus nach einem Umweg zum Ziel gesucht wird und der bürokratische Hürdenlauf als Normalfall gilt, sind Westler der überbordenden Regulierung irgendwann überdrüssig und ziehen dann auch einmal drastische Konsequenzen, im Kleinen wie in der Wirtschaft oder in der großen Politik. An diesem Tag sind wir schon froh, dass unsere Tochter besonnener reagiert als der Herr im Weißen Haus, sonst könnten wir vermutlich gleich wieder die Koffer packen. Unwillkürlich denken wir an den Handelskrieg zwischen China und den USA, der kurz vor unserer Ankunft voll ausgebrochen ist. Wir versprechen Alma, sie nicht allein hängen zu lassen, falls es zum Schwur kommt, und gehen zwangsläufig zur Tagesordnung über. Wer nach China geht, muss sich mit dem Zwiepalt abfinden, in professioneller Funktion willkommen, als Person indes mancherorts eher als unvermeidliche Begleiterscheinung internationaler Wirtschaftsbeziehungen gerade einmal so geduldet zu sein.

Verena scannt umgehend das hart erkämpfte Dokument für unseren Aufenthalt im Reich der Mitte und schickt es an die Umzugsfirma, um endlich unsere Habseligkeiten in Deutschland loszueisen. Immerhin haben wir mittlerweile Ende September. Selbst im subtropischen Shanghai werden irgendwann die Nächte kühl; ein paar zusätzliche Pullover und Jacken können wir allmählich gebrauchen.

Zuvor gönnen wir uns nach rastlosen Monaten zur großen Freude von Alma und Marina, die den entgangenen Sommerferien nachtrauern, eine Verschnaufpause. Anlässlich des Nationalfeiertags bleibt die erste Oktoberwoche arbeitsfrei, unzählige Nationalflaggen künden von dem bevorstehenden Ereignis. Auch unser Nachbarschaftskomitee spart nicht an der Beflaggung. Die Auszeit nutzen wir für eine Reise auf die Tropeninsel Hainan. Selbst kein Fan des Strandurlaubs, rechne ich mit dem Schlimmsten, zubetonierten Küsten wie an der Adria, Brandrodung wie in Indonesien und Ballermann nach mallorquinischer Art.

Bereits im Landeanflug werde ich eines Besseren belehrt. Üppig bewaldete Berge reichen bis knapp an die Küste. Dort treffen wir auf eine moderne Infrastruktur, die inzwischen auch die Provinz erschließt. Eine Ringautobahn und parallel dazu eine Hochgeschwindigkeitsbahnstrecke ziehen sich einmal um die Insel von der Größe Nordrhein-Westfalens. Bei solchen Projekten wird mehr als früher auf die Umwelt geachtet. Die Trasse führt in weiten Teilen durch Tunnel und über Brücken. Halbe Berge wegzusprengen wie bei unseren französischen Nachbarn üblich, scheint allmählich aus der Mode zu kommen. Schließlich soll Hainan zu einer Vorzeigeregion im Tourismus ausgebaut werden. Dabei hilft der 2014 eröffnete Weltraumbahnhof Wenchang im Osten der Insel, sozusagen als chinesische Antwort auf Cape Canaveral.

Wie überall in China wird beim Bauen geklotzt. Beim Transfer vom Flughafen in unser Urlaubsquartier passieren wir vierspurige palmengesäumte Alleen mit Fahrradweg und Parks, die gleichermaßen hübsch wie überdimensioniert wirken. Die Erschließung der Küste hebt sich angenehm von dem ab, was wir aus Südeuropas Tourismushochburgen kennen. Die Hotels liegen einige hundert Meter hinter der unverbauten Küste und recht weit voneinander entfernt, dazwischen befinden sich Dünen und Uferwald.

Durch den Grüngürtel führt ein idyllischer Bohlenweg. Dort treffen wir denselben Pfusch und dieselbe mangelnde Instandhaltung an wie in unserer Wohnung. An vielen Stellen sind die Planken durchgebrochen. In der Dämmerung müssen wir höllisch aufpassen, in keines der teils hüfthohen Löcher zu stürzen.

Kein Wunder, dass Mountainbiker die Anlage als Abenteuerparcours nutzen. Etliche Ferienanlagen entlang des Wegs zollen schon nach 20–30 Jahren dem tropischen Klima in Kombination mit schlechter Bauqualität Tribut und werden demnächst abgerissen, um noch pompöseren und hoffentlich langlebigeren Neubauten Platz zu machen.

Die neuen Hotels und Einkaufszentren schmücken sich mit Superlativen in bester US-Manier. Das größte Hotel wirbt mit einem rekordverdächtigen Aquarium. Die zugehörige Delphinshow darf nicht fehlen. Show, Unterhaltung und Shopping bilden die Eckpfeiler eines gelungenen Urlaubs. Die Reichen vergnügen sich mit Jetskis und anderen Wasserspielzeugen. Danach füllen sie in der Mall für Luxusmarken ihre Schränke auf. Die Regierung lockt mit Hilfe von „duty-free" mit großem Erfolg Schnäppchenjäger an. Die längste Warteschlange am Flughafen der Touristenmetropole Sanya treffen wir nicht an der Sicherheitskontrolle an, sondern am Schalter für die Steuerrückerstattung. Teilweise, so hören wir, beträgt die Wartezeit dort etliche Stunden und manche Passagiere hätten deswegen schon ihre Flüge verpasst.

Wer weniger begütert ist, erspart sich derlei Stress und erfreut sich an schlichteren Dingen. In Nachbarschaft unseres Hotels liegt ein Karree mit diversen Restaurants, Souvenirläden und Buden. Gerüche aus zig Küchen, eine Kakophonie aus lokaler Folkloremusik und chinesischem Pop und grellbunte Farben prägen diese eigentümliche Mischung aus Jahrmarkt und Mall. Die Kinder amüsieren sich prächtig, mit blinkenden Mini-Elektroautos kurven sie zwischen den Passanten. Die Erwachsenen halten sich derweil an Speis und Trank. Fische und Meeresfrüchte kann man in einem Laden frisch aus dem Aquarium kaufen und in den benachbarten Restaurants zubereiten lassen.

Zu Stoßzeiten geben die Restaurants Wartenummern an die Kundschaft aus, die sich danach umso hungriger zu Tisch begibt. Wir staunen nicht schlecht ob der schieren Menge und Vielzahl an Gerichten, die da geordert werden. Die klassische Form des Abservierens durch geschulte Kellner hat hier ausgedient. Sowie die Gäste einen Tisch verlassen, rücken Küchenhilfen mit zwei riesigen Plastikwannen an, in die sie Geschirr bzw. Speisereste kippen. An mangelnder Ästhetik scheint sich niemand zu stören, verkürzt die Tabula-rasa-Methode doch die Wartezeit. Groteske Lebensmittelverschwendung beobachten wir hier genauso wie in unserem Hotel, wo sich Gäste ihre Teller am Frühstücksbuffet ohne Sinn und Verstand vollladen. Kein Wunder, dass die Staatsführung eine Kampagne gegen Lebensmittelverschwendung initiiert hat.

Gerne übernehmen wir die angenehme Seite der chinesischen Tischkultur, nämlich verschiedene Gerichte für alle gemeinsam zu bestellen und auf einer Platte in der Tischmitte kreisen zu lassen. Den in Deutschland üblichen Tellertausch, die Resteverwertung durch männliche Familienmitglieder oder Probieren über den Tisch hinweg können wir uns ab sofort ersparen. Noch ahnen wir nicht, dass diese schöne Sitte wenig später durch Corona unter Druck kommen würde, weil das gemeinsame Herumstochern mit Stäbchen auf ein- und demselben Teller leider mehr dem Gemeinschaftserlebnis als der Hygiene dient.

Traditionellerweise und in guten Restaurants werden zwei Paar Stäbchen verwendet – das erste zur Beförderung der Speisen von der Tischmitte auf den eigenen Teller oder in die eigene Schüssel, das zweite zum Essen. Den meisten Menschen ist das zu kompliziert, zu langwierig oder zu teuer, weshalb das kollektive Gestocher im Alltag weit verbreitet ist. Doch China wäre nicht China, wenn es nicht nach Ausbruch der Pandemie eine pragmatische Methode finden würde, in diesem Fall die Verwendung eines gesonderten Löffels für die gemeinsamen Gerichte in der Tischmitte, der die Funktion des ersten Stäbchenpaars ersetzt.[5] Von dieser neuen Empfehlung lese ich zufällig und ernte wiederholt ungläubige respektvolle Blicke auf den seltsamen Ausländer, als ich darum bitte, uns den „Gemeinschaftslöffel" zu bringen.

---

5 Vgl. zum Beispiel China Daily, 26.02.2020.

Auf Hainan besuchen wir einen als Nationalpark ausgewiesenen Regenwald und lernen dort einen Tourismusansatz kennen, der unterschiedlicher zu Europa nicht sein könnte. Er erinnert eher an amerikanische Nationalparks. Am Eingang erwartet die Besucher ein Großparkplatz mit Besucherzentren. Dort wird, jedenfalls in touristisch frequentierten Gegenden, ein reichhaltiges Sortiment an lokalen Souvenirs, Speisen und Getränken dargeboten. Die Parks erheben ebenso wie bedeutende Kulturdenkmäler und Museen gesalzene Eintrittspreise, gemessen an den im Durchschnitt immer noch moderaten Einkommen. Im Gegenzug genießen vielerorts Einheimische freien Eintritt.

Als wir den Konsumbereich passiert haben, werden wir in Pendelbusse verfrachtet, die die Besucher in die intensiv erschlossenen Bereiche des Parks verfrachten. Der Besuch eines Nationalparks bedarf weder besonderer Fitness noch Ausrüstung. Viele Besucher kleiden sich wie für den Bummel in der Fußgängerzone. An Unterhaltung und Nervenkitzel mangelt es nicht, von der Fischfütterung für die Kleinen über eine Glasbodenplattform bis hin zu einer der weltweit beliebten Abseilpisten mit integrierter Fotostation. Nebelmaschinen im Unterholz hauchen feuchte Schwaden aus, wenn es im Regenwald einmal nicht regnet. Aus als Felsbrocken getarnten Lautsprechern ertönt erbauliche Musik.

Die Länge der markierten und bestens ausgebauten Wanderwege liegt bei höchstens zwei bis drei Kilometern. Wir müssen schon einige Routen kombinieren, damit so etwas wie Wandergefühl aufkommt. Die Besucher-Lenkung zielt darauf ab, dass Wanderwege möglichst bergab begangen werden. Im Abstand von wenigen Gehminuten finden sich Verpflegungsstationen, mindestens ein Getränkeautomat. So kann jeder mithalten. Niemand muss darben, der Andrang ist entsprechend groß. Wir erleben bunten Trubel statt andächtiger Naturbewunderung. Im krassen Gegensatz dazu bleiben die übrigen 80–90% des Parks sich selbst überlassen, mangels Wege gelangen wir erst gar nicht dorthin.

Eine weitere Überraschung bereitet uns das Strandleben – ausgerechnet dort, wo wir den meisten Trubel erwartet hätten, finden wir keinen. Noch ist niemand auf die Idee gekommen, im großen Stil Liegestühle, Sonnenschirme oder Strandkörbe zu vermieten – und die Besucher tun gut daran, sich bei tropischer Hitze erst gar nicht grillen zu lassen. Zudem entspricht vornehme Blässe dem aktuellen Schönheitsideal, zumindest für die weiblichen Besucher. Niemand legt sich in die Sonne, um sich zu bräunen, auf Sonnenstudios treffen wir in China nirgends. Die meisten der im Hotelpool tobenden Kinder tragen Schwimmkleidung mit UV-Schutz.

Am Strand ist auch deshalb wenig los, weil die meisten Chinesen nicht schwimmen können. Öffentliche Bäder sind Mangelware, der Schulsport fristet bislang ein Schattendasein. Außerdem ist es am hoteleigenen Pool bequemer und sicherer. Am 17. November 2020 macht landesweit eine Episode Schlagzeilen, die ein Schlaglicht auf das Volk der Nichtschwimmer wirft und beinahe zur nationalen Peinlichkeit gerät. Ausgerechnet der 61-jährige britische Generalkonsul in Chongqing und als solcher Repräsentant der nach den USA zweitverhasstesten Nation springt in einen Fluss und rettet eine Frau vor dem Ertrinken.[6]

Ein gewisser Andrang stellt sich nur in den frühen Morgenstunden und kurz vor Sonnenuntergang ein. Strand und Meer dienen dann als romantische Kulisse für unzählige Fotos der Damenwelt, am liebsten im wogenden Sommerkleid, die Füße leicht benetzt vom Wasser. Den Männern fällt die profane Aufgabe zu, Ausrüstung, Handtasche, Kleidung und Schuhe zum Wechseln zu schleppen und nach genauer Anweisung auf den Auslöser zu drücken. Besonders elegant mögen es Hochzeitspaare, die sich von Profis ablichten lassen. Dazu noch Strandbuggys, Wasser-Scooter, ein Hubschrauber für kurze Rundflüge, fertig ist das Urlaubsglück.

Staatlich organisierte Beglückung bestaunen wir am 1. Oktober 2019. Weil gerade der Zimmerservice stattfindet, bleiben wir am Bildschirm in der Hotellobby hängen. Dort wird live aus Peking die Militärparade zum 70. Jahrestag der Staatsgründung

---

6 CNN 17.11.2020, www.ichongqing.info 16.11.2020.

übertragen. Die Führung lässt stundenlang alles auffahren, was das Arsenal des Schreckens zu bieten hat. Es wird zackig salutiert, die Phalanx aus Panzern, Geschützen und Raketen nimmt kein Ende. Die Paraden auf dem Roten Platz wirken dagegen bescheiden, von der pannengeplagten und drohnenfreien Bundeswehr ganz zu schweigen. Zwischendurch frage ich mich, wie man derlei Kriegsgerät mit Pappschildern der Marke „Frieden schaffen ohne Waffen" aufhalten will. Vielleicht sollten ARD und ZDF solche Veranstaltungen ins Programm aufnehmen, um die friedensbewegte Öffentlichkeit mit der geopolitischen Realität zu konfrontieren, aber ein solcher Schritt droht – gut zwei Jahre vor dem Ukraine-Krieg – das Wohlbefinden im Elfenbeinturm der Hochmoral zu stören.

Einziger Wermutstropfen des militärischen Spektakels ist der zur Unzeit auftretende Smog, der die Aufführung der Luftwaffe nicht so recht zur Geltung kommen lässt. Zum Abschluss folgen noch jubelnde Mitglieder unterschiedlicher gesellschaftlicher und Berufsgruppen sowie Portraits früherer und lebender Ikonen des Systems. Einen solchen Personenkult kennen wir bislang nur aus Geschichtsbüchern über Diktatoren vom Schlage Stalins oder Maos. Neben mir verfolgt sichtlich bewegt ein älterer Herr das Geschehen. Er kommt aus Hongkong und verleiht seiner Freude Ausdruck, dass China endlich wieder stark und mächtig sei. Offensichtlich zählt er zu den 30 oder 40 Prozent, die bei den letzten halbwegs freien Wahlen in Hongkong für die pekingtreuen Kandidaten gestimmt haben. Die allermeisten Gäste schenken dem offiziellen Programm keine Beachtung, sie schlendern lieber in Richtung Pool. Politik und Unterdrückung blenden sie aus, sie leben lieber ihren chinesisch-kapitalistischen Traum. Tatsächlich erinnert der Optimismus in diesen letzten unbeschwerten Monaten vor der Pandemie an den „American Dream" früherer Jahrzehnte.

Frisch erholt kehren wir nach Shanghai in den Alltag zurück. Alma und Marina hadern mit dem Umstand, dass der Schulunterricht den ganzen Tag beansprucht. Zeit für Sport bleibt kaum. Wenn sie nachmittags nach Hause kommen, dämmert es um diese Jahreszeit schon. Der Versuch, dem geliebten Hockey-sport nachzugehen, scheitert schon in den Ansätzen. Außerhalb des Commonwealth scheint diese Sportart nicht richtig heimisch geworden zu sein. Mit Ausnahme von findigen Holländern, die auf einem provisorischen Platz auf dem Dach eines Einkaufszentrums trainieren, finden wir nichts.

Ein Vereinsleben im europäischen Sinne existiert in China nicht. Einfach so einen Verein zu gründen, lässt das Gesetz nicht zu, obendrein leben wir in einem Land von Individualisten. Sport ist ähnlich wie in den USA kommerzialisiert und selbst nach westlichen Maßstäben kostspielig. Verena findet über eine WeChat-Gruppe einen französischen Tennistrainer, der erfolgreich an der Technik unserer Mädels feilt. Der beherrscht neben seinen sportlichen Qualitäten auch das Marketing. Mit den oberen Zehntausend kommt er immer besser ins Geschäft und gründet eine eigene Tennis-Academy. Bevor sich sein Stundensatz der 100-Euro-Marke nähert, nicht gerechnet die Platzmiete, steigen wir aus.

Ersatzweise sehen wir uns um, was unser Compound zu bieten hat. Für Alma und Marina mieten wir ein- oder zweimal pro Woche einen der Tennis-Hartplätze, die bei Flutlicht bis 23 Uhr und ganzjährig in Betrieb sind. Verena macht einen kroatischen Trainer ausfindig, der sich noch mit der normalen Kundschaft abgibt. Ich selbst kaufe mir nach 20 Jahren wieder einen Badminton-Schläger und spiele gelegentlich mit gleichgesinnten Expats.

Nur für meine geliebten Berge bietet Shanghai weit und breit keinen Ersatz. Flach wie ein Brett breitet sich das Yangtse-Delta über Hunderte Kilometer aus. Von den nächsten nennenswerten Hügeln trennen uns zwei Stunden Autofahrt. Die Notlösung findet sich wortwörtlich vor der Haustür: unsere Wohnburg verfügt natürlich über Aufzüge, aber es gibt ein Treppenhaus. Es dient als Notausgang im Brandfall sowie als Sammelpunkt für den Müll, der täglich frühmorgens abgeholt wird. So steige ich manchmal die 30 Stockwerke zu Fuß nach oben und versuche die Gerüche auszublenden.

Unsere Wohnung verfügt über einen großen Flachbildschirm, nur leider können wir mit den ausnahmslos chinesischsprachigen

Sendern wenig anfangen. Wir fragen uns zu einem Anbieter durch, dessen Technik uns Zugang zu westlichen Sendern ermöglicht. Anfangs funktioniert das System reibungslos, doch es häufen sich die Blackouts, sobald die Berichterstattung unbequeme Themen wie die Protestbewegung in Hongkong aufgreift. Nach wenigen Wochen herrscht auf fast allen ausländischen Kanälen nur noch Dauerflimmern. Das Wettrüsten zwischen den VPN-Anbietern und den Wächtern der Großen Mauer im Internet verlangt regelmäßige Updates. Irgendwann werfen wir das Handtuch und begnügen uns mit einem politisch unverdächtigen Netflix-Abo.

Über das Weltgeschehen können wir uns auch anders auf dem Laufenden halten, immerhin können wir ungestört, wenngleich wohl nicht unbeobachtet, mit Freunden und Verwandten zu Hause telefonieren. Diese Möglichkeit haben die meisten Menschen hier nicht. Abgesehen von den technischen, finanziellen und rechtlichen Hürden, die den Blick über die große Firewall erschweren, würden die meisten Menschen ausländische Informationsquellen sprachlich nicht verstehen.

Bei einigen Gesprächspartnern, denen alle sprachlichen und finanziellen Möglichkeiten offenstehen, beschleicht mich das Gefühl, dass sie die Wahrheit gar nicht wissen wollen. So lebt die Mehrheit der Bevölkerung seit 1949 auf einer Insel der Ahnungslosen. Teilwahrheiten, Lüge, Hetze und Verdrängung haben sich als Normalzustand etabliert. Ich lerne nur wenige Nichtausländer kennen, die den Eindruck erwecken, sich regelmäßig unzensiert über das Weltgeschehen zu informieren.

Ohne VPN gar nicht zu erreichen sind die meisten englischsprachigen ausländischen Medien und Qualitätspublikationen wie die F.A.Z. oder die Washington Post, die sich an Enthüllungsnetzwerken beteiligen und regelmäßig kritisch über die chinesische Führung berichten. Je exotischer die Sprache und je flacher das Format, desto höher die Chance, eine Website ohne technische Hilfe aufrufen zu können. Internationale Hotels kommen an CNN und – für die asiatischen Gäste – dem englischsprachigen Staatssender aus Singapur nicht ganz vorbei. Im Zweifel bleibt der Bildschirm während unbotmäßiger Passagen schwarz.

Die BBC gerät während unserer Zeit in China wegen angeblich grob irreführender Berichte über Xinjiang ganz besonders ins Fadenkreuz der Zensur und verschwindet völlig von der medialen Landkarte.

Nach früherer Bekanntschaft mit der Prawda in der ausgehenden Sowjetzeit beginne ich mich für die chinesische Machart der Propaganda zu interessieren. Diese hat schon in der englischen Version einiges zu bieten. Vor allem an Ausländer innerhalb Chinas richten sich „China Daily" und „Global Times". China Daily ist auf den ersten Blick moderat aufgemacht und mischt die politischen Botschaften mit unverfänglichen Themen wie Reise und Kultur. Erfolgsbotschaften aus allen Bereichen verbreiten Wohlfühlatmosphäre. Die Global Times pflegt einen scharfmacherischen Haudrauf-Stil.

Während die Mechanismen von Propaganda seit Menschengedenken dieselben sind, haben die chinesischen Meinungsmacher die Gehirnwäsche modernisiert. Manch offensichtliche Missstände werden im Internet-Zeitalter nicht einfach geleugnet, sondern sie werden im Paket mit der vorgesehenen Lösung unter Führung der Partei präsentiert. Wir lesen von der Aufdeckung neuer Korruptionsfälle, Kampagnen gegen Umweltverschmutzung oder vom Einschreiten gegen illegale unternehmerische Praktiken. Genauso regelmäßig werden Kader deswegen ihrer Position enthoben. Auch Probleme wie AIDS oder Internetkriminalität kommen zur Sprache.

Die thematische Dauerschleife würde anderswo unweigerlich zu Systemkritik führen, die in den gelenkten Medien nur stark abgeschwächt in Form einiger Symptome vorkommt: eine Justiz, die bei Umweltvergehen häufig wegsieht, Regionalfürsten, die sich einzig und allein am Wirtschaftswachstum orientieren, Lokalpolitiker, die Verschuldungsgrenzen umgehen, indem sie die Schulden in Zweckgesellschaften parken oder Kader, die Kampagnen vor Ort streng nach kurzfristigen Vorgaben, ohne Rücksicht auf langfristige Ziele, umsetzen. Nicht gestellt wird die Frage, was solche Fehler mit einem System zu tun haben, das zu blindem Gehorsam erzieht. Fehler passieren stets nur auf den ausführenden Ebenen, niemals ganz oben. Von der Verfolgung Andersdenkender ist nirgends die Rede.

Die Berichterstattung über das Ausland spiegelt wider, wo die jeweiligen Länder in der Gunst der Führung aktuell stehen. Die unangefochtene Schurkenrolle kommt der Erzrivalin USA zu, die mit Amokläufen im Wochenrhythmus, innenpolitischer Lähmung und massiven sozialen Probleme überreichlich Futter für die Propaganda liefert. Über die EU wird vergleichsweise neutral berichtet. Wenn allerdings ein Politiker eine der von Peking gezogenen roten Linien überschreitet, tobt kurzzeitig der Furor.

Sympathie wird Frau Merkel als Großmeisterin des Appeasements zuteil. Die von ihr und Deutschlands politischer Klasse zelebrierte Kunst, bei Verstößen gegen internationales Recht sowie Verletzung der Menschenrechte Betroffenheit zu bekunden, ohne Autokraten ernsthaft wehzutun, kommt offensichtlich nicht nur in Moskau gut an. Die deutsche Wirtschaft darf sich während der Pandemie nicht zufällig über symbolische Privilegien im Reiseverkehr freuen. Frankreich begegnet man immerhin mit Respekt, während Großbritannien als natürlicher Widersacher in der Causa Hongkong und als enger Verbündeter der USA regelmäßig abgewatscht wird.

Gerne geriert sich China als Fürsprecher von Schwellen- und Entwicklungsländern, zum Beispiel in Handelsfragen oder wenn es um das Recht geht, noch einige Jahrzehnte massiv CO_2 zu emittieren. Die alten Industrienationen hätten 200 Jahre lang auch niemanden um Erlaubnis gefragt und die anderen hätten deshalb jetzt das Recht auf einen Nachschlag. In dieser wie anderen Fragen legen die Medien beachtliches Geschick an den Tag, anderen den Spiegel vorzuhalten. Sie enden in der Empfehlung an andere Nationen, erst einmal vor der eigenen Tür zu kehren und nicht mit zweierlei Maß zu messen. Leider müssen wir trotz des offensichtlichen Ablenkungsmanövers feststellen, dass sie damit nicht immer ganz falsch liegen. Und leider konzentriert sich die westliche Berichterstattung über China ausschließlich auf das Negative, obwohl es jenseits der Politik auch manch Positives zu berichten gäbe. Freundschaft oder Gegnerschaft zu bestimmten Ländern folgen geopolitischen und taktischen Überlegungen wie etwa der,

Keile in die EU zu treiben. Ideologische Nähe spielt kaum eine Rolle. Der alte Grundsatz „der Feind meines Feindes ist mein Freund" wird in Ehren gehalten. Bei allen Gelegenheiten wird das Bündnis mit Pakistan beschworen, obwohl der dort herrschende islamische Fundamentalismus der Führung im eigenen Land ein Gräuel ist. Doch was tut man nicht alles, um den Erzrivalen Indien in Schach zu halten.

Über Potentaten aller Couleur, von der Militärjunta in Myanmar über Nordkorea bis Weißrussland, wird berichtet, als seien sie ganz normale Staatschefs. Niemandem in China fiele ein, Xi Jinping mit einem Provinzdiktator vom Schlage Lukaschenkos gleichzusetzen. Doch solange der seinen Beitrag leistet, die Europäer zu spalten und zu schwächen, macht er sich nützlich. Die Gehirnwäsche funktioniert, selbst intelligente Menschen in meinem beruflichen Umfeld finden nichts Besonderes an den bekannten Schurkenstaaten. Sie machen sich auch nicht die Mühe, nach der Wahrheit zu suchen. Über allem steht das allen Autokraten liebgewonnene Prinzip der Nichteinmischung in innere Angelegenheiten" und Wertenihilismus. Würde Machiavelli wiedergeboren, käme er heutzutage in Peking auf die Welt.

Der Personenkult um den neuen Großen Vorsitzenden prägt täglich die Seite eins. Dort wird über Inspektionsreisen in die Provinz oder Reden in Partei- und Staatsgremien berichtet. Kein Anlass ist zu nichtig, um übergangen zu werden, sei es die Grußadresse an eine der vielen Berufsgruppen im Lande oder – ich mag es kaum glauben – an die kleineren Parteien neben der KP, die sich deren weiser Führung anvertrauen.[7] Niemand in meinem Bekannten- oder Kollegenkreis hat von diesen Parteien je gehört, nicht einmal Parteimitglieder, aber solche Blockparteien gehören tatsächlich zum Zierrat.

Wenn an einem Tag wirklich gar nichts los war, werden Leitsprüche aus Reden oder Büchern zitiert. In den Fernsehnachrichten dasselbe Bild. Ergebenheitsadressen von Politikern aus

---

7 Vgl. www.chinatoday.com.cn, 02.02.2021.

befreundeten oder abhängigen Ländern sowie von abgehalfterten westlichen Politgrößen runden das Dekor ab. Wenn Gerhard Schröder nicht schon in Moskaus Diensten unterwegs wäre, fände er hier eine prominente schändliche Rolle. Der Rest des chinesischen Führungspersonals rangiert in der Berichterstattung weit abgeschlagen hinter dem Großen Vorsitzenden.

Genauso absolutistisch wie der Führungsanspruch des roten Monarchen selbst klingen seine Botschaften. Alle Teile der Gesellschaft sollen der Partei dienen, alle Minderheiten und Religionen ihre chinesische Identität verwirklichen. Bis spätestens zum 100. Jahrestag der Staatsgründung 2049 soll die Wiedervereinigung mit Taiwan erreicht sein. Selten fehlt der Hinweis, dass es die westlichen Staaten selbst gewesen seien, die vor einem halben Jahrhundert das Ein-China-Prinzip anerkannt und Taiwan damit der Volksrepublik ausgeliefert hätten.

Ein führender Vertreter der europäischen Wirtschaft, er ist Deutscher und seine Firma in hohem Maße vom chinesischen Markt abhängig, bläst in das gleiche Horn. In vorauseilendem Gehorsam spricht er konsequent von der „Province of Taiwan". So genau nehmen es nicht einmal die Genossen.

Bei den Tabuthemen Taiwan, Hongkong, Xinjiang und Tibet, offiziell als nationale Kerninteressen bezeichnet, tritt Geifern an die Stelle moderater Sprache zu Sachthemen. Angebliche Separatisten und Radikale sollen zerschmettert werden, deren ausländische Unterstützer ihre Fehler korrigieren und endlich eine objektive Sichtweise, also diejenige der chinesischen Führung, einnehmen. Damit erst gar kein Missverständnis entsteht, werden im Zusammenhang mit Taiwan gerne die neuesten Waffen oder Soldaten im Angriffsmodus dargestellt. China hat schon lange vor dem 24. Februar 2022 keinen Zweifel daran gelassen, dass diese Drohungen für bare Münze zu nehmen sind.

Hinsichtlich der Repression in Xinjiang fühlt sich das Regime gründlich missverstanden. Ausführlich wird dargestellt, dass es sich bei den kritisierten Lagern um Deradikalisierungs- und Ausbildungszentren handle. Alle „Trainees" hätten ihre Ausbildung bis Oktober 2019 erfolgreich abgeschlossen.[8] Auf diese Formulierung muss man erst einmal kommen. Es folgen Reportagen über Menschen, die es daraufhin beruflich zu etwas gebracht hätten, über die Befreiung von Frauen aus archaischer Bevormundung durch ihre Ehemänner und über inhaftierte reumütige Extremisten. Ausländische Inspektionen vor Ort lehnt China ab, weil dies einer Vorverurteilung gleichkäme. Kein Wunder, dass das Vertrauen in China auf dem Nullpunkt angelangt ist – sobald wir unserer Familie, Freunden oder Kollegen in Deutschland irgendetwas Positives über China berichten, schlägt uns Misstrauen entgegen, ob wir den Märchen der Propaganda anheimgefallen seien.

Manche europäischen Kritiker der Unterdrückung in Xinjiang repräsentieren leider einen politischen Mainstream, der religiöse Fundamentalisten allzu oft gewähren lässt, der Attentate als Folge von psychischen Problemen der einzelnen Täter verharmlost, der eine Atmosphäre schafft, in der ein französischer Lehrer wegen kritischer Aussagen zum Propheten enthauptet wird und wo sich islamistische Schüler an deutschen Schulen ausleben dürfen.[9] „Deradikalisierung durch Annäherung" gegenüber Radikalen funktioniert offensichtlich genauso wenig wie der „Wandel durch Annäherung" bei totalitären Regimen. Wer den Zusammenhang zwischen einer als Religion getarnten totalitären Ideologie und zahlreichen Folgeproblemen aus eigener ideologischer Befangenheit leugnet, macht sich unfreiwillig zum Kronzeugen der chinesischen Führung. Der mag man nämlich vieles vorwerfen, aber gewiss keine Realitätsverweigerung.

Es sind leider manchmal dieselben Propheten falscher Toleranz, die nach zwei Dekaden Anwendung edler westlicher Absichten und Zehntausenden Toten in Afghanistan, das unmittelbar an Xinjiang grenzt, ein Desaster hinterlassen haben. Chinesen denken pragmatisch und orientieren sich am Ergebnis. Dieses

---

8 Vgl. u. a. www.chinadaily.com.cn, 21.10.2021.
9 Vgl. www.nzz.ch, 13.01.2022.

vermag weder in Europa selbst noch an den Schauplätzen west-licher Intervention zu überzeugen. Dem normalen Chinesen leuchten deshalb die westlichen Rezepte im Kampf gegen re-ligiösen Extremismus nicht als Vorbild ein. Ein Kollege bringt es nach einem der Attentate in Serie in Europa auf den Punkt: „Round them up!"

Jenseits der großen Politik einfach lästig ist der Umstand, dass die große Firewall die Nutzung der außerhalb Chinas üblichen Social Media wie WhatsApp oder YouTube blockiert. Selbst fir-menbezogene YouTube-Inhalte kann ich nicht öffnen und oute mich dann gegenüber Kollegen als hinterwäldlerisch. Ohne VPN-Lösung bleiben dann nur noch E-Mail, Telefon, oder der Ge-sprächspartner im Ausland nutzt zufällig ebenfalls eine der chi-nesischen Apps, vor allem WeChat.

Dabei hat die Regierung allerdings die Rechnung ohne den Wirt gemacht. Im Gegenzug beginnt das Ausland chinesische Apps zu verbieten, Indien und teilweise die USA betätigen sich als Vorreiter.[10] Die Sprache der Reziprozität wird in der Reichs-hauptstadt verstanden, entsprechend laut ertönt jedes Mal der mediale Aufschrei. Der Rest der Welt ist immer noch größer als China selbst, somit bleiben die heimischen Internetgiganten wie Alibaba und Tencent jenseits der Grenze bis auf Weiteres Zwer-ge, den Markt räumen vor allem die verhassten Amerikaner ab. Andere auszusperren, impliziert eben manchmal auch, sich selbst einzusperren.

Noch im Herbst 2019 führt mich ein Projekt für einige Tage nach Hongkong. Es ist die Hochphase der Demokratiebewegung, die Festlandmedien vermitteln den Eindruck von Chaos, Hoo-ligans und Lebensgefahr für Besucher vom Festland. Nach gu-tem Zureden erklärt sich mein fachlich zuständiger Kollege be-reit, mich zu begleiten. Als geborener Festlandchinese befürchtet er das Schlimmste. Flugtickets zum Spottpreis und die Zahl der freien Plätze zeugen davon, dass er damit nicht alleinsteht. Wir

---

10 Vgl. u. a. www.bbc.com, 29.06.2020.

lassen Vorsicht walten, er spricht mit dem Taxifahrer konsequent Englisch, um sich nicht durch seinen Shanghai-Dialekt zu verraten. Seinen ausländischen Pass führt er in jeder Minute bei sich, um ihn bei Bedarf jederzeit vorzeigen zu können.

Unsere Kollegen vor Ort sagen das gemeinsame Abendessen ab, damit wir nicht zwischen die Fronten geraten. Kurz darauf übermannt uns der Hunger. In der Nähe des Hotels suchen wir eine Kleinigkeit zu essen. Wir laufen durch gespenstisch leere Straßen und passieren ein Polizeistation mit Brandspuren. Ab und an begegnen wir Stoßtrupps der Bereitschaftspolizei in schwerer Montur, die Demonstranten haben sich mittlerweile aus dem Staub gemacht. Der Einzelhandel darbt, die wenigen geöffneten Geschäfte überbieten sich mit Rabatten. Wir lassen uns im nächstbesten Wok-Restaurant nieder und sind fast die einzigen Gäste.

Tagsüber herrscht im Geschäftsviertel Normalität, doch die Verunsicherung ist in unseren Gesprächen zwischen den Zeilen allenthalben zu spüren. Auf dem Rückweg zum Flughafen werde ich Zeuge chinesischer Konfliktkultur, jenseits aller Politik. Entgegen der Versicherung der Taxizentrale akzeptiert unser Taxifahrer weder Kreditkarten noch ausländische Währung. Als unsere verbliebenen Hongkong-Dollar für die Bezahlung nicht ganz ausreichen, wird er laut, richtig laut. Nur gut, dass ich die Flüche und Beschimpfungen nicht verstehe. Eine Weile lassen wir den Furor über uns ergehen, dann brüllen wir zurück. Es hilft. Der Sturm verzieht sich so schnell wie er aufgezogen ist. Der Taxifahrer begnügt sich mit unserer letzten Barschaft und fährt von dannen.

Noch ahne ich nicht, dass dies auf absehbare Zeit meine letzte Dienstreise nach Hongkong sein würde. Die ehemalige Kronkolonie gehört zwar politisch zu China, wird dem Festland immer ähnlicher, doch das Virus hat auch dort eine harte Grenze entstehen lassen. Aus Hongkong ins benachbarte Shenzhen zu gelangen, gestaltet sich ab dem Frühjahr 2020 fast genauso schwierig wie aus Frankfurt oder Los Angeles.

In Shanghai erkunden wir während der Freizeit die Gegend rund um unsere neue Bleibe. Meistens laufen wir am Huangpu entlang, an dessen Ostufer man einen 25 Kilometer langen Parkgürtel mit Fuß- und Radweg angelegt hat. Dort kommt an den Wochenenden endlich wieder mein Fahrrad zum Einsatz. Trotz der topfebenen Strecke treibt mir ein steifer Gegenwind den Schweiß aus den Poren, die Skyline entschädigt ein bisschen für das fehlende Naturerlebnis. Befreit fühlen darf sich auch Willy, für den es nun wieder mehr Auslauf gibt. Er ist mittlerweile offiziell registriert, nochmals geimpft und darf die lokale Hundemarke mit dem Kommunistenstern tragen, nachdem Verena einen weiteren Behördenmarathon hingelegt und die Hundesteuer entrichtet hat.

Zwar sind Hunde auch in diesem Park verboten, aber beachtet wird das Verbot nur während der Arbeitszeiten der Security, ungefähr von 8 bis 21 Uhr. Sobald die Wachleute Feierabend machen, setzt ein regelrechter Hundekorso ein, die Welpen haben ihren Stammplatz zum Spielen. Bald freundet sich Willy mit einer sportlichen Hundedame namens Tata an. Die verübelt es ihm nicht einmal, dass er ihr ständig das Wasser wegsäuft, weil seine Familie zu faul ist, eine Wasserflasche mitzuschleppen.

Bald kommen die Hundebesitzer in ein – wenn auch holpriges – Gespräch. Tata lebt privilegiert, denn sie darf frei in der Wohnung herumlaufen, jeden Abend mit ihrem Herrchen zum Joggen und bekommt zum Geburtstag einen selbstgebackenen Hundekuchen. Viele Artgenossen müssen dagegen als Statussymbol herhalten. Zeitgleich mit uns dreht regelmäßig ein Mann mit fünf in rosa Rüschenkleider gehüllten Zwerghunden seine Runden. Bei Nichtgefallen zögern manche Besitzer nicht, die Tiere einfach auszusetzen, anstelle der Wohnung kennen manche nur den Käfig. Immerhin hat die Regierung den Status der Vierbeiner vor kurzem aufgewertet, und zwar vom Nutztier zum Haustier. Von den oft zitierten Restaurants, in denen Hundefleisch serviert werden soll, haben wir nirgendwo eines angetroffen.

Am Ufer des Huangpu verstreut gibt es mehrere kleine Liegeplätze für Motoryachten. Die Yachten kann man stunden- oder tageweise anmieten, sie werden gerne für Feiern genutzt. Ablegen muss man dafür nicht, bei dichtem Schiffsverkehr fände die

Party möglicherweise ein unrühmliches Ende. Sehen und gesehen werden, Fotos für den eigenen WeChat-Account und dazu reichlich Alkoholkonsum stehen im Mittelpunkt. Im Sommer laufen wir bei unseren Abendrunden oft angeheiterten Heimkehrern über den Weg.

Frühmorgens gehört der Park am Fluss vor allem Rentnern, die ihren Hobbys nachgehen und sich fit halten. Jeder kann tun und lassen, was er will. Nichts ist peinlich. Unter den Stammgästen beobachten wir einen Tenor, der im Gehen seine Arien schmettert. Ein anderer Mann vollführt bei Wind und Wetter mit entblößtem, muskelgestähltem Oberkörper Liegestützen und Sprünge, die eines Olympioniken würdig wären. Wieder andere begnügen sich mit Dehnübungen. Die haben es in sich, viele der alten Herrschaften wirken gelenkiger als die McDonalds-geschädigte Enkelgeneration. Zeitloser Beliebtheit erfreut sich die Gruppengymnastik bei traditioneller Musik, vorzugsweise im Pyjama-ähnlichen Seidenanzug.

Ein älterer Herr demonstriert die Kunst der Kalligrafie, indem er mit sicherer Hand mit Wasser Schriftzeichen auf das Pflaster malt, die kurz darauf in der Morgensonne verdampfen. Liebhaber von Blasinstrumenten dürfen hier ungestört von genervten Nachbarn üben. Alle Generationen geben sich auf den öffentlichen Basketballplätzen ein Stelldichein. Mit der Zeit werden die kleinen Freiheiten immer mehr eingeengt. Überall prangen Verbotsschilder, für Fahrradfahrer gilt auf diesem Radweg offiziell ein Tempolimit von 15 km/h, die Basketballplätze werden nachts verschlossen. Als wir einmal unser Fahrrad neben der Parkbank abstellen, verscheucht uns der Wachmann umgehend mit der barschen Aufforderung, das Fahrrad auf der dafür markierten Fläche zu parken.

Während die einen ihrem Sport und Vergnügen nachgehen, fangen andere zu schuften an. Gärtner pumpen Wasser aus dem Fluss, um das Grün zu bewässern. Bataillone von Pflanzhelfern rücken alle paar Wochen an, um die oft noch in vollem Saft stehenden Blumen zu Tausenden durch neue zu ersetzen. Moderne chinesische Parks gleichen mehr einem Barockgarten als dem englischen Landschaftspark. Bäume stehen in Reih und Glied,

Büsche werden in Form gebracht, und den Rasen auf Wimbledonhöhe darf kein Unkraut verunzieren. Am Einsatz von Pestiziden wird nicht gespart – den Geruch erkennen wir schon bald und laufen an solchen Tagen in die andere Richtung. Anders als im Kampf gegen Covid tragen die Arbeiter beim Versprühen der Chemikalien keinerlei Schutzausrüstung.

Auf dem Heimweg beobachten wir den Morgenappell der Parkwächter. Das Zackige verliert sich, sobald sich die Einzelnen unter ihren Sonnenschirm zurückziehen oder beginnen, gemächlich auf und ab zu flanieren. Gelegentlich stört sich einer daran, dass Willy dabei ist. Bei kürzerer Entfernung müssen wir damit rechnen, des Parks verwiesen zu werden. Bei größerem Abstand macht sich selten einer die Mühe, uns hinterherzulaufen. Lieber bitten sie ihren 500 Meter weiter postierten Kollegen über Funk, uns abzufangen. Manche kennen uns schon und ziehen es vor, uns zu ignorieren.

Auf dem Fluss kreuzen die Fähren für Fußgänger und Radfahrer, Müllsammelboote der Umweltbehörde fischen Plastik und anderen Müll von der Wasseroberfläche. Dabei müssen sie höllisch aufpassen, nicht mit den flachen, überwiegend mit Kohle beladenen Lastkähnen zu kollidieren, die in endloser schwarzer Reihe in beide Richtungen unterwegs sind, dazwischen kleinere Hochseefrachter. Bei Ebbe liegt an flachen Stellen der Schlick frei. Den teilt sich das Raupenfahrzeug der Müllsammler mit Reihern, die auf und ab staksen.

Der dichte Schiffsverkehr reißt selbst bei unserer Abendrunde gegen 22 Uhr kaum ab. Die Kähne tragen winzige Funzeln und sind schwer von der dunklen Umgebung zu unterscheiden. Folgerichtig kommt es gelegentlich zu Unfällen. Während unserer Zeit in Shanghai lesen wir mindestens zweimal von schweren Zusammenstößen im Bereich der nahen Yangtse-Mündung, bei denen Schiffe sinken und mehrere Besatzungsmitglieder ihr Leben lassen. Wiederholt beobachten wir ein Bergeschiff, das bei Havarien ausrückt.

Gegenüber dem Eingang unserer Wohnanlage fegt ein Straßenkehrer den Gehweg und die Fahrradspur, jeden Tag dasselbe

Stück Straße, alle paar Tage bindet er sich einen neuen Reisigbesen. Bei jedem Wetter, egal, ob es überhaupt etwas zu kehren gibt oder nicht. Während er kehrt wie vor tausend Jahren, begegnen wir Arbeitern, die mit gelben, kärcherartigen Aufsitz-Kehrmaschinen in zehn Minuten das gleiche Pensum verrichten wie er an einem ganzen Tag. Innerhalb unserer Wohnanlage das gleiche Bild, Dutzende Gärtner, Wachleute, Reinigungskräfte. Allzu viel zu bewachen gibt es gar nicht, hauptsächlich achten die Wachleute darauf, welche Autos auf das Gelände fahren.

An Geld oder Technik mangelt es sicher nicht, um solche Aufgaben effizienter zu erledigen. Aber anstatt Arbeitslosigkeit zu riskieren, werden gering qualifizierte Menschen lieber als Gärtner, Aufpasser oder eben als Straßenkehrer in Beschäftigung gehalten. Auch Unternehmen und Gebäudeverwaltungen werden angehalten, bloß nicht zu wenige Leute einzustellen. Bisweilen treibt diese Philosophie kuriose Blüten. Ein europäischer Banker erzählt mir, seine Firma, die weder Bargeld noch sonstige Wertsachen bevorratet, sei aufgefordert worden, bewaffnetes Wachpersonal zu engagieren. Es habe intensiver Überzeugungsarbeit bedurft, dieses Ansinnen abzuwehren. Vor allem die großen Staatsbetriebe halten als Puffer für den Arbeitsmarkt her, auch bei Akademikern. Während der Pandemie wird über eine konzertierte Aktion berichtet, in der sich Staatsunternehmen verpflichten, Hochschulabsolventen über den Bedarf hinaus einzustellen.[11] Die andere Variante der Sozialpolitik.

Außer unserer unmittelbaren Nachbarschaft erkunden wir auch andere Ecken von Shanghai. Dass Essen und Trinken der Chinesen liebstes Hobby sind, lässt sich an der unerschöpflichen Vielfalt von Garküchen, Restaurants und Cafés ablesen. Für jeden Geschmack und jeden Geldbeutel ist etwas dabei. In Shanghai geht es auch in dieser Hinsicht kosmopolitischer zu als anderswo, fast jeder Flecken der Erde ist kulinarisch vertreten.

---

11 Vgl. www.caixinglobal.com, 25.08.2020.

Manche Neuerung kommt einem Anschlag auf die Volksgesundheit gleich. Hoher Beliebtheit erfreuen sich zum Beispiel der sogenannte „bubble tea", süße Milchtees, oder knallbunte, pappsüße Sahnetorten. Uns ist nicht klar, ob die wegen ihres Geschmacks gekauft werden oder weil sie auf Selfies zu Geburtstagen und anderen Anlässen so gut aussehen. Das anspruchsvolle Publikum findet erleseneres Gebäck im Stil französischer Patisserien, deutsche Obstkuchen sucht man indes vergebens. Omnipräsent sind amerikanische Fastfood-Ketten, vor allem KFC und McDonalds. Nach dem Äußeren mancher Gäste zu urteilen, tragen sie mehr zur Schädigung Chinas bei als Waffen oder Handelskrieg.

Auch was sonst als „Western Food" präsentiert wird, entspricht bisweilen mehr der amerikanischen als der europäischen Vorstellung von ordentlicher Küche, also Steaks mit viel Frittiertem. Zurecht sorgt sich die Regierung um die Langzeitfolgen einer zunehmend übergewichtigen Generation. Väter joggen mit schwer keuchenden übergewichtigen Sprösslingen im Schlepptau, damit diese ihre Pfunde wieder loswerden.

Zuverlässige Qualität und einigermaßen authentisches Essen bieten wie überall auf der Welt Italiener, Inder, Thai und Vietnamesen. Auch die japanische Küche steht, Politik hin oder her, hoch im Kurs. Bei Kochshows im Fernsehen wird gelegentlich daran erinnert, dass manches, was heute als typisch japanisch gilt, ja ursprünglich aus China stamme, wie z. B. Sashimi und der scharfe Meerrettich. Dank dieser echten oder erfundenen Erkenntnis können selbst hartgesottene Nationalisten solche Gerichte reinen Gewissens verspeisen.

Mehr als alles andere hat in den Großstädten der Kaffee das Land der Teetrinker erobert. Im Windschatten von Starbucks haben sich eine Handvoll weiterer internationaler und einheimischer Ketten sowie zahlreiche individuell geführte Läden breitgemacht. Eine ganze Branche lebt davon, dass offensichtlich niemand zu Hause die Kaffeemaschine bedienen will. Päckchenfahrer bringen ihren Kunden – aufwendig verpackt – zwei oder drei Becher Kaffee nach Hause. Dasselbe Phänomen bei mir in der Firma. Obwohl wir eine ausgezeichnete europäische Kaffeemaschine beschafft haben, ordern sie lieber bei Starbucks im Erdgeschoss. Über die groteske Verschwendung können wir uns nur wundern, denn am Ziel angekommen ist das Gebräu nicht mehr richtig heiß, interlässt eine Menge Müll und die Preise sind fast so hoch wie in Europa.

Last, but not least haben sich alle Regionalküchen Chinas fest in Shanghai etabliert, schon im Mikrokosmos der Mall neben meinem Büro ist von Hainan über Sichuan bis zu mongolischen Gerichten alles dabei. Zu den wichtigsten Auswahlkriterien für Ausländer zählt die Schärfe. Kollegen und Servicepersonal fragen beim Bestellen jedes Mal, wie viel Schärfe wir denn vertragen. Obwohl sich meine Schärferesistenz im Lauf der Monate merklich verbessert, bleibt Alma die unangefochtene Feuerschluckerin in unserer Familie. Höllische Sichuan-Suppenbrühen verträgt sie klaglos und ordert beim Italiener extra scharfe Spaghetti all'arrabbiata.

Mit jeder Erledigung und jedem Essen außer Haus reift bei uns die Erkenntnis, dass wir ohne Chinesisch schnell an Grenzen stoßen. Das Flair des Kosmopolitischen endet spätestens am Bahnhof, in der Vorstadt, im Laden um die Ecke, beim Friseur, beim repairman, bei der Verwaltung unseres Compounds, ja eigentlich überall, wo der Normalmensch unterwegs ist. Das Geschäftsviertel, die internationalen Hotels und Restaurants bleiben die Ausnahme von der Regel.

Erschwerend kommt hinzu, dass Marina und ich an einer Nahrungsmittelunverträglichkeit leiden. Wenn wir auswärts essen, scheitern wir meistens an dem Unterfangen, bei der Bestellung zu vermitteln, was wir vertragen und was nicht, umso mehr als viele Gerichte für uns auch so schon Neuland sind. Nicht einmal das aus Deutschland mitgebrachte, ins Chinesische übersetzte Merkblatt hilft, wahrscheinlich ist es zu kompliziert. Ein Gefühl der Hilflosigkeit, ausgeliefert und zurückgeworfen in ein frühinfantiles Stadium, treibt uns dazu, eine weitere Komfortzone zu verlassen und uns mit der Landessprache zu befassen. Abgesehen vom Praktischen, halten wir es für ein Gebot des Respekts, die Sprache des Gastlands wenigstens rudimentär zu erlernen.

Natürlich findet sich in der Ausländerblase der Metropole für nahezu alle Dinge des täglichen Lebens eine Lösung, englischsprachige Dienstleister in allen Branchen, die sich damit eine goldene Nase verdienen. Das ist komfortabel und sicher, wir gewinnen den Eindruck, dass sich manche Ausländer über Jahre so einrichten und schon für den Wochenendausflug in die Nachbarprovinz eine Gruppenreise buchen. Unser Ding jedenfalls ist das nicht.

Am Anfang unserer linguistischen Expedition steht der Erwerb einiger Apps. Mit ein paar Jahren Verspätung zur Vorhut innerhalb der Familie habe mittlerweile selbst ich die digitale Steinzeit verlassen. Die Chinesisch-Apps geben mir ein erstes Gefühl, worauf ich mich einlasse, sie führen tatsächlich zu ganz kleinen Erfolgserlebnissen. Motiviert buche ich einen individuellen Sprachkurs, meine Lehrerin kommt zweimal die Woche für eine Stunde ins Büro. Schon in der zweiten Stunde schockiere ich sie mit der Entscheidung, beim besten Willen keine Schriftzeichen erlernen zu wollen. Zu oft habe ich nun schon gehört, wie viele Ausländer sich stundenlang mit dem Malen der „hanzi" genannten Schriftzeichen abgeplagt und bald wieder das Handtuch geworfen haben. Zum Künstler bin ich wahrlich nicht geboren. Vor vielen Jahren habe ich als Student genau aus diesem Grund vor Japanisch kapituliert. Mir reicht es, mich verständlich machen und eine schlichte Konversation führen zu können. Zerknirscht beugt sich die Sprachlehrerin meiner Entscheidung. Schließlich ist der Kunde König, offene Kritik ziemt sich nicht.

Dank eines Lehrbuchs mit der sog. Pinyin-Lautschrift in lateinischen Lettern kommen wir einigermaßen voran, ich lerne vor allem Satzstrukturen und Grammatik. Dem Europäer fällt das einigermaßen leicht, kennt doch Mandarin keine Konjugation, keine Deklination, keinen Konjunktiv, kein Genus, ja nicht einmal so richtige Tempora. Im Gegenzug fehlt es an jeglicher Ähnlichkeit mit europäischen Sprachen, die sich als Gedankenstütze nutzen ließen. Sogar die meisten Fremdworte sind derart sinisiert, dass nur der Eingeweihte sie als solche identifiziert.

Die Konversation besteht aus dem Nachsingen der Sätze aus dem Lehrbuch. Leider tauge ich zum Sänger genauso wenig wie als Maler. So tut sich die entscheidende Hürde auf, nämlich den richtigen Ton zu treffen. Mit Standard-Mandarin bin ich noch gut bedient, da gibt es nur vier davon – je nach Auslegung vielleicht auch fünf. Das kantonesische Idiom hat gar acht Töne zu bieten. Zumeist übe ich heimlich auf dem Heimweg mit dem Knopf im Ohr. Zuhause oder gar während einer Pause in der Firma ist es mir zu peinlich.

Legendär die Verwechslungen, wenn man den falschen Ton trifft, das bleibt auch mir nicht erspart. Immerhin steigern solche Fehler die Heiterkeit in meinem Umfeld und die Akzeptanz sowieso. Besonders krasse Fehler haben den Vorteil, dass man sie nur einmal macht, weil sie im Gedächtnis haften bleiben. In meinem Fall hat sich das Wort für Regenschirm tief eingeprägt. Eines Abends frage ich bei heftigem Regen eine Kollegin, ob ich für den Heimweg einen der neben ihr liegenden Schirme ausleihen könne. Verständnislos entgegnet sie, dass sie absolut keinen Schirm habe. Als wir ins Englische wechseln, klärt sich das Missverständnis auf: Das Wort für Budget klingt ganz ähnlich wie das für Regenschirm, und Budget konnte sie mir beim besten Willen keines abtreten.

Nach wenigen Monaten wechselt meine Sprachlehrerin zu einer anderen Firma, der Nachfolger pflegt einen anderen Unterrichtsstil. Meine Grammatik sei ganz in Ordnung, meint er, aber an der Konversation müsse man dringend feilen, so seine verklausulierte Botschaft. Chinesen haben die bewundernswerte Fähigkeit, Kritik in verbale Watte zu packen, damit der andere das Gesicht wahrt, jedenfalls dann, wenn Höflichkeit statt Herumpoltern angebracht erscheint. Ich habe jedenfalls verstanden und sehe mich ab sofort unkontrolliertem Freitext ausgesetzt. Das hat auch den ganz profanen Grund, dass Lernen ohne hanzi nirgends vorgesehen ist, stellen sie doch einen wichtigen Bestandteil der Kultur dar. Lehrmaterial in Lautschrift gibt es praktisch nur auf Anfängerniveau. Für meinen neuen Sprachlehrer, einen engagierten jungen Kerl aus Chongqing, scheint das eine unterhaltsame Erfahrung zu sein. Er lässt sich gerne auf das Experiment ein.

Die seltsame Methode zeitigt Erfolge und ich werde mutiger, die frisch erworbenen Kenntnisse im Alltag auszuprobieren. Hemmungen darf man dabei keine haben, und erst recht keine Angst vor einem unverständlichen Wortschwall als Antwort auf eine Frage. Meistens ist irgendein Brocken dabei, der in die richtige Richtung weist. Je seltener die Leute mit Ausländern zu tun haben, desto selbstverständlicher sprechen sie in ihrem Shanghai-Dialekt und geben sich keine Mühe, sich langsam und verständlich zu artikulieren.

Da gibt es nur schwarz oder weiß – die einen glauben, sobald der Ausländer auch nur ein Wort Mandarin beherrscht, er sei einer von hier und würde alles verstehen. Andere können sich nicht vorstellen, dass ein Ausländer überhaupt ein Wort auf Mandarin von sich gibt. Manchmal reagieren die Angesprochenen auf eine völlig korrekt vorgetragene Frage oder Bitte erst im dritten Anlauf, weil ihre Antennen mit Englisch rechnen. Unser Fahrer Tian engagiert sich liebevoll als Hilfssprachlehrer beim Small Talk im Auto. Dass ich mich freiwillig für ein Leben als Legastheniker entschieden habe, ficht ihn nicht an. Ein älterer, besonders kultivierter Kollege runzelt dagegen die Stirn.

Wie überall bringt Spracherwerb Einblicke in Landeskunde und Mentalität mit sich. Faszinierend finden wir, welche Begriffe für andere Länder verwendet werden. Die eine, weit überwiegende Kategorie ist noch recht konventionell, nämlich eine Sinisierung des Originals wie „Xibanya" für Spanien oder „Baxi" für Brasilien. Einige Nationen werden durch eine sinnstiftende Bezeichnung gewürdigt. Zu diesem erlauchten Kreis zählt der alte Nachbar Japan, wo in der Tat der Tag zuerst anbricht und dessen Hauptstadt in China schlicht als die Hauptstadt im Osten tituliert wird. Die USA werden als das „schöne Land" bezeichnet. Würde der Name neu vergeben, hätte diese Variante aktuell wohl keine Chance. Frankreich gilt als „Land des Rechts", da hat wohl die Französische Revolution ihre Spuren hinterlassen. Im „Land der Edlen" hat man den deutschen Dichtern und Denkern ein sprachliches Denkmal gesetzt. Last, but not least heißt das Reich der Mitte im Original wirklich so, und so fühlt es sich auch an. Der Aufstieg Chinas wird jenseits aller Propaganda als Wiederherstellung einer natürlichen, zeitlosen Hackordnung verstanden, die Dominanz des Westens, allen voran der USA als Betriebsunfall der Geschichte, dessen Wiederholung es mit allen Mitteln zu verhindern gilt.

Als Kompensation für spärliche Grammatik hält Chinesisch eine Fleißaufgabe bereit. Vielen Substantiven wird ein sogenanntes Zahleinheitswort vorangestellt, so ähnlich wie Schwaben Menschen vorzugsweise nach Stück zählen. Dieses Codewort lässt Rückschlüsse auf Form, Beschaffenheit oder Verwendung des Substantivs zu. Mehr als einhundert dieser Zahleinheitswörter gibt es. Ein Alltagstext klingt dann wörtlich übersetzt beispielsweise so:

„Heute waren wir mit zwei Fahrzeugen Autos in einem Gebäude Einkaufszentrum. Dort haben wir ein langes Teil Baguette, zehn Zwillingsteile Stäbchen, ein dünnes flaches Teil Papier, ein Stück zum in der Hand halten Regenschirm, ein Oberbekleidungsteil Pullover und ein langes Teil Hose erstanden." Gut, dass es noch das Pendant zu „Stück" als Allzweckwaffe gibt.

Welch ein Glück, dass ich mich nicht allein plagen muss. Verena hat bei einer anderen Sprachschule angefangen, die meine Wildwestmethode als einzige professionalisiert hat. Texte und Erläuterungen gibt es dort in digitaler Form für unterwegs, die Lektionen hören wir morgens beim gemeinsamen Ausführen des Hundes. Der findet daran Gefallen. Sobald Verenas täglicher Online-Chinesisch-Unterricht beginnt, macht er es sich zu ihren Füßen gemütlich und lauscht. Schließlich knicken auch Alma und Marina ein und widmen ein oder zwei Stunden die Woche der Wahrung ihrer Selbständigkeit. Für einen Teenager wäre es schon unangenehm, wenn die Eltern noch die Cola bestellen. Tian findet das alles witzig und kommentiert die Fortschritte der unterschiedlichen Beteiligten.

Sprachlich aufgerüstet, fassen wir Mut und fahren über das Wochenende auf eigene Faust nach Hangzhou, eine der Perlen Chinas. Nach einer Stunde Zugfahrt sind wir da und müssen uns dank der Wunder-App namens DiDi nicht um ein Taxi sorgen. Die Sorge ist nicht unbegründet, denn Taxifahrer nehmen normalerweise keine am Straßenrand wartenden Ausländer mit, aus welchen Gründen auch immer. Wenn es nicht anders geht, wie an der offiziellen Taxischlange am Bahnhof, machen sie eine Ausnahme, begegnen dem Fahrgast aber bestenfalls mit Ignoranz, in Peking bisweilen mit Grobheit, später während der Pandemie gepaart mit Angst, denn das Virus kommt ja aus dem Ausland. Im Dunkeln gelingt es mir gelegentlich, die Fahrer zu überlisten, indem ich die Maske möglichst weit hochziehe und das Gesicht abwende. Einmal eingestiegen, lasse ich mich so schnell nicht wieder hinauswerfen. Als mich ein Taxifahrer in Peking 500 Meter hinter dem Bahnhof gleich wieder absetzen will, bitte ich einen Kollegen telefonisch um Hilfe. Der bewegt den Taxifahrer durch gutes Zureden, mich wenn auch widerwillig zum Ziel zu kutschieren.

Ganz anders beim chinesischen Gegenstück zu Uber: Mit Hilfe von Big Data werden Transparenz und Service großgeschrieben. Wir sehen in Echtzeit unter anderem, wie viele Fahrzeuge sich in der Nähe befinden, die virtuelle Warteschlange an unserem Standort, den voraussichtlichen Fahrpreis, und um welche Ecke das gerufene Auto gerade abbiegt, außerdem Farbe, Marke und Kennzeichen des Wagens. Im Anschluss an die Fahrt werden unterschiedliche Ratings abgefragt und bei positiver Wertung mit der Option eines digitalen Trinkgelds verbunden. Aus Sicherheitsgründen beinhaltet die Didi-App eine Notruffunktion, die eine vom Passagier benannte Kontaktperson alarmiert. Sehr praktisch, doch bis ich die App richtig verstanden habe, setze ich einige Male unabsichtlich einen Notruf ab und versetze Verena in Alarmstimmung. Sie ruft mich dann im Taxi an, ob noch alles in Ordnung sei. Das Beste an DiDi sind die Fahrer – im Unterschied zu ihren Taxi-Kollegen hegen die meisten keine Vorbehalte gegenüber Ausländern, viele sind einem Small Talk nicht abgeneigt.

Die Regierung findet an DiDi weniger Gefallen als die Kunden. Das Unternehmen leistet sich nämlich den Fauxpas eines

Börsengangs ausgerechnet in New York. Darauf erntet es Ungemach. Die Regierung wittert Landesverrat und Datenklau und statuiert an DiDi ein Exempel. Aufseher und Justiz setzen DiDi unter allen möglichen Begründungen so lange zu, bis die Geschäftsleitung kapituliert und reumütig unter die Fittiche der Börse in Hongkong schlüpft.[12] Auch Privatunternehmen haben sich dem unterzuordnen, was der Führung als patriotisch gilt.

In Hangzhou steigen wir in das pünktlich eingetroffene Didi-Fahrzeug und quälen uns durch das Häusermeer der Acht-Millionenmetropole. Am Ufer des berühmten Westsees endet die dichte Bebauung schlagartig, um den See gruppieren sich Parks, Tempel, Pagoden und ein paar Hotels. Dahinter liegt eine Hügellandschaft wie aus dem Bilderbuch, mit kleinen Dörfern, Teeplantagen, Obstgärten und üppigen Wäldern. Auf einen der Hügel führt sogar eine Seilbahn. In kaum einer anderen chinesischen Großstadt kann man schnurstracks aus dem Zentrum in die freie Natur marschieren.

Hangzhou ist, gemeinsam mit Shenzhen, nicht nur Hauptstadt des Digitalbusiness, sondern auch in der Stadtplanung voraus. Früher als anderswo haben sie dort wertvolle Naturlandschaften unter Schutz gestellt und errichten die gigantischen Trabantensiedlungen anderswo. Heute zahlt sich das aus – Einheimische wie Besucher strömen in Massen an den Westsee sowie in ein nahegelegenes, von Kanälen durchzogenes Feuchtgebiet.

Erneut machen wir Bekanntschaft mit der chinesischen Ausflugskultur. Schon wenige Meter hinter dem See, wo es steil und anstrengend wird, endet der Massenauftrieb. Über den Kamm der Hügel schlängeln sich die Wanderwege. Anders als in Mitteleuropa geht es dabei nicht über Stock und Stein. Des Komforts wegen und als Vorbeugung gegen Erosion im subtropischen Feuchtklima sind überall Plattenwege verlegt. Steigungen werden durch Treppen überwunden, teils ohne Unterbrechung über Hunderte Höhenmeter. Einige Male werden wir mit unse-

---

12 U. a. www.cnbc.com, 03.12.2021.

rem Hund hierher zurückkehren, damit er endlich einmal Auslauf findet. Unser Willy erregt schon allein wegen seiner Größe Aufsehen. Auch in Hangzhou ist der Zutritt für Hunde nicht überall erlaubt. Am Haupteingang des Naturparks werden wir abgewiesen, während sich an den Nebenzugängen nicht einmal eine Hinweistafel findet. Wir geben es auf, solche Widersprüche verstehen zu wollen, und wursteln uns durch. Als wir samt Willy auf dem Rückweg den Wald am Haupteingang verlassen, nimmt niemand daran Anstoß.

Etwa um dieselbe Zeit habe ich Termine in Peking und erneut Gelegenheit, die chinesische Bahn kennenzulernen. An den großen Bahnhöfen herrschen vergleichbare Sicherheitsvorkehrungen wie am Flughafen. In den Zug gelangt man über eine doppelte Schleuse. Fahrkarten in Papierform gibt es mittlerweile nur noch auf Anfrage oder bei Spontanbuchung am Schalter. Ansonsten erfolgt am äußeren Zugang eine elektronische Kontrolle des Personalausweises, mittlerweile erkennt das System sogar ausländische Reisepässe.

Das Gepäck wird durchleuchtet, der Reisende abgetastet. Es schließt sich eine mehrere Hundert Meter lange Wartehalle an. Dort versorgen sich die Reisenden mit Proviant, bevor eine Viertelstunde vor Abfahrt der Zugang zum Bahnsteig geöffnet wird. Die elektronische Kontrolle ist dieselbe wie zuvor. Auf die Minute pünktlich fährt mein Zug ab, das Phänomen des Wartens auf Anschlusszüge ist unbekannt. In den Waggons der Zweiten Klasse hat man fünf Personen in jeder Reihe zusammengepfercht. Dank meines schmächtigen Körperbaus komme ich damit zurecht, für Hünen wird es ungemütlich.

Vor mir liegt eine Fahrt von rund 1 200 Kilometern in viereinhalb Stunden, rasch beschleunigt der Zug auf eine Reisegeschwindigkeit von 350 km/h. Die Trasse führt fast durchgängig auf Stelzen, wahrscheinlich wegen der Hochwassergefahr und um mit den zahlreichen Autobahnen und Wasserstraßen nicht ins Gehege zu kommen. Den Bau der Strecke hat man zum Anlass genommen, um beiderseits über Hunderte von Kilometern einen Waldstreifen anzulegen. Als wir uns der Reichshauptstadt nähern, ist von der öden, staubigen Ebene früherer Tage wenig übriggeblieben. Aufforstungen sprießen neben neuen Wohnsiedlungen und Gewerbegebieten aus dem Boden. Optik und Artenreichtum dieser Kunstwälder lassen zu wünschen übrig, weil es sich oft um einfallslose Monokulturen handelt. Doch erst einmal ist der drohenden Versteppung Einhalt geboten.

Mein Kennenlernbesuch bei meinem Gesprächspartner hat auf den ersten Blick mit Geschäft nur indirekt zu tun. Ich werde in einem großzügigen Büro mit Bücherwänden empfangen, die auf Status und Belesenheit meines Gegenübers schließen lassen. Dutzende Auszeichnungen, viele geschmückt mit Hammer und Sichel, zeugen von einer langen erfolgreichen Karriere in staatlich kontrollierten Unternehmen. Das Umfeld weckt Assoziationen an frühere Aufenthalte in der Sowjetunion. Nach dem Servieren des obligatorischen Tees würdigt mein Gesprächspartner die deutsch-chinesischen Beziehungen und verleiht seiner Bewunderung für die deutschen Dichter und Denker Ausdruck, allen voran für den großen Philosophen Karl Marx, dessen Erkenntnissen China viel zu verdanken habe.

Das ist nicht gerade mein bevorzugter Teil des politischen Spektrums. Ich wahre die Contenance, erwähne auch andere Geistesfürsten wie zum Beispiel Immanuel Kant und deren Beitrag zum selbständigen Denken des Menschen. Karl Marx sei leider in Misskredit geraten, weil später die in seinem Namen Handelnden in vielen Teilen der Welt einschließlich Deutschlands schlimme Dinge angerichtet hätten. Deshalb hätten wir in Europa von weiteren sozialistischen Experimenten Abstand genommen. In diesem Punkt pflichtet mir mein Gastgeber bei, die Europäer hätten nämlich die Lehren von Karl Marx falsch interpretiert und falsch umgesetzt. China habe aus den Fehlern gelernt und deshalb eine eigene Variante des Sozialismus mit chinesischen Charakteristika entwickelt. Da wiederum hat er recht, wird doch an den Parteischulen ausgiebig studiert, welche Gründe zum Untergang der Sowjetunion geführt haben. Und über die Anteile der sozialistischen bzw. der chinesischen Komponente lässt sich trefflich streiten.

Nach Klärung der Grundsatzpositionen tauschen wir uns über das Geschehen in unserer Branche aus. Es dominieren das Praktische und das Unternehmerische, den philosophischen Überbau haben wir hinter uns gelassen. Sachte versuche ich meinem Gegenüber eine Brücke zu konkreten Projekten zu bauen. Für das erste Treffen geht ihm das zu weit und so lasse ich es bleiben. Nach gut eineinhalb Stunden gehen wir auseinander. Aus nüchterner deutscher Warte ergebnislos, doch meine Kollegin, die als Übersetzerin fungiert hat, zeigt sich äußerst angetan. Da sei doch eine ausgezeichnete Grundlage für die weitere Zusammenarbeit gelegt worden, meint sie.

In der Stadt empfängt mich eine andere Atmosphäre als in Shanghai, rauer, urwüchsiger, militärischer. Das Einchecken an der Hotelrezeption gleicht einem Verwaltungsakt. Inhaltlich läuft es in Shanghai genauso, nur lässt man es die Gäste weniger spüren. Auf den Straßen herrscht fürchterlicher Stau, weil die Infrastruktur älter ist als in den jüngeren Boom-Städten Südchinas. Vor dem Frühstück am nächsten Tag drehe ich frühmorgens eine Runde zu Fuß. Viele Menschen sind schon auf den Beinen und gönnen sich in den traditionellen Garküchen herzhafte Kost, Nudeln, gefüllte Teigtaschen, Suppen, Fleisch.

Auf dem Weg ins historische Zentrum laufe ich an alten Hutongs vorbei, von denen viele dem Bauboom zum Opfer gefallen sind. In westlichen Medienberichten bisweilen verklärt, bieten diese Siedlungen im Originalzustand nach modernen Maßstäben keine menschenwürdige Behausung. Die Alternativen lauten deshalb Abriss oder Sanierung. Ähnlich wie im Nachkriegseuropa schätzt man in China mit zunehmendem Wohlstand wieder das alte Erbe und setzt vermehrt auf Sanierung.

Wie wir bei einem späteren privaten Besuch am Wochenende feststellen, werden viele solcher alten Viertel aufgewertet. Nachdem man die früheren Bewohner entschädigt und die Gebäude saniert hat, lassen sich schicke Läden, Cafés, Galerien und eine zahlungskräftige Klientel nieder. Im Westen würde man das wohl Gentrifizierung nennen.

Einige Monate später habe ich erneut in der Hauptstadt zu tun, die Heizsaison hat begonnen. Anders als bei meinen ersten Besuchen herrscht dicke Luft, ins Freie trete ich nur mit Maske. Richtig geheizt wird in China nördlich des Yangtses, in der Regel immer noch mit Kohle. Weiter im Süden herrschen kombinierte, elektrische Klima- und Heizgeräte vor, so auch in unserer Wohnung in Shanghai. Kohle für den Strom wird auch dort verbrannt. Im Vergleich zu früher, so meine Kollegen und langjährige Expats unisono, habe sich die Luftqualität deutlich gebessert. Peking hat demnach die Negativliste der schmutzigsten Städte der Welt verlassen. Die rote Laterne tragen inzwischen Metropolen in Indien, Pakistan und Bangladesch. Und weil ich schon dabei bin, konsultiere ich meine unbestechliche App Schweizer Provenienz, wie es denn in Europa aussieht. Im Schnitt weitaus besser als in China, aber auch dort gibt es schwarze Schafe. So ist die Winterluft in Shanghai zwar ungesünder als im heimischen Stuttgart, doch an vielen Tagen weniger schädlich als in manchen Industriestädten der Lombardei oder Oberschlesiens.

Da uns der Smog stinkt, interessiert uns, was dagegen unternommen wird, oder auch nicht. Betriebe mit hohen Emissionen hat man aus innerstädtischen Lagen der großen Metropolen weit ins Umland verbannt. Dort rauchen sie zwar weiter, aber die Städter sind erst einmal erleichtert. In Teilen Shanghais wähnt man sich im postindustriellen Zeitalter. Das Ufer des Huangpu säumen aufgegebene Kohlemeiler und Stahlwerke, die als Industriedenkmäler in neu angelegte Parks integriert werden. Mopeds und Motorräder gibt es nur noch in elektrifizierter Form, die städtischen Busflotten werden nach und nach auf Elektroantrieb umgestellt. PKW mit Elektroantrieb sehen wir häufiger als zu Hause. Nicht umsonst steht 2020 die größte Tesla-Fabrik außerhalb der USA in Shanghai. Durch die Straßen fährt täglich ein Wassertankwagen, der den Staub von der Straße spritzt. Auf Baustellen wird Wasser versprüht, Folien decken den staubigen Boden ab.

Die Beseitigung der eigentlichen Ursachen fällt ungleich schwerer als solche Symptombekämpfung, weil es ans Eingemachte geht, um Arbeitsplätze, Wachstum und Steuern, in China nicht anders als im Rest der Welt. Wenn es wehtut, rudert die Regierung im Zweifel zurück – als sich beispielsweise im Jahr 2021 Stromausfälle häufen, wird die Kohleverstromung massiv hochgefahren.[13] Prompt nimmt der Smog wieder zu.

In einem ersten Schritt haben die Behörden viele veraltete, zum Teil illegal errichtete Zechen und Stahlwerke geschlossen. An Vorschriften und Grenzwerten mangelt es nicht, doch selbst die staatlichen englischsprachigen Medien beklagen Mängel in der Umsetzung. Man muss die Artikel dazu nur richtig lesen. In westlichen Medien wird ein Missstand skandalisiert und Abhilfe gefordert. In China ist der Weg zur Lösung durch die Partei schon vorgezeichnet, das Problem aber trotzdem noch da. Gemeint ist im Kern dasselbe. Immer wieder werden Kommissionen ernannt und Inspektionen durchgeführt, weil die Unternehmen um des Profits willen Vorschriften ignorieren, weil verschiedene Behörden und Instanzen nicht miteinander reden oder weil die Justiz bei Umweltvergehen Nachsicht walten lässt.

Nur eine tiefgreifende Energiewende kann auf Dauer für saubere Luft sorgen. Von der entsprechenden Absicht zeugen die aus dem Boden sprießenden Windparks und Solaranlagen im ganzen Land. Photovoltaik auf Haus- und Fabrikdächern sucht man dagegen fast vergebens, obwohl es in den meisten Gegenden Chinas weder an Sonnenstunden noch an Dachflächen mangelt. Aber kleine und flexible Lösungen, noch dazu außerhalb der kontrollierten Großstrukturen des staatlichen Sektors, laufen dem zentralisierten System offenkundig zuwider. Wie der Blick über den Rhein auf den Nuklearpark der EDF zeigt, sind solch verkrustete Denkmuster beileibe keine chinesische Spezialität.

Bald nach unserem Einzug engagieren wir für einige Stunden pro Woche eine Haushaltshilfe, unter Einschaltung einer Agentur

---

13 Vgl. u. a. www.theguardian.com, 08.10.2021.

und mit Versicherung. Die sogenannte „Ayi" arbeitet in Millionen Familien der Mittel- und Oberschicht als Mädchen für alles, vom Einkauf über das Kochen bis hin zum Hüten der Kinder, sofern diese gerade nicht in der Schule, bei den Großeltern oder in der Kita für hochbegabte Vierjährige sind. Die meisten Ayis kommen aus armen Gegenden anderer Provinzen, haben keine Ausbildung und verdingen sich mangels anderer Verdienstmöglichkeiten in der Großstadt.

Unsere Ayi stammt aus der Nähe von Chongqing, wo sie auf dem Dorf ein Haus hat. Ihr Mann, Sohn und Schwiegertochter arbeiten 1 500 Kilometer entfernt in einer Chipfabrik in Shenzhen. So wie ihr ergeht es rund 250 Millionen „Wanderarbeitern", von denen die Hälfte außerhalb der eigenen Provinz arbeitet.[14] Dieses Phänomen nehmen wir vielschichtiger wahr als es der Begriff suggeriert. Es handelt sich keineswegs nur um einfache Arbeiter, die von Baustelle zu Baustelle ziehen, sondern um die meisten Formen der auswärtigen Beschäftigung. Im Mittelpunkt steht das rechtliche Konstrukt des „hukou", die persönliche Bindung eines jeden Bürgers an die Scholle.

Ab Geburt ist man eben nicht einfach Bürger der Volksrepublik China und kann sich niederlassen, wo man will, sondern Bürger von Peking, Chengdu, Suzhou und so weiter. Vollwertiger Bürger wird man ausschließlich in der eigenen Provinz oder Stadt. Wer sich als Auswärtiger in Shanghai ansiedeln möchte, wird daran nicht gehindert, kommt aber als Einwohner Zweiter Klasse: ohne den Shanghaier „hukou" keine staatliche Schule für die Kinder, keine oder geringere Sozialleistungen, Nachteile bei der Arbeitsgenehmigung, keine Berechtigung zum Wohnungskauf und dergleichen. Das komplizierte und immer wieder Reformen unterworfene „hukou"-System dient heute vor allem dazu, eine unkontrollierte Zuwanderung in die ohnehin schon aus allen Nähten platzenden Ballungsräume zu verhindern. Gleichzeitig hat es eine spezielle Art der Klassengesellschaft geschaffen.

---

14 Vgl. www.sixthtine.com, 09.06.2020 (Ergebnisse des Zensus 2020).

Wer schon Bürger einer der Boom-Städte ist, darf sich glücklich schätzen. Denn deren Bürgerrecht kann nur hart erarbeitet werden, zum Beispiel indem der Antragsteller lange genug dort wohnt und in die Sozialversicherung einzahlt. Ein „hukou" wird auch gezielt als Anreiz und Privileg vergeben, etwa für hochqualifizierte Studienabgänger. Beispielsweise verspricht Shanghai den Absolventen der lokalen Universitäten mit Masterabschluss oder Promotion, oder Absolventen weniger Spitzenuniversitäten von außerhalb, einen erleichterten Zugang zum „hukou".[15] Umworben werden ferner Heimkehrer aus dem Ausland. Eine Kollegin hat es auf diesem Weg zur Bürgerin von Shanghai gebracht. Ein anderer Kollege erlangt den „hukou" nach ein paar Jahren fleißiger Arbeit in Shanghai und erspart sich endlich das tägliche Pendeln aus der Nachbarprovinz.

Manchmal setzen Stadtverwaltungen den „hukou" im Wettbewerb um die Ansiedlung von Unternehmen ein. Sie bieten dann an, bestimmte Mitarbeiter oder Gruppen von Mitarbeitern bei der Beantragung des „hukou" zu unterstützen. Das kann die Gewinnung qualifizierter Mitarbeiter für Firmen erheblich erleichtern. Dabei gehen die Behörden wählerisch vor: Ein Kollege tut sich trotz seiner unbestrittenen Qualifikation schwer, weil er schon um die 50 Jahre auf dem Buckel hat. Anstelle kommunistischer Gleichmacherei herrscht gnadenloser Wettbewerb. Der vordergründig bequemste Weg zum „hukou" führt über das Standesamt.

Die innerchinesischen Gräben werden durch den „hukou" nicht kleiner. Sie folgen nicht einfach der Linie Stadt gegen Land, sondern auch noch einer differenzierten Hackordnung zwischen den verschiedenen Städten. Diese ist nicht in Gesetzesform gegossen, ergibt sich aber aus regelmäßigen Rankings und wird de facto weithin anerkannt. Offizielle und die Medien sprechen wie selbstverständlich von den Städten der soundsovielten Reihe. An der Spitze stehen Peking, Shanghai, Guangzhou (Kanton) sowie der Emporkömmling Shenzhen. Davon wiederum genießen die

---

15 Vgl. www.chinadaily.com.cn, 30.11.2021.

beiden erstgenannten, zusammen mit Chongqing und Tianjin aus der zweiten Reihe, einen Sonderstatus als „Stadtstaaten".

Zur zweiten Liga gehören stattliche Metropolen wie Nanjing, Hangzhou, Suzhou, Chengdu oder eben Chongqing. Die Inhaber von deren „hukou" leben ebenfalls auf der Sonnenseite des chinesischen Wirtschaftswunders. Anders als in den freien Reichsstädten des Mittelalters macht Stadtluft in China zwar nicht frei, aber potenziell wohlhabend. Ab der dritten Reihe, die überwiegend immer noch aus Millionenstädten besteht, beginnt die Provinz.

Die Folgen des „hukou"-Systems für die Betroffenen können bitter sein, sie treffen eben nicht nur „Wanderarbeiter", sondern ganz normale Arbeitnehmer. Paare arbeiten weit voneinander entfernt wie im Fall unserer Ayi, Kinder wachsen bei den Großeltern auf, viele Arbeitnehmer pendeln über weite Strecken, weil sie am Arbeitsort keine Wohnung kaufen dürfen. Und wer keine Wohnung kaufen darf, ist auf Vermieter angewiesen, die keine Skrupel kennen. Aus diesem Grund bieten die meisten Firmen ihren auswärtigen Mitarbeitern günstige Arbeiterwohnungen oder -heime an, bezahlbare Alternativen sind rar. So absurd es klingen mag, der „hukou" hat Auswirkungen bis auf den Heiratsmarkt, wo der „Markt" nach unserem Eindruck oft mehr zählt als die Liebe. Ein Partner aus Shenzhen bietet eben bessere Perspektiven als einer aus dem armen Gansu.

Jedes Land kennt seine heiligen Kühe. Deutschland braucht offensichtlich freie Fahrt auf Autobahnen und den Solidaritätszuschlag, China den „hukou". Weil die Folgen einer Abschaffung unkalkulierbar sind, setzt China lieber auf eine Aufwertung der Städte aus Liga drei und vier. Diese versuchen, ihren Einwohnern durch wirtschaftliche Entwicklung vor Ort eine Bleibeperspektive zu bieten. Durchaus ernsthaft, wovon wir uns auf Reisen überzeugen können. Außerdem schrecken die hohen Lebenshaltungskosten in den Metropolen potenzielle Zuzügler ab. Gutsituierte Bürger in Shanghai klagen darüber, dass sich die Ayis inzwischen nicht mehr zum Hungerlohn verdingen. Auf diese Weise kommt wenigstens ein Teil des Fortschritts am unteren Ende der Pyramide an.

Unsere Ayi macht trotz aller Widrigkeiten einen aufgeräumten Eindruck. Anfangs kommunizieren wir mit ihr über WeChat mit Übersetzungsfunktion. Als wir die ersten Brocken Mandarin beherrschen, taut sie auf und zeigt Verena Bilder von Haus und Familie. Das Smartphone ist für sie ein Segen, weil sie so ständig mit ihrer Familien Kontakt halten und die Hochzeitsvorbereitungen für ihren Sohn vorantreiben kann.

Mitte Dezember 2019 freuen wir uns über eine vorweihnachtliche Bescherung. Nach viereinhalb Monaten Leben aus dem Koffer ist endlich unser Umzugsgut aus Deutschland eingetroffen. Adventsschmuck verbreitet Nestwärme, Willy mag sein Hundebett gar nicht mehr verlassen.

Kurz darauf fliegen Verena, Alma und Marina in den Heimaturlaub nach Deutschland, ich erst unmittelbar vor Weihnachten hinterher. An einem der Abende allein in Shanghai gehe ich spontan ins Kino. Es läuft ein Film über die Eroberung des Mount Everest, der hier Qomolangma heißt, durch eine chinesische Expedition, verquickt mit einer unglücklich endenden Liebesgeschichte. Es erwartet mich ein patriotisches Epos im Stile von Luis Trenker und Leni Riefenstahl. Die Kulturrevolution wird verharmlosend als schwierige Epoche abgehandelt. Die Protagonisten hauchen mit dem Namen des Vaterlandes auf den Lippen ihr Leben aus. Alpinistisch betrachtet habe ich schon weitaus gelungenere Filme gesehen, landeskundlich war noch kein Bergfilm so aufschlussreich. Zudem harmlos im Vergleich zum Kassenschlager des Jahres 2021: zum 100. Jahrestag der KP haben deren Propagandaabteilung, die Zentrale Militärkommission sowie die Nationale Radio- und Fernsehbehörde einen Film über den Sieg der Volksbefreiungsarmee über US-Truppen in der Schlacht um den Changjin-Stausee während des Koreakrieges in Auftrag gegeben.[16] In diesem Fall siegt meine Abscheu vor derlei Kriegspropaganda über meine Neugier, auf den Kinobesuch verzichte ich.

---

16 Vgl. www.wikipedia.org, The Battle at Lake Changjin.

Am Wochenende vor dem Heimflug zu Weihnachten 2019 fahre ich mit der U-Bahn nach Zhujiajiao, eine traditionelle Wasserstadt, ganz im Westen von Shanghai gelegen. Die Wasserstädte gehören zum Yangtse-Delta wie der Biergarten zu Bayern. Das sind Dörfer, in denen malerische Gassen die Kanäle säumen. Kleine Läden bieten Handwerkskunst an und Essen in allen Variationen. Wer mag, kann seine Füße in einen Wassereimer stellen und von Fischen putzen lassen oder die Kanäle mit dem Boot erkunden. Ein Tempel sowie ein traditioneller chinesischer Garten bilden das kulturelle Angebot. So ist für jeden Geschmack etwas dabei. Weil der Besuch von Zhujiajiao im Gegensatz zu den meisten anderen Wasserstädten keinen Eintritt kostet, bilden sich an den Wochenenden lange Warteschlangen von Familien, die hier einen schönen Tag verbringen möchten.

An diesem trüben Dezembersonntag ist nichts los, deshalb sprechen mich pausenlos Verkäufer auf Suche nach Kundschaft an. Wenn ich wollte, wäre ich vom Probieren schon satt. Stattdessen suche ich ein kleines Restaurant auf. Am Nachbartisch sitzt eine Gruppe älterer Herrschaften. Deren Tischgespräch verstummt, als ich die illustrierte Speisekarte studiere und bestelle. Sie sollen ihren Spaß haben. Ich ordere zwei Portionen Gemüse, eine Schüssel Reis und grünen Tee. „Der Ausländer hat ‚eine Schüssel Reis‘ gesagt“, „der Ausländer hat grünen Tee bestellt“, höre ich. Unverhohlen starren sie neugierig zu mir herüber. So ein Ausländer ist ihnen noch nicht untergekommen, sie scheuen sich aber, mich anzusprechen. Nur die Besitzerin erkundigt sich bei der Bezahlung, wo ich denn herkäme, und wechselt ein paar freundliche Worte.

Als wir uns Anfang Januar 2020 am Ende der Weihnachtsferien bei Familien und Freunden in Deutschland verabschieden, versprechen einige, uns in China zu besuchen. Für das nächste halbe Jahre sind wir mit Besuchen „ausgebucht“, Verena nimmt sich vor, gleich die Detailplanung in Angriff zu nehmen. Niemand von uns kann sich vorstellen, dass wir uns eineinhalb Jahre nicht sehen würden. Zurück in Shanghai erwartet uns der normale Alltag, mittlerweile hat sich eine neue Routine eingestellt.

Alma und Marina sind in der Schule gefordert, Verena organisiert die Familie, lernt täglich zwei Stunden Chinesisch und hält die Verbindung zur Außenwelt. Selbst kleine Besorgungen oder Bestellungen dauern aufgrund langer Wege, unbekannter Apps oder sprachlicher Hürden zu diesem Zeitpunkt viel länger als zu Hause.

Ich gehe meinen Aufgaben in der Firma nach und bin froh, dank der überschaubaren Entfernung abends zu Fuß nach Hause gehen zu können. Der Weg entlang des Huangpo gilt vielen Touristen als Attraktion. Manchmal schnappe ich mir eines der überall herumstehenden Mieträder. Tian versteht die Welt nicht mehr, weshalb jemand freiwillig zu Fuß geht, wenn er doch einen motorisierten Untersatz nehmen könnte. Langweilig wird ihm dennoch nicht, weil bei vier Personen ständig jemand irgendwo hinfahren muss. Fahrzeiten von einer Stunde pro Wegstrecke sind keine Ausnahme, ein halber Tag vergeht bei manchen Besorgungen wie im Fluge.

Ende Januar steht das chinesische Neujahrsfest mit einer arbeitsfreien Woche an. Wir möchten gerne ein Stück von China kennenlernen, 600–700 Millionen andere Menschen auch. Schnell zeigt sich, dass sämtliche innerchinesischen und bei chinesischen Touristen populären Ziele im nahen Ausland längst ausgebucht oder hoffnungslos überteuert sind. Auf der Suche nach Alternativen folgen wir dem Schema „nicht zu weit", „Winter", „keine Abzocke", „keine Abenteuer". Um die Landkarte auf dem PC-Bildschirm kreisend, bleiben wir in Südkorea hängen. In Pyeongchang haben erst 2018 die Olympischen Winterspiele stattgefunden, die anderen Kriterien erfüllt es auch.

Am Tag vor unserer Abreise bin ich mit einer Kollegin zum Mittagessen verabredet. Kurz davor bekommt sie plötzlich kalte Füße und sagt ab, weil sie Gerüchte über ein Virus gehört hat. Etliche Kollegen gehen vorzeitig nach Hause, ich schiebe es auf die bevorstehenden Feiertage. Präzise Informationen gibt es nicht. Als wir anderntags aufbrechen, drängen sich am Flughafen die Massen, mit Mühe schaffen wir es gerade noch rechtzeitig zum Abfluggate. Im Flugzeug werden wir aufgefordert, die ganze Zeit eine Maske zu tragen.

Angekommen in Seoul, erfahren wir scheibchenweise, dass in Wuhan eine gefährliche Viruskrankheit ausgebrochen sei, die sich schnell verbreite. Chinesische Touristen, dazu zählen jetzt auch wir, gelten als potenzielles Sicherheitsrisiko. Ab sofort tragen wir unaufgefordert eine Maske und sind erleichtert, als wir am nächsten Tag unbehelligt in unserer Ferienwohnung im Bergland von Pyeongchang eintreffen. Hierher verirren sich nur wenige Ausländer. Unser freundlicher Gastgeber freut sich, wieder einmal Gäste aus Europa zu begrüßen. Zum Frühstück bringt er uns am Morgen die lokale Spezialität, eine Art Meeresfrüchterisotto.

Kurzzeitig verdrängen wir das Virus, denn es folgt ein heftiger Wintereinbruch mit einem halben Meter Neuschnee. Beim Versuch, beim Schneeräumen unseren Mietwagen umzuparken, bugsiert ihn unser Gastgeber in den Graben. Passiert ist nichts, wir schaufeln alle mit, bis der Traktor eines Nachbarn anrückt. Vor dem endlich wieder einmal unzensierten Bildschirm verfolgen wir derweil die immer beunruhigender werdenden Nachrichten aus China. Hier, weit weg auf dem Land, fühlen wir uns einstweilen sicher, die Koreaner sind weitgehend unter sich.

Als der Niederschlag nachlässt, verbringen wir einen Tag auf der Skipiste, in der Skihütte nehmen wir vorsichtshalber einen Tisch möglichst weit abseits. Völlig einsam verläuft eine Schneeschuhwanderung im nahen Nationalpark. Der Tempel im Tal lockt einige Besucher an, am einsamen Gipfel treffen wir auf Mönche, die das dortige Heiligtum von der Schneelast befreien. Verirren können wir uns nicht, denn die Wegweiser sind präzise wie in der Schweiz, mit genauen Entfernungs- und Höhenangaben.

Kurz danach platzt die Bombe: Wuhan wird abgeriegelt. Wir verfolgen die gespenstischen Bilder von der Räumung des Bahnhofs. Autofahrer, die die Stadt in letzter Minute verlassen wollen, werden an den Mautstationen zurückgeschickt. Zehn Millionen Menschen werden in häusliche Quarantäne beordert, Drohnen kreisen über einer Geisterstadt. In wenigen Tagen steht unser Rückflug an. Wir zerbrechen uns den Kopf, wie es weitergehen soll. Die Entscheidung wird uns abgenommen – eine Kollegin aus Shanghai meldet sich auf meinem Handy.

Die Behörden haben die Schließung aller nicht systemkritischen Firmen angeordnet, die übrigen Unternehmen dürfen den Betrieb fortführen, werden aber zu maximaler Vorsicht angehalten. In diese Kategorie fallen auch wir. Wir dürfen nicht mehr ins Büro kommen and schalten auf Online-Betrieb um. Vergleichbare Nachrichten erhalten wir von der Deutschen Schule. Das ganze öffentliche Leben im Land wird heruntergefahren, fast alle bleiben zuhause, auch außerhalb Wuhans, wenngleich nicht in formaler Quarantäne. China hat dem Virus den Krieg erklärt.

Eine Rückkehr nach Shanghai erscheint unter diesen Umständen nicht angebracht. Wir schlagen unseren Rückflug in den Wind und bleiben fürs erste in Korea, dies ist schließlich ein befreundetes zivilisiertes Land, die Leute sind nett und man spricht passabel Englisch. Da es in unserem Bergdorf ungemütlich kalt wird, wechseln wir in die nahegelegene Küstenstadt Gangneung am Japanischen Meer. Unser Gastgeber hört den Ausdruck „Japanisches Meer" nicht so gerne, lieber spricht er von der „Ostsee". Die innerasiatischen Befindlichkeiten nehmen wir zur Kenntnis und kurven eine halbe Stunde bergab.

In Gangneung erwartet uns ein sturmgepeitschter Sandstrand, über dem sich die Gischt mit Schneeflocken mischt. Im Dünenwäldchen dahinter liegen jede Menge Bunker, kaum 100 Kilometer weiter nördlich beginnt Nordkorea. Ein gestrandetes nordkoreanisches U-Boot und Stacheldrahtverhaue an unübersichtlichen Abschnitten der Küste erinnern an die Bedrohung durch den unkalkulierbaren Despoten.

Glücklicherweise hat Verena ihren Laptop mitgenommen und unsere Pubertierenden ihre iPads sowieso, sodass wir online einigermaßen einsatzfähig sind. Über den Tag hinaus planen können wir in dieser Lage nicht. Es fehlt uns an nichts, nur das von Marina benötigte Insulin wird allmählich knapp. Für den Notfall haben wir immer ein Rezept aus Deutschland dabei. Doch dieses erkennt die Verkäuferin in der Apotheke nicht an, sie verweist uns an das örtliche Krankenhaus.

Inzwischen hat Südkorea auf Krisenmodus umgestellt, nachdem sich die Epidemie auch im eigenen Land blitzartig verbreitet. Vor dem Krankenhaus liegen Fragebögen zu persönlichen Daten und Reisehistorie aus. Als Marina und ich wahrheitsgemäß angeben, in den letzten 14 Tagen in China gewesen zu sein, werden wir zu einem Nebeneingang geleitet, an dem man eine Schleuse für Covid-Patienten eingerichtet hat. Dort nehmen wir in einem Unterdruck-Container Platz, wo wir einer freundlichen Ärztin unser Anliegen vortragen. Unsere Geschichte erscheint ihr plausibel. Da es zu diesem Zeitpunkt noch keine aussagekräftigen Covid-Tests gibt, beschränkt sie sich auf einen kurzen Check, ob wir erkennbare Symptome aufweisen. Danach nehmen wir die Rechnung und das ersehnte Rezept entgegen, die nächsten vier Wochen sind gesichert.

In den Tagen darauf korrespondieren wir und informieren uns auf allen Kanälen, mit Firma und Bekannten in Shanghai, mit der Familie in Deutschland, im Internet und über das Fernsehen. China steht still, in Wuhan wird binnen Tagen ein Container-Krankenhaus aus dem Boden gestampft. Die chinesischen Medien praktizieren eine Art Kriegsberichterstattung.

Infektionen werden bald weltweit gemeldet, einschließlich erster Fälle in Europa. In Südkorea wird vor allem die pseudochristliche Shincheonji-Sekte zur Brutstätte des Virus. Diese hat auf engem Raum Massenveranstaltungen abgehalten und das Tragen von Mundschutz als Respektlosigkeit gegenüber Gott verboten. Der Sektengründer hatte seinen Anhängern versprochen, 144 000 Menschen mit in den Himmel zu nehmen. Nachdem das Jüngste Gericht bis März 2020 ausgeblieben ist, schickt sich die Sekte auf diese Weise an, die Himmelfahrt ihrer Mitglieder zu beschleunigen.

Die koreanische Justiz zeigt sich von derlei Unfug unbeeindruckt, zwingt die Sekte zur Preisgabe der Namen aller Mitglieder und bereitet eine Mordanklage gegen die Sektenführung vor.[17] Von vergleichbaren Verhaltensmustern in aller Welt lesen wir in diesen Wochen häufig. Wo Leugner von Aufklärung und Wissenschaft am Werk sind und effektive Maßnahmen auf die lange Bank schieben, etwa im Iran, in der Türkei, bei Freikirchen in den USA oder Brasilien, werden besonders viele Gräber ausgehoben. Im Elsass erweist sich das Treffen einer Freikirche mit mehreren Tausend Teilnehmern als Brandbeschleuniger.[18]

Die Situation verschärft sich, in Südkorea länger auszuharren führt uns nicht weiter. Manche Firmen haben ihre Mitarbeiter oder deren Familien inzwischen aus China nach Deutschland evakuiert. Der vermeintlichen Sicherheit in der Heimat trauen wir nicht. Über das Internet verfolgen wir die Kakophonie der Politik sowie eine ausgeprägte Weinerlichkeit, wenn es um Einschränkungen und Vorgaben geht. Das verheißt wenig Gutes. Die deutsche Diskussion um die Maskenpflicht kommt uns in Korea, wo die Masken inzwischen Standard sind, wie absurdes Theater vor. Und wie soll sich ein Land einem unsichtbaren Feind entgegenstellen, das seit Jahren offensichtliche Bedrohungen hartnäckig ignoriert?

Nachdem allerorten Reisebeschränkungen, Lockdowns und Quarantäneregeln verhängt werden, beschließen wir, auf jeden Fall als Familie zusammenzubleiben. Glücklicherweise findet sich eine Lösung: Die Asienzentrale meiner Firma liegt in Singapur, von dort kann ich in derselben Zeitzone arbeiten wie die Kollegen in Shanghai. Solange das Büro dort verwaist ist, kommt es auf die physische Präsenz gerade nicht an. Nur ein Kollege reagiert leicht eingeschnappt, er interpretiert mein Fernbleiben als mangelnden Teamgeist.

Singapur, dessen Bürger zu 70 % chinesischer Abstammung sind, hat ohne langes Federlesen auf Krisenmodus umgeschaltet, im Stil eleganter, inhaltlich auf seine Art ähnlich konsequent wie die Volksrepublik. Wer in den letzten 14 Tagen vor der Einrei-

---

17 Vgl. u. a. www.bbc.com, 01.08.2020, www.wikipedia.org, „Shincheonji Church of Jesus".
18 Vgl. u. a. www.tageblatt.li, 10.03.2020.

se in China war, wird umgehend unter Quarantäne gestellt. Verena rechnet einen kleinen Sicherheitspuffer ein und bucht einen Flug nach Singapur genau 16 Tage nach unserer Ankunft in Korea. Die Kosten unseres unfreiwilligen Nomadentums sind uns zu diesem Zeitpunkt egal, wir suchen nach einem sicheren Hafen. Noch während wir in Korea sind, beginnt der Online-Betrieb an der Deutschen Schule in Shanghai. Langeweile droht Alma und Marina nicht.

Vor dem Abflug quartieren wir uns nochmals in Seoul ein. Ich nutze die Chance, einige leichte Polohemden für die Tropen und bürotaugliche Schuhe zu erwerben. Am nächsten Tag kehre ich zum Kaufhaus zurück, da ich etwas vergessen habe. Absperrbänder der Polizei hindern mich am Eintritt. Wie sich herausstellt, waren dort zeitgleich mit mir infizierte Besucher aus Wuhan einkaufen, die Einschläge kommen näher.

Am Abend findet unser Geisterflug nach Singapur statt. Der Flugplan ist inzwischen stark ausgedünnt, der Flughafen nahezu verwaist, der Airbus mit höchsten 30 Passagieren besetzt. Lange inspiziert der Grenzbeamte in Singapur unsere Papiere. Penibel rechnet er nach, wie viele Tage wir in Südkorea zugebracht haben. Er findet nichts zu beanstanden und so treten wir nach minus acht Grad in Seoul nun mit Skibekleidung und Schneeschuhen im Gepäck hinaus in die schwüle Tropennacht. Verena hat alles perfekt organisiert, gegen ein Uhr morgens fallen wir in einem möblierten Apartment in die Betten. Mit dem erneuten Leben aus dem Koffer finden wir uns ab, wir haben ja schon Übung.

Am nächsten Tag suche ich unsere Firmenzentrale auf. Noch herrscht im Business-District-Betrieb, doch Warnungen und Fieberkontrollen sind an der Tagesordnung. In der Stadt ist es ruhiger als sonst, weil keine Touristen und nur noch ganz wenige Geschäftsleute kommen. Kreuzfahrtpassagieren hat man den Landgang untersagt. Freizeitparks sind geschlossen, die üblichen Warteschlangen bei den Touristenattraktionen verschwunden. So können wir am Abend, sobald die Hitze weicht, und an den Wochenenden ohne Gedränge unsere Runden drehen und die kulinarischen Köstlichkeiten genießen. Das Tragen von Masken ist uns inzwischen zur Routine geworden. Singapur betreibt zu diesem Zeitpunkt eine penible Kontaktverfolgung, die auf Datenschutz keine Rücksicht nimmt und dem Land Zeit kauft, bis die Pandemie Monate später in den Massenquartieren der ausländischen „Wanderarbeiter" um sich greift.

Alma und Marina kommen dank tatkräftiger technischer Unterstützung von Verena bald mit dem Online-Unterricht zurecht. Die Umstellung hat trotz mancher Kinderkrankheiten schneller geklappt als bei den meisten Schulen in Deutschland. Verena leitet unsere Beobachtungen zum Umgang mit der Pandemie in Korea und Singapur an meinen Schwager weiter, der damit beruflich gerade alle Hände voll zu tun hat. Wenn wir die Nachrichten aus Europa verfolgen, kommen wir aus dem Staunen über all die Besserwisser und Leugner nicht heraus, und auch darüber, über welche Selbstverständlichkeiten erst wochenlang diskutiert werden muss. Hinzu kommt die Sorge um unsere Familie.

Zu den Höhepunkten im Tagesablauf gehört der regelmäßige Besuch im Supermarkt. Dort können wir anders als in Shanghai alles lesen, die Auswahl an glutenfreien Produkten lässt uns das Wasser im Mund zusammenlaufen. Wir amüsieren uns über den täglichen Bericht der Hundepension in Shanghai, wo sich Pfleger und Hunde gemeinsam im Lockdown befinden. Über WeChat schicken sie uns Videos und Fotos von Willy beim Spielen auf dem Gelände. Ein kurzer Begleittext informiert über Willys Umgangsformen, sein Fressverhalten sowie die Beschaffenheit seines „pee and poo" am jeweiligen Tag. So genau wollten wir es gar nicht wissen.

Von den nach Europa zurückgekehrten Familien aus Shanghai hören wir wenig Ermutigendes, einige sind vom Regen in die Traufe gekommen. Das Blatt scheint sich zu wenden. Während sich im Rest der Welt einschließlich Europas die Lage immer mehr zuspitzt, zeigt die Vollbremsung in China Wirkung: die Fallzahlen sinken. Es ist gelungen, eine großflächige Ausbreitung über Wuhan hinaus zu verhindern.

Wir wägen die Risiken ab und fassen eine Rückkehr nach Shanghai ins Auge, sofern sich der Trend verfestigt. Das tut er tatsächlich. Am 10. März 2020 treten wir mit einem mulmigen Gefühl eine Reise ins Ungewisse an. Jeder von uns führt im Handgepäck eine Notfallausrüstung für den Fall mit, dass man uns in eine Zentralquarantäne steckt. Die Maschine nach Shanghai ist fast leer. Kaum jemand wagt zu diesem Zeitpunkt, nach China zu reisen. Das ursprüngliche Epizentrum der Pandemie schreckt ab, doch im Auge des Sturms ist es manchmal am ruhigsten.

Am Flughafen in Pudong erwartet uns eine gleichermaßen professionelle wie einschüchternde Prozedur. Die Passagiere dürfen nur reihenweise aussteigen oder werden sogar einzeln aufgerufen. Ab der Gangway erwarten uns Mitarbeiter in Ganzkörper-Schutzanzügen. Peinlichst genau werden wir zu unserem Aufenthalt in den vergangenen Wochen sowie zu Krankheitssymptomen befragt, füllen Online-Fragebögen aus, mehrfach wird unsere Temperatur gemessen. PCR-Tests im Massenbetrieb gibt es zu diesem Zeitpunkt noch nicht.

Auf unseren Handys installieren wir eine neu eingeführte Gesundheitsapp, die abhängig vom Bewegungsprofil und Kontakten anzeigt, ob der Besitzer des Smartphones als unbedenklich gilt oder sich in Quarantäne begeben muss. Nach einiger Zeit leuchtet unser Code grün auf, wir dürfen den Flughafen verlassen. Die Frage, ob die Nutzung der App freiwillig ist, stellt sich nicht. Ohne die App geht im weiteren Verlauf der Pandemie praktisch nichts mehr, sie wird zur Eintrittskarte für die meisten Geschäfte, Büros, Bahn und Flugzeug sowieso. Langjährig gesuchte Kriminelle stellen sich der Polizei, da unterzutauchen unmöglich geworden ist.[19]

Mit der Einreise am Flughafen ist es noch nicht geschafft. Manche Regelungen sind schwammig gehalten, jeder Wohnbezirk erlässt zusätzlich zu den Anordnungen der Behörden eigene Regeln – beispielsweise zu der Frage, wem häusliche Quarantäne verordnet wird. Da niemand einen Fehler machen will und die Ansagen von oben im Krieg gegen das Virus eindeutig

---

19 Vgl. www.cnn.com, 20.12.2020.

sind, möchte kein Verantwortlicher durch Laschheit auffallen. Italiener laufen vor dem Hintergrund des Desasters in Bergamo ein besonders hohes Risiko, erst einmal zu Hause bleiben zu müssen. Wir wissen nicht genau, was uns erwartet. Mein chinesischer Kollege, der im selben Hochhaus wohnt, kann auch keine Details herausfinden. Er rät mir, die Dinge auf mich zukommen zu lassen. Wer zu viele dumme Fragen stelle, würde dumme Antworten erhalten. Also fragen wir im Vorfeld lieber nicht.

Auf der Fahrt durch die Stadt ist es stockdunkel, die Straßen menschenleer. Die kleinen Läden und Imbisse sind ausnahmslos verrammelt. Nur einige Supermärkte haben zur Sicherung der Grundversorgung geöffnet. Vorsorglich decken wir uns bei der Metro, die auf dem Weg liegt, für mindestens zwei Wochen mit dem Nötigsten ein. Die Einfahrt zu unserem Compound finden wir verbarrikadiert vor. Erst nachdem wir zweimal um die Ecke gekurvt sind, treffen wir auf den einzigen von insgesamt vier Zugängen, der in Betrieb ist.

Wir müssen aussteigen und unser Gepäck ausladen, Fahrzeuge ohne Stellplatz in der Tiefgarage werden nicht eingelassen. Wieder füllen wir Formulare aus, diesmal für das Nachbarschaftskomitee, das alle Rückkehrer registriert. Zuerst drückt man mir das italienischsprachige Exemplar in die Hand. Dieses weisen wir entschieden zurück und belegen anhand unserer Bordkarten, dass wir aus Singapur eingereist sind. Das überzeugt, man lässt uns ein. Unser Gepäck samt den Einkäufen aus dem Supermarkt schleppen wir einen halben Kilometer in unsere Wohnung, die genau am anderen Ende des Compounds liegt.

Am Vormittag darauf bleiben wir zu Hause, weil ich erst 14 Tage nach der Einreise wieder ins Büro darf und in der Schule bis auf Weiteres kein Präsenzunterricht stattfindet. Das Nachbarschaftskomitee legt uns Merkzettel und Fragebögen vor die Tür. Verena registriert uns ein zweites Mal. Aus dem holprig ins Englische übersetzten Merkzettel werden wir nicht schlau. Dass wir zu äußerster Vorsicht angehalten werden und Maskenpflicht gilt, versteht sich von selbst. Ob überhaupt und unter welchen

Voraussetzungen wir die Wohnung verlassen dürfen oder nicht, geht aus dem Text nicht eindeutig hervor.

Nachdem zur Mittagszeit im Flur immer noch keine Kamera vor unserer Tür installiert ist, um zu kontrollieren, ob wir die Wohnung verlassen, und auch kein Offizieller aufgetaucht ist, kann es so schlimm nicht sein. Zum Höhepunkt des Tages wird die Heimkehr von Willy, den Tian an einem Checkpoint in der Nähe der Hundepension in Empfang genommen hat. Wir stellen keine dummen Fragen und verbringen die kommenden 14 Tage in einer Art Halbquarantäne. Die Wohnung verlassen wir lediglich für unsere Runden mit Willy, für Lebensmitteleinkäufe und ein bisschen Sport. Als ich am ersten Wochenende aufs Rad steige, schärft mir Verena ein, umgehend Bescheid zu geben, falls ich irgendwo festgesetzt würde. Doch mein Code bleibt grün, niemand hält mich auf, selten war der Radweg so leer.

Wenige Tage nach unserer Rückkehr ordnen die Behörden für alle Einreisenden eine 14-tägige Quarantäne an. Wer über eine eigene Wohnung in Shanghai verfügt, darf die Quarantäne zu Hause absolvieren. Vor der Tür werden Kameras installiert, um die Einhaltung zu überwachen. Später werden die Vorschriften weiter verschärft, jeder Einreisende muss die Quarantäne dann in dafür eingerichteten Hotels absitzen, auf eigene Kosten.

Welch ein Glück, rechtzeitig die Zelte in Singapur abgebrochen zu haben. Am 27. März 2020, gerade einmal zwei Wochen nach unserer Einreise aus Singapur, folgt die eigentliche Hiobsbotschaft: China schließt ab dem 28. März bis auf Weiteres seine Grenzen für alle Ausländer, sogar solche mit Visum, Aufenthaltsberechtigung, Wohnung und Arbeitsplatz in China. Selbst wer ein Unternehmen hat, bleibt draußen. Nach einer Schrecksekunde erfasst Alma als Erste die Konsequenzen: Durchhalten bis zum Abitur im Frühjahr 2021! Es kommt uns vor wie ein Alptraum.

Die zwischenzeitliche Ausreise nach dem Westen, um Familie und Freunde zu sehen, ist nun keine Option mehr. Selbst wenn die Grenze wieder aufgehen sollte, kann sie über Nacht erneut geschlossen werden. Dann wäre das Abitur oder zumindest ein Schuljahr perdu. Und den Job in Shanghai könnte ich gleich an den Nagel hängen. Wir sind bedient und müssen uns fassen, bevor wir Tage später unseren Familien in Deutschland schonend nahebringen, dass wir uns frühestens im Juni 2021 wiedersehen.

Im Vergleich zu anderen haben wir Glück, immerhin sind wir zusammengeblieben. In vielen ausländischen Familien sieht es anders aus. Ehepartner und Kinder dürfen nicht mehr zurück, der berufstätige Partner schlägt sich allein in Shanghai durch. Expats, die mit ihren Familien ausgereist sind, dürfen nicht mehr an ihren Arbeitsplatz. Hab und Gut befindet sich in der Wohnung in Shanghai, sie haben nur ein paar Koffer mit dem Nötigsten dabei.

Ein Freund von uns hat Pech besonderer Art. Er kann Katzen nicht ausstehen und muss nun gleich drei davon durchbringen, die ihm Frau und Töchter während ihres vermeintlichen Kurzurlaubs über das Neujahrsfest in Obhut gegeben haben. Manche Familien, die während des Lockdowns komplett ausgereist sind, kommen gar nicht wieder, Expats kündigen die Stelle in China. Sie lösen aus der Ferne ihre Wohnung auf, im Videochat mit den Mitarbeitern des Umzugsunternehmens.

Die Zahl der ausländischen Fachkräfte und Manager sinkt rapide. Die meisten Auslandsschulen geraten wegen schrumpfender Schülerzahl in wirtschaftliche Schwierigkeiten. Lücken in der Lehrerschaft lassen sich nicht schließen. Die Jahresversammlung des Trägervereins der deutschen Schulen in Shanghai wird von roten Zahlen dominiert. Die Schulgebühren steigen weiter. Es droht ein Teufelskreis, weil sich noch weniger Unternehmen die schon heute exorbitant teure Entsendung von Mitarbeitern nach China leisten können. Bei den benachbarten Franzosen sieht es ein klein wenig besser aus, weil deren Klientel größer ist – schließlich wird Französisch in halb Afrika gesprochen. Besonders stark leiden die amerikanischen Schulen, wo gleichzeitig mit der Pandemie der Handelskrieg mit China seine Spuren hinterlässt.

In unserem Viertel fehlt das geschäftige Treiben der Auslieferer, die die Waren bis an die Haustür bringen. Stattdessen hat das Nachbarschaftskomitee einen zentralen Sammelpunkt eingerichtet, von dem alle Bewohner ihre Bestellungen selbst abholen. Das bringt einige gehörig ins Schwitzen, denn geordert wird reichlich und manche sind es nicht mehr gewohnt, selbst Hand anzulegen. Wer auswärts etwas zu erledigen hat, muss sich jetzt selbst zur Straße bemühen, denn Taxis werden nicht auf das Gelände gelassen.

Auch wir kaufen Lebensmittel jetzt häufig online, das spart Zeit und hilft beim social distancing. Den besten Service finden wir bei Aldi, der Shanghai zu einem der ersten Standbeine in China erkoren hat. Da der nächste Aldi-Markt nur drei Kilometer entfernt liegt, können wir die bestellten Waren meistens nach einer halben Stunde vom Sammelpunkt in unserem Compound abholen. Wer mag, kann bei Aldi China die Erfolgskriterien für ein erfolgreiches Hybridkonzept in dicht bebauten Großstädten studieren. Der Laden ist nicht einmal halb so groß wie in Europa, ansehnlich und modern, und – ganz wichtig – es gibt Imbiss und Getränke. Parkplätze spielen nur mehr eine Nebenrolle. Das scheint auch kein Problem, weil viele Kunden eher zum Schauen und wegen des leiblichen Wohls kommen. Größere Mengen werden von zu Hause bestellt.

Das Konzept scheint aufzugehen, denn kurz darauf eröffnet Aldi einen weiteren Standort ganz in unserer Nähe. Dort gibt es sogar viel Laufkundschaft, denn er liegt direkt am Eingang eines der größten Wohnquartiere mit schätzungsweise 10 000 Bewohnern. Das Sortiment, einschließlich der beliebten Hühnerfüße, ist dem lokalen Geschmack angepasst, die Rostbratwürste nach Nürnberger Art kommen aus chinesischer Produktion. Daneben gibt es einige Flaggschiffprodukte aus Europa. Auf die haben wir es gar nicht unbedingt abgesehen, wir begeben uns vor allem wegen der langen Liste an Lebensmittelskandalen in China in vertraute Hände. Die Selbstbedienungskasse ist jetzt Standard, Bedienkassen hat man abgeschafft.

Wie jeder Einzelhändler oder Gastronom in China, der auf sich hält, bietet Aldi seinen Kunden eine sogenannte Mitgliederkarte. Kaum ein Restaurant, Café, Friseur oder großer Einzelhändler verzichtet darauf, seine Mitgliederkarte mit Nachdruck zu bewerben. Mit mickrigem Punktesammeln wie in Deutschland lassen sich die Kunden nicht abspeisen. Rabatte zwischen fünf und 20 % gelten als normal, Prämienpunkte gibt es obendrein. Obgleich die Kundenkarte noch Karte heißt, existiert sie in den meisten Fällen nur noch digital.

Die morgendliche Gruppengymnastik am Fluss ist im Frühjahr 2020 ausgesetzt, auch sonst steht das öffentliche Leben großteils still. Die Leute bleiben lieber zu Hause oder befinden sich noch in ihren Heimatprovinzen. Am meisten leiden in diesen Tagen die Mütter. Die sind nämlich in aller Regel berufstätig und es gewohnt, ihre Kinder im Kindergarten, im Hort oder bei den Großeltern abzugeben. Die Kinder den ganzen Tag um sich zu haben, empfinden viele als puren Stress. Viele Familien leben mit den Eltern oder Schwiegereltern unter einem Dach, nicht immer zur ungetrübten Begeisterung aller Beteiligten und teilweise in beengten Verhältnissen. Nach dem Ende des Lockdowns verleihen mehrere Kolleginnen unisono ihrer Freude darüber Ausdruck, wieder ins Büro kommen zu dürfen. Weil meine Firma mit der Arbeit im Homeoffice insgesamt gute Erfahrungen gesammelt hat, wird später entschieden, dies künftig in gewissem Umfang beizubehalten. Bei unseren Mitarbeitern stößt die Nachricht auf gemischte Resonanz.

Finanziell trifft der Lockdown diejenigen am härtesten, die ohnehin wenig haben. Millionen „Wanderarbeiter" waren über die Neujahrsfeiertage zu ihren Familien in der Heimatprovinz gereist und können seit Monaten nicht an ihre Arbeitsstellen zurück. Innerhalb Chinas gelten weiterhin strikte Reisebeschränkungen. Aus der eigenen Provinz kommt niemand so leicht hinaus noch wieder hinein. Den Überblick zu wahren, schafft in diesen Tagen niemand, denn jede Provinz oder Stadt verhängt eigene Regelungen, die sich obendrein laufend ändern.

Manchmal darf man mit negativem PCR-Test einreisen, manchmal nach 14 Tagen Quarantäne oder nach einer sogenannten „Gesundheitsbeobachtung" mit täglicher Kontrolle der Temperatur. Im einfachsten Fall genügt ein grüner Health Code. Streng genommen mehrere grüne Codes, denn auch davon gibt es mittlerweile fast in jeder Provinz ein eigenes Exemplar. Durchaus denkbar also, dass ein Reisender in Shanghai als unbedenklich gilt, während ihn der Code für Peking in eine höhere Risikokategorie einstuft. Ein Bekannter wird noch in Shanghai aus dem Schnellzug nach Peking geholt, weil genau das bei ihm der Fall ist. Es kommt darauf an, wo der Reisende herkommt, ob am Ausgangsort in jüngster Zeit Coronainfektionen aufgetreten sind und welche Regeln gerade am Zielort gelten. Mobilität wird zum Glücksspiel.

Es werden drei Kategorien von Gebieten, eingeführt, mit geringem (grün), mittlerem (gelb) und hohem Risiko (rot). Für ein hohes Risiko genügt schon eine Handvoll Infektionen, mit Inzidenzen im statistisch messbaren Bereich geben sich die Behörden gar nicht ab. Über den betroffenen Wohnbezirk mit mehreren Hundert bis mehreren Tausend Menschen wird dann der Total-Lockdown verhängt, das Verlassen der eigenen Wohnung ist strikt verboten. Selbst Online-Einkäufe werden dann stark reglementiert. Bewohner, die nicht vorgesorgt haben, sind auf das angewiesen, was ihnen die Kommune bzw. das Nachbarschaftskomitee liefert. Wer kann, deckt sich mit Vorräten ein.

Die übrigen Einwohner der Stadt gelten ebenfalls als risikobehaftet und werden andernorts nicht oder nur nach einem negativen PCR-Test eingelassen. Betroffene Bezirke auch nur mit dem Auto zu durchqueren, gilt es tunlichst zu unterlassen. Man riskiert, dass der Health Code auf gelb oder rot springt. Ab April 2020 bleibt Shanghai weitgehend Covid-frei, sporadische Nester bewegen sich im einstelligen Bereich. Bei jedem kleinen Ausbruch in Shanghai recherchiert Tian, wo genau die Fälle aufgetreten sind. Die jeweiligen Stadtviertel umfährt er weiträumig.

Bisweilen treibt die Klassifizierung der Risikogebiete kuriose Blüten. Als sich zum Jahreswechsel 2021/2022 in Pudong, also dem östlich des Huangpu gelegenen Teil Shanghais, vier oder fünf Menschen infizieren, schicken die Behörden in Harbin Touristen, die vom Flughafen Shanghai-Pudong aus angereist sind, postwendend zurück. Reisende vom Flughafen Shanghai-Hongqiao am westlichen Stadtrand werden dagegen eingelassen. Das, obwohl man in Shanghai selbst problemlos zwischen den Stadtvierteln hin- und herpendeln kann.

Im Zuge der Covid-Epidemie werden Behördenleiter, Regierungs- und Parteichefs auf der lokalen und regionalen Ebene reihenweise wegen Versagens im Umgang mit der Pandemie ihrer Ämter enthoben. Solch abschreckende Exempel vor Augen, sinkt die Risikobereitschaft der vor Ort Verantwortlichen gegen Null. Niemand möchte einen Fehler begehen, der das Ende der Karriere bedeuten kann. Mit unerbittlicher Strenge geht die Reichshauptstadt vor. Unsere Freunde aus der Stuttgarter Gegend, die dort wohnen, kommen bis August 2020 aus Peking nicht heraus. Wenigstens besteht Peking anders als Shanghai nicht nur aus Siedlungsbrei, sondern verfügt bei einer dem Bundesland Thüringen vergleichbaren Fläche über Wälder, Berge und kleine Seen, wo man in der Freizeit frische Luft schnappen kann.

Mit der Einteilung in unterschiedliche Risikozonen ist es nicht getan. Zusätzlich hängt die Bewegungsfreiheit davon ab, zu welcher Personengruppe man gehört. Viele Behörden und Staatsbetriebe untersagen ihren Mitarbeitern sogar nach Ende des Lockdowns das Reisen aus nicht zwingenden beruflichen Gründen. In die nächste Kategorie fallen Schüler und Lehrer. Denen verbietet die Stadtverwaltung von Shanghai über weite Strecken der Jahre 2020 und 2021 das Verlassen der Provinz. Das betrifft Alma und Marina. Weil Staatsbedienstete und Schüler Familie haben, erfassen solche Einschränkungen große Teile der Bevölkerung.

Widersprüche werden in Kauf genommen, etwa wenn ein Elternteil – erlaubterweise – eine Dienstreise unternimmt. Nur Menschen, die nicht zu den genannten Gruppen zählen, unterliegen keinen besonderen Beschränkungen. Ihnen wird lediglich von „unnötigen" Reisen abgeraten. Die Verwaltung von Shanghai wird bei alledem ihrem Ruf gerecht, im Vergleich zu anderen Provinzen, wenngleich nicht im Vergleich zu westlichen Ländern, mit Augenmaß vorzugehen. Trotzdem oder vielleicht auch deswegen bleibt in Shanghai zwei Jahre lang ein größerer Corona-Ausbruch aus, bevor Omikron im Frühjahr 2022 dem bis dahin erfolgreichen Shanghaier Modell den Garaus bereitet.

Eine weitere, inoffizielle Differenzierung entsteht zwischen Chinesen und Ausländern. Der Schwerpunkt der Pandemie hat sich in den Rest der Welt verlagert und damit die Bedrohung von der Infektion vor Ort zur Bedrohung durch „importierte Fälle", so der offizielle Begriff. Die chinesischen Medien zeigen Schreckensbilder aus aller Herren Länder. Nach Behördenangaben sollen sich Lagerarbeiter im Hafen von Tianjin an importierten Schweinehaxen aus Deutschland angesteckt haben.[20] Daraufhin wird der Infektionsschutz im Umgang mit Fracht umgehend nochmals verschärft. Im Zweifel machen die Behörden ohne Rücksicht auf Verluste dicht. Zwischenzeitlich liegt der Hafen von Ningbo brach, einer der größten des Landes, nur ein Beispiel unter vielen für die Anfälligkeit globaler Lieferketten.[21]

Objektiv betrachtet besteht ab April 2020 kein gesteigertes Infektionsrisiko durch Kontakt mit Ausländern, weil die Grenzen ja geschlossen und die Ausländer aus virologischer Sicht zu Inländern geworden sind. Die wenigen „importierten Fälle" beziehen sich auf chinesische Staatsbürger, denn nur diese dürfen im Augenblick noch einreisen. Über solche Details schweigen sich die Medien aus. Die Assoziation „Ausländer = gefährlich" verfestigt sich in den Köpfen. Jedenfalls wird uns nun besondere Aufmerksamkeit zuteil.

Die Mall in der Nähe meines Büros lässt alle Besucher ungehindert eintreten, sofern sie beim Passieren des Wärmescanners nicht auffallen. Von mir verlangen die Mitarbeiter der Security dagegen, Name und Mobilnummer in eine bereitliegende Liste einzutragen. Ich verbitte mir jegliche Diskriminierung und mache kehrt. Um die Ecke nehme ich den anderen Eingang, ziehe mir die Maske weit hoch, kneife die Augen zusammen und starre wie die meisten anderen Passanten im Vorübergehen auf mein Handy.

Derlei List funktioniert nicht überall – wir gewöhnen uns nolens volens daran, auf Flughäfen oder beim Zutritt zu Sehenswürdigkeiten separat mit besonderer Liebe zum Detail registriert zu

---

20 Vgl. www.welt.de, 09.11.2020.
21 Vgl. u. a. www.reuters.com, 11.08.2021.

werden. Manche Behörden, vor allem Zentralinstanzen in der Reichshauptstadt, empfangen bis auf Weiteres grundsätzlich keine Ausländer mehr, egal wie lange diese schon im Land sind. Einige Menschen gehen uns ängstlich aus dem Weg, weil sie uns als potenziellen Infektionsherd betrachten.

Freunde berichten, dass ihnen in der Provinz gelegentlich der Zutritt verwehrt wird. Einige Hotels versehen ihr Online-Buchungsportal mit dem Hinweis, Zimmer würden nur an Gäste vom chinesischen Festland vermietet. Immerhin befinden wir uns mit den werten „Landsleuten" aus Hongkong, Macao und Taiwan in bester Gesellschaft.

Von nun an entwickelt sich das Verlassen Shanghais zu einem Lotteriespiel mit mehreren Unbekannten, das zahllose Chatgruppen beschäftigt. Es empfiehlt sich die Mitnahme von Reserven für den persönlichen Bedarf, falls man ungeplant unterwegs oder am Zielort hängenbleibt, d. h. im schlimmsten Fall 2–3 Wochen Quarantäne. Fortan absolvieren wir vor der Abreise aus Shanghai jedes Mal bei der Teststelle des nahegelegenen Krankenhauses freiwillig einen PCR-Test. Einzige Ausnahme sind Tagesausflüge mit dem Auto, wo wir nirgends einchecken müssen.

Antigen-Schnelltests werden in China zwar millionenfach für den internationalen Markt produziert, in China selbst aber nicht anerkannt. Im Gegenzug entsteht ein hocheffizientes und kostengünstiges Netz an PCR-Teststationen. Die Gebühr liegt anfangs noch bei umgerechnet 15 Euro, Ende 2021 sind die Tests für 5 Euro zu haben.

All die festsitzenden „Wanderarbeiter" verdienen über Wochen und Monate keinen Cent, es sei denn ihr Arbeitgeber ist besonders sozial eingestellt. Unsere Ayi sendet Nachrichten aus Chongqing. Sie hofft, ihre Engagements in Shanghai zu behalten und kann es gar nicht fassen, dass Verena ihr trotz Abwesenheit den üblichen Obolus zahlt. Wie im Rest der Welt ist der Fremdenverkehr zusammengebrochen, das trifft arme Regionen besonders hart, die außer Landschaft und Kultur wenig vorzuweisen haben. In den Städten leiden vor allem die kleinen privaten Dienstleister, vom Gemüseladen über den Friseur bis zur Garküche und zum Fitnessstudio. Die staatlichen Hilfsprogramme für die Wirtschaft bleiben vergleichsweise bescheiden.

Schrittweise normalisiert sich im Frühjahr 2020 das öffentliche Leben. In Woche drei nach der Einreise darf ich wieder einen Tag ins Büro, anschließend jede Woche ein bisschen mehr. Sukzessive öffnen die meisten Geschäfte, Cafés und Restaurants wieder. Nur Kinos, Theater, Konzerthaus oder Großveranstaltungen, wo sich viele Besucher auf engem Raum drängen, bleiben ausgenommen.

Am 8. April 2020 endet nach 76 Tagen der Lockdown in Wuhan, die Medien feiern das Ereignis wie die Befreiung von Stalingrad. In diesen Momenten zählt nur der Sieg, die Vorgeschichte wird ausgeblendet. Die Bewohner der Heldenstadt Wuhan hätten durch ihr Opfer die Nation vor einer flächendeckenden Ausbreitung des Virus gerettet. So pathetisch hätte ich das nicht ausgedrückt, epidemiologisch stimmt es wahrscheinlich. Unsere Mitmenschen wähnen sich in diesen Tagen in der besten aller Welten. Während der Globus in der Pandemie versinkt, scheinen China und seine Wirtschaft wieder durchzustarten.

Kaum ein Gespräch vergeht, ohne dass meine Gesprächspartner betonen, wie gut wir es erwischt hätten, an einem der sichersten Orte der Welt zu leben, sie meinen das weder zynisch noch politisch. Die „Null-Covid-Strategie" wird fortan zu einem Markenzeichen der Staatsführung. Dass sie bei späteren Varianten des Virus an ihre Grenzen stoßen wird, ahnt zu diesem Zeitpunkt in Peking niemand.

In Telefonaten mit Deutschland klingt immer wieder der Verdacht an, die aus China gemeldeten Infektionszahlen seien geschönt. Dafür finden wir vor Ort keine Indizien, vorbehaltlich einer unvermeidbaren Dunkelziffer, die es überall gibt. Aus Expat-Kreisen, aus der europäischen Handelskammer, ja selbst von der amerikanischen Handelskammer, der Parteinahme für amtliche Propaganda unverdächtig, kommen keine Meldungen zu Covid-Erkrankungen unter den Mitarbeitern der Mitgliedsunternehmen. Auch in unserem persönlichen oder schulischen Umfeld wird uns kein einziger Fall bekannt.

Vereinzelt stellt sich ab Sommer 2020 wieder Schlendrian ein, die Kontrollen werden lascher. Prompt kommt es zu lokalen Infektionsherden. Die Behörden reagieren jedes Mal resolut mit der erprobten Wuhan-Methode, angereichert um Massentests. Schon bei Auftreten weniger Fälle werden ganze Städte abgeriegelt, die komplette Bevölkerung wird einem PCR-Test unterzogen, in der Regel zwei- oder sogar dreimal hintereinander.

Unter anderem werden im Oktober 2020 nach 13 Infektionen zehn Millionen Bewohner von Qingdao getestet. Das rigorose frühzeitige Einschreiten erstickt den Ausbruch in diesem und anderen Fällen nach wenigen Wochen. Die ganz harten Lockdowns beschränken sich in der Regel auf einzelne Wohnviertel. Vor Ort gilt dabei das Prinzip „mitgefangen, mitgehangen". Die Presse berichtet über einen Lieferboten, der das Pech hat, just im Moment der Abriegelung seine Päckchen zu übergeben. Er darf den Compound nicht mehr verlassen und betätigt sich in den beiden Folgewochen als Freiwilliger bei Lebensmittelverteilung an die Bewohner, die in ihrer Wohnung bleiben müssen.

Wo gehobelt wird, fallen Späne, doch Chinesen scheinen leidensfähiger zu sein als Europäer. Selbst absurde Vorgaben werden stoisch hingenommen, wenig hinterfragt, und wenn, dann nur hinter vorgehaltener Hand. Es herrscht eine Stimmung wie nach einem gewonnenen Krieg und ein Gefühl der Überlegenheit gegenüber dem Rest der Welt. Die Menschen fühlen sich tatsächlich wieder sicher.

Die kreativen Köpfe der Propaganda gönnen sich für den Rest des Jahres 2020 eine Verschnaufpause, denn die überzeugendsten Belege für den Niedergang des Westens, eines der Leitmotive chinesischer Berichterstattung, liefert der Westen selbst. Die Empfangsqualität von CNN ist in dieser Zeit einwandfrei. Die chinesischen Medien begnügen sich damit, wahrheitsgemäß über den irrlichternden Umgang der Trump-Administration mit der Pandemie und über die nackten Zahlen zu berichten. Verstörend wirken die Bilder schwerbewaffnet aufmarschierender Corona-Leugner in den USA. Sie verkörpern die Perversion von Freiheit. Da fällt es leicht, Demokratie als Chaos und Kritik an China als Heuchelei anzuprangern, wenn Menschenleben im Westen anscheinend gar nichts gelten. Ganz zu schweigen von der US-Waffenlobby, die im Namen eines Freiheitsbegriffs aus dem 18. Jahrhundert jedes Jahr Zehntausende Menschen zum Abschuss freigibt und anschließend Gebete für das Seelenheil der Opfer zum Himmel schickt. Nicht einmal die lebende Rückkehr aus der Schule scheint dort ein Menschenrecht zu sein. Nur konsequent, dass China Anfang 2022 als Retourkutsche für Kritik an Menschenrechtsverletzungen im eigenen Land einen Bericht über Menschenrechtsverletzungen in den USA veröffentlicht.[22]

Verlässliche Munition für die Propaganda liefern im Jahr 2020 auch die Hausherren aus Downing Street no. 10, die aufgrund der Kolonialgeschichte und wegen der Differenzen im Hinblick auf Hongkong oft ins Fadenkreuz geraten. In Großbritannien liegen die Todesraten erschreckend hoch, bis auf die Queen scheint es niemanden so recht zu stören. Mitten in der Pandemie leisten sich Europa und Großbritannien zu allem Überfluss eine Posse um den Brexit, die beide Seiten der Lächerlichkeit preisgibt. Über die wochenlangen Debatten im Unterhaus wird in China ausführlich berichtet. Anderswo sieht es noch schlimmer aus, aber mit drittklassigen Staaten wie Brasilien oder Indien mag sich China gar nicht messen. Als Symbol für die eigene Überlegenheit präsentiert man dem heimischen Publikum chinesische Hilfstransporte in alle Welt, unter anderem in das EU-Kernland Italien.

So wie im ganzen Land stellt sich auch in unserer Familie so etwas wie Normalität ein. Die Oberstufe nimmt wieder den Präsenzunterricht auf, die Mittelstufe mit Marina einige Wochen später. Erst jetzt geht die Deutsche Schule Yangpu am neuen Standort so richtig in Betrieb, nachdem die erste Inbetriebnahme zum Jahreswechsel 2019/2020 von kurzer Dauer gewesen war. Die Bundesregierung und der Schulverein haben kräftig investiert, um auf einem gemeinsamen Campus mit dem Lycée français einen Schulkomplex nach neuestem Standard zu errichten.

---

22 Vgl. www.newsweek.com, 28.02.2022, news.cgtn.com, 28.02.2022.

Unter der kurzen Bauzeit hat an manchen Stellen die Qualität gelitten. Wiederholt muss die Turnhalle gesperrt werden, weil Teile von der Decke herabstürzen. Böden wellen sich, weil der Estrich nicht ausreichend getrocknet ist. Kein Wunder, dass die Nachbesserung von Baumängeln als Tagesordnungspunkt in der Versammlung des Trägervereins auftaucht. Wir fragen uns, welche Altlasten in 20–30 Jahren bei der Infrastruktur zutage treten, die China im Rekordtempo aus dem Boden gestampft hat.

Mindestens zweimal während unseres Aufenthalts wird über den Einsturz von Hochhäusern berichtet, darunter tragischerweise ein Quarantänehotel.[23] Das übliche Reaktionsmuster besteht in solchen Fällen darin, Schuldige vor Ort zu identifizieren. In diesem Fall werden insgesamt 20 Personen zu bis zu 20 Jahren Haft verurteilt, unter anderem wegen Korruption.[24] Doch die Strukturen, die Gier auf Seiten der Bauträger und gezieltes Wegsehen seitens mancher Beamter bei den zuständigen Behörden fördern, bestehen offensichtlich fort.

An der Deutschen Schule gelten gemäß Vorgabe der Schulbehörde weiterhin scharfe Präventionsmaßnahmen. Jeden Morgen müssen wir schriftlich bestätigen, dass Alma und Marina keine Krankheitssymptome aufweisen und dass sie in den vergangenen 14 Tagen Shanghai nicht verlassen haben. Eltern dürfen das Schulgelände nicht betreten, Elternabende und die Sprechstunde mit Lehrern finden immer noch online statt.

Die deutsch-französische Kombination auf dem Campus spiegelt im Kleinen europäische Realität. Trotz gemeinsamer Kantine kommen die beiden Schulen jedenfalls im ersten Jahr über ein freundschaftliches Nebeneinander nicht hinaus. Es bedarf der Initiative einzelner Eltern, um kleine gemeinsame Unternehmungen, wie einen Ausflug in den Park oder einen Grillabend, anzustoßen. Dank ihrem fließenden Französisch für Verena eine willkommene Gelegenheit, sich einzubringen.

---

23 Vgl. www.bbc.com, 07.03.2020.
24 Vgl. www.news24.com, 19.10.2021.

In meiner Firma wird jeden Morgen die Temperatur gemessen und schriftlich dokumentiert. Den grünen Health Code müssen Beschäftigte und Besucher bereits am Eingang des Bürogebäudes vorzeigen. Das führt zu einem Kulturwandel: Kaum jemand wagt es noch, sich mit Erkältung in die Firma oder in die Schule zu schleppen, denn die Aussicht auf einen mehrwöchigen Aufenthalt in einer Covid-Fieberklinik schreckt ab. Die Sperren an den Einfahrten zu unserem Compound werden schrittweise beseitigt und zur großen Freude der Kundschaft wird endlich wieder bis an die Haustür geliefert.

In diesen Monaten verlassen wir Shanghai kaum. Wir erkunden die nähere Umgebung, vor allem die Viertel am Fluss, Parks und die vorgelagerten Inseln, die administrativ zu Shanghai gehören und deshalb ohne Komplikationen erreichbar sind. Freie Natur ist Mangelware, aber immerhin gibt es Landschaftsparks mit Spazierwegen, den obligatorischen Verpflegungsständen, Rad- und Bootsverleih. Bei dem vor Ort geernteten Obst, vor allem Orangen und Mandarinen, greifen wir gerne zu. Die Inseln Changxing, Chongming und Hengsha schlagen aus ihrer Nähe zur Stadt Kapital. Sie entwickeln sich zu Naherholungszielen zum Paddeln, Radfahren, Campen oder um einfach nur ein entspanntes Wochenende zu verbringen. Für anspruchsvolle Gäste entstehen Wellnesshotels. Tian rät uns, die Inseln an Feiertagen zu meiden, bei Stau liege die Fahrzeit für die rund 100 km vom Zentrum Shanghais schon einmal bei acht Stunden.

An der Ostspitze von Hengsha stoßen wir unerwartet auf ein weitläufiges Schilfgebiet, an einer Stelle, wo laut App und offiziellem Standplan der Ozean wogen sollte. Gutes Kartenmaterial finden wir nirgends, ob als Folge der Digitalisierung oder zur Wahrung von Staatsgeheimnissen, wissen wir nicht. Lange spazieren wir durch das Schilf, sichten eine beachtliche Vogelpopulation und freuen uns ob des Refugiums in Sichtweite der Hafen- und Industrieanlagen am gegenüberliegenden Festland. Mit Ausnahme einer Gruppe Fischer, die in Kanälen und seichten Tümpeln ihre Netze auslegen, begegnen wir keiner Menschenseele. Tian hat es aufgegeben sich zu wundern, wo wir uns überall herumtreiben. Seit zwei Jahrzehnten Profi-Fahrer, kennt er Shanghai wie seine Westentasche, doch in dieser verlassenen Ecke war selbst er noch nie. Auf dem Rückweg lassen wir uns bei der kurzen Fährüberfahrt nach Changxing den Seewind um die Nase blasen, bevor wir an der Küste wieder in die Smogglocke eintauchen.

An einem anderen Wochenende kurz nach Ende des Lockdowns fahre ich mit Verena an den Tai Hu, den drittgrößten See Chinas am Stadtrand der Nachbarstadt Suzhou. Unsere Teenager dürfen die Stadt ja nicht verlassen. In dem seichten Gewässer werden Krabben gezüchtet, die in der ganzen Region als Spezialität gelten. Unser Ziel ist das durch mehrere Brücken erschlossene Archipel, wo von Shanghai kommend die ersten Hügel am Rand des schier endlosen Yangtse-Deltas aufragen. Am Eingang des „scenic spot" ist wenig los, die Mitarbeiter nehmen sich Zeit, um unsere persönlichen Daten zu erfassen, bevor wir in den Pendelbus einsteigen.

Über den Kamm der Hügel führt ein Weg im traditionellen Stil, mit Pavillons, Treppen und Aussichtspunkten. Der verwitterte, modrige Aussichtsturm am Gipfel zeugt nach gerade einmal 20 Jahren vom feuchtwarmen Klima der Region. Auf dem Abstieg durchqueren wir Bachtäler, Teeplantagen und Obsthaine. Die Verkäufer sind nicht weit und freuen sich, in uns willige Abnehmer für den ausgezeichneten Honig und das erste Obst der Saison zu finden. Selbst die Kleinbeträge an den Obstständen bezahlt niemand in bar, die Kunden scannen einfach die Bezahlcodes, die Alipay oder WeChat jedem Händler zugeteilt haben.

Für die Rückfahrt wählen wir eine andere Route, auf der wir die verschiedenen Gesichter dieser Zehn-Millionen-Stadt im Schatten von Shanghai kennenlernen. Zwischen Parks und Hotels am See und dem Zentrum haben sich Firmen und Institutionen einen Campus im amerikanischen Stil zugelegt, hier wohnt man modern und in grüner Umgebung. Im historischen Zentrum erleben wir, warum Suzhou als die Wiege der chinesischen Gartenkultur gilt. Der Gegensatz zwischen den verspielten Brücken, verwinkelten Zierteichen, winzigen Teehäusern, künstlichen und doch natürlich wirkenden Felsformationen hier und den auf dem Reißbrett entstandenen Parks der Gegenwart könnte größer nicht sein.

Auf der Flaniermeile treffen wir auf eine seltene Spezies, einen leibhaftigen Einwanderer. China versteht sich nun beileibe nicht als Einwanderungsland, aber diesen Finnen iranischer Abstammung hat es vor vielen Jahren nach Suzhou verschlagen. Er scheint sich wohlzufühlen und betreibt ein Bistro, das Abwechslung in den außerhalb Shanghais nicht mehr ganz so internationalen Speiseplan bringt. Weiter westlich erstrecken sich endlose Industriegebiete, Basis des Wohlstands dieser Stadt, die sich als Technologiezentrum einen Namen gemacht hat.

Nichts verdeutlicht den Quantensprung Chinas in den vergangenen Jahrzehnten besser als die Fortschritte bei der Hygienekultur. Noch während meines ersten Besuchs in Peking Anfang der 1990er-Jahre bestand eine Herausforderung der Reise darin, jedes Austreten außerhalb des Hotels zu vermeiden. Die spärlich gesäten öffentlichen Bedürfnisanstalten glichen stinkenden Kloaken, die schon von weitem zu riechen waren und deren Ausdünstungen für den Rest des Tages in den Kleidern hingen. Mittlerweile können mindestens Touristenziele mit dem internationalen Standard mithalten. Es wird gelüftet und gereinigt. Nur Toilettenpapier wird in China notorisch gestohlen. Es ist höchstens dort verfügbar, wo ein Aufpasser Dienst schiebt. Hier in Suzhou hat man am Eingang sogar eine bunte Digitalanzeige angebracht, die anzeigt, welche WCs und Urinale aktuell besetzt sind und welche nicht. Manchmal wird Digitalisierung eben zum Selbstzweck.

Ende Juni schließen Alma und Marina ein Schuljahr ab, in dem die Noten eine Randnotiz waren. Während der Ferien touren sie gelegentlich mit Freundinnen durch Shanghai. Wegen der Sicherheit haben wir keine Bedenken. No-go-areas gibt es nicht, im öffentlichen Raum prangen überall Kameras. Unabhängig von politischen Einstellungen schätzen Chinesen diese Art von Sicherheit durchaus. Die Kriminalität in vielen ausländischen Metropolen hat sich herumgesprochen und schreckt ab.

Allerdings werden wir gewarnt, in manchen Bars auf KO-Tropfen zu achten. Als Minderjährige sollten sich Alma und Marina dort sowieso nicht blicken lassen. Sollten sie bei einer Razzia aufgegriffen werden, gibt es Ärger. Gelegentlich hat die Polizei den Besuchern Haarproben[25] zur Überprüfung auf Drogenkonsum abgenommen, ähnlich wie in Singapur. Bei positivem Befund findet sich der Delinquent und womöglich die ganze Familie binnen kurzer Frist im Flugzeug in die Heimat wieder.

Während der Schulferien absolviert Alma ein Kurzpraktikum in einer der internationalen Kliniken. Eine bemerkenswerte Erkenntnis ist nicht direkt medizinischer Natur. In der Einführungsveranstaltung weist die Betreuerin ausdrücklich darauf hin, dass Ärzte und medizinisches Personal in China außerhalb ihrer Dienstzeit nicht zur Hilfeleistung bei Unfällen und anderen medizinischen Notfällen verpflichtet sind. Das deckt sich mit anekdotischen Berichten im Bekanntenkreis, dass Unfallopfer einfach auf der Straße liegen bleiben und von Glück sagen können, wenn jemand die Ambulanz ruft.

Weder rechtlich noch moralisch ist eine Pflicht zur Hilfestellung gegenüber Fremden verankert. Soziale Ächtung wegen unterlassener Hilfeleistung gibt es nicht. Als eine Kollegin beim Überqueren der Straße angefahren wird, ist sie glücklicherweise noch in der Lage, über das Handy die Kollegen im nahegelegenen Büro zu verständigen. Diese rufen den Krankenwagen und begleiten sie ins Krankenhaus. In einer so unerbittlichen Gesellschaft verstehen wir nur zu gut, warum sich die Menschen lieber auf ihr Netzwerk von Familie, Freunden und Kollegen verlassen als auf Gesetze und den Staat.

Während es in China wieder aufwärts geht, ringt der Rest der Welt immer noch mit der Pandemie. Peking nutzt die Gunst der Stunde und beerdigt mit dem sogenannten Nationalen Sicherheitsgesetz vom 30. Juni 2020 de facto die Autonomie Hongkongs.

---

25 Vgl. www.studyinternational.com, 28.08.2019,
    www.echinacities.com, 14.07.2020.

Nach außen hin wird trotzdem der Grundsatz „ein Land, zwei Systeme" als Fassade aufrechterhalten, denn andernfalls müsste man den Bruch der britisch-chinesischen Erklärung von 1984, die Hongkong bis 2047 ein hohes Maß an Autonomie und Freiheitsrechten garantieren sollte, offen eingestehen.

Sicherheitshalber werden Existenz und Inhalt dieser Erklärung gegenüber dem heimischen Publikum nicht erwähnt. Die Maßnahme wird als Wiederherstellung von Recht und Ordnung sowie als patriotischer Akt verkauft. Die Aktivisten werden wahlweise als Chaoten, als vom Ausland angestachelte Landesverräter, im harmlosesten Fall als irregeleitete junge Menschen gebrandmarkt, die künftig durch patriotische Erziehung und linientreue Medien auf den rechten Weg geführt werden sollen. Innerhalb Hongkongs finden sich genügend Claqueure, aus Überzeugung, aus Angst oder Anbiederung wegen wirtschaftlicher Abhängigkeit. Die gewohnt hilflosen Betroffenheitsbekundungen aus Europa perlen an der chinesischen Führung ab. Dort verstehen sie nur die Sprache wirtschaftlicher und militärischer Macht.

Die Regierung ist klug genug zu wissen, dass es mit der Gleichschaltung um den Status Hongkongs als internationaler Finanzplatz über kurz oder lang geschehen ist. Sie propagiert eine andere Zukunftsperspektive. Die früher weltoffene Metropole soll in der „Greater Bay Area" im Perlflussdelta aufgehen, gemeinsam mit Guangzhou und Shenzhen. Zurück aus der Champions League in die Bundesliga. Junge Menschen fordert die Regierung auf, es beruflich auf dem Festland zu versuchen. Ich wundere mich, warum die Berichterstattung westlicher Medien immer um einzelne Vorfälle kreist. Wichtiger erscheint mir die Einsicht, dass auf die Einhaltung internationaler Verträge sowie des Völkerrechts durch China kein Verlass ist, und dass im Zweifel alle anderen Interessen dem puren Machterhalt und nationalistischen Überlegungen untergeordnet werden. Im Übrigen geben die chinesischen Medien zu verstehen, dass mit dem Anschluss Hongkongs das Endspiel um Taiwan eröffnet ist.

Gegen die Vorwürfe aus dem Westen verweist China auf die magere demokratische Bilanz Großbritanniens in seiner früheren

Kronkolonie. Vor der UNO und der eigenen Öffentlichkeit präsentiert man eine Phalanx von 53 Unterstützern.[26] Eine ansonsten auf Gesichtswahrung bedachte Regierung beruft sich freiwillig auf einen Club der Schande. Alles ist vertreten, was unter den Menschenschindern dieser Welt Rang und Namen hat, unter anderem Nordkorea, Syrien, Irak, Iran, Saudi-Arabien, Russland, Weißrussland. Die Achse der Unterdrücker, speziell mit Moskau, die später im Kontext des Ukraine-Krieges Schlagzeilen macht, tritt für diejenigen, die sie wahrnehmen wollen, schon zu diesem Zeitpunkt offen zutage.

Eine Machtpolitik frei von Werten oder der Sorge um das eigene Image bedeutet nicht zwangsläufig, dass die Führung all diese Länder gut fände oder mit ihnen auf eine Stufe gestellt werden wollte. Es genügt, dass sie im richtigen Moment auf der Seite der chinesischen Führung stehen und dem Westen die Stirn bieten.

Weil moralische Werte weder im normalen Leben außerhalb der Familie und eines eigenen Zirkels noch in der großen Politik eine Rolle spielen, finden selbst gebildete und weit gereiste Gesprächspartner nichts Außergewöhnliches an solchen Verbündeten. Überhaupt begegnet mir das Thema Werte jenseits leerer Phrasen in zweieinhalb Jahren nur ein einziges Mal. Eine erfolgreiche Karrierefrau, nach außen Inbegriff des Kapitalismus, vertraut mir an, sie könne sich auf Dauer nicht damit abfinden, ihre Kinder in einer Gesellschaft ohne Werte aufwachsen zu sehen, obwohl es ihr in China materiell an nichts fehle und ihr die Fehlentwicklungen im Westen überaus bewusst seien.

Keine überzeugende Antwort finde ich auf die Frage, ob der Führung ihr Image im Ausland mittlerweile völlig gleichgültig ist oder ob sie es gezielt darauf anlegt, gehasst und gefürchtet zu werden, oder ob sie vielleicht die Stimmung im Ausland falsch einschätzt. Denn inzwischen gewinne ich den Eindruck, dass große Teile des Staatsapparats in einer Blase besonderer Art leben,

---

26 Vgl. www.foref-europe.org, 04.07.2020, www.china.org.cn, 02.07.2020.

schon lange vor Corona. Je höher Staatsfunktionäre und Militärs in der Hierarchie klettern, desto geringer ihr Bewegungsradius. Um solche „Geheimnisträger" zu „schützen", dürfen sie in der Regel nicht oder nur sehr eingeschränkt ins Ausland reisen, beispielsweise im Rahmen offizieller Delegationen. Nach der Rückkehr müssen sie ihren Reisepass wieder abgeben. Keine idealen Voraussetzungen, um mit einer kritischen Öffentlichkeit und anderen Meinungen Bekanntschaft zu machen.

Folglich haben die Masse des Volkes und weite Teile der Elite nicht die geringste Vorstellung davon, wie unbeliebt, gefürchtet bis verhasst die chinesische Regierung in weiten Teilen der Welt inzwischen ist. Es fällt ihnen schwer, sich auf freiheitliche Denkmuster einzustellen. Als ich Mitte 2021 gegenüber einem Kenner des Westens einmal zum Besten gebe, die CDU hätte sich mit der Auswahl ihres Kanzlerkandidaten für die sichere Niederlage entschieden, reagiert mein Gesprächspartner entsetzt. Erstens fürchtet er um die guten Beziehungen, zweitens übersteigt es seine Vorstellungskraft, dass die Wähler anders entscheiden, als es die aktuelle Regierungschefin wünscht. Es drängt sich der Eindruck auf, China habe die fortgeschrittenste und zugleich gefährlichste Stufe der Propaganda erreicht, auf der Auftraggeber und Autoren der Propaganda ihren eigenen Erzählungen Glauben schenken.

Kurioserweise rangieren die betroffenen Funktionäre in Fragen der Reise(un)freiheit auf einer ähnlichen Stufe wie unterdrückte Minderheiten, wenngleich aus freien Stücken. Vor allem Tibeter haben anders als Han-Chinesen kaum eine Chance, aus privatem Anlass an einen Reisepass zu kommen, bei Uiguren sieht es kaum besser aus.[27] Eine zwischenzeitliche Lockerung in einigen Provinzen mit tibetischen Siedlungsgebieten wurde rückgängig gemacht[28], vermutlich weil manche Bürger die Auslandsreise genutzt hatten, um in Indien an Veranstaltungen des Dalai Lama teilzunehmen.

---

27 Vgl. www.taipeitimes.com, 14.07.2015, www.hrw.org, 13.07.2015.
28 Vgl. www.rfa.org, 24.01.2018 und 31.01.2017.

Überhaupt scheint Tibet die sensibelste aller Regionen zu sein. Ausländer dürfen Tibet nur in organisierten Gruppen besuchen, während der Pandemie lange Zeit überhaupt nicht. Nicht einmal der Staatspropaganda fallen Argumente ein, welche Gefahren von den Tibetern ausgehen würden, die Berichterstattung über die Region bleibt spärlich. Die tibetische Kultur stirbt im Unterschied zur uigurischen einen stillen, von der Weltöffentlichkeit wenig wahrgenommenen Tod. Dagegen bestehen in Xinjiang keine besonderen Hürden, um die Region auf eigene Faust zu besuchen. In Berichten aus diversen Reisechats und von Besuchern, die dort waren, lesen und hören wir von verbreiteten Polizeikontrollen, aber keinen offensichtlichen Behinderungen gegenüber Reisenden, solange diese keine investigative Tätigkeit entfalten.

Nach aufregenden Monaten haben wir im Sommer 2020 keine Lust auf Experimente. Wir buchen zehn Tage Urlaub auf Hainan im gleichen Hotel wie 2019, nachdem das Reiseverbot für Schüler gerade aufgehoben ist. Während in Shanghai die Regenzeit nicht enden will, brennt dort die Sonne von Norden. Die meiste Zeit verziehen wir uns in den Schatten. Bei einem Ausflug entlang der Haitang Bay passieren wir elegante Neubausiedlungen an der Küste, die genauso gut in Florida liegen könnten. Ich frage unseren Taxifahrer, wer sich solche Prachtwohnungen hier leisten könne.

Er erzählt uns, dass es sich um Feriendomizile handle, die an Kunden vom Festland verkauft werden. Das habe die Immobilienpreise für Einheimische unerschwinglich gemacht. Die Regierung von Hainan habe daraufhin den Kauf von Zweitwohnungen kurzerhand verboten, um Bauwut und Immobilienspekulation einzudämmen. Insgeheim male ich mir aus, auf welche findige Ideen Interessenten verfallen, um an die begehrten Objekte zu kommen. Vielleicht mag sich ja ein Familienmitglied um den „hukou" der Insel bewerben. Die neue Regelung erklärt, warum die anderswo allgegenwärtigen Immobilienmakler fehlen und einige Anlagen verwaist wirken.

Ein anderer Trip in die nähere Umgebung führt uns in ein als Minderheitendorf konzipiertes Freilichtmuseum. Auf Hainan stellen zwei der 56 offiziell anerkannten nationalen Minderheiten einen nennenswerten Teil der Bevölkerung. Die Website der Provinzverwaltung hebt stolz die mehrtausendjährige Geschichte, Sprache und Kultur der Li und Miao hervor. Die Anlage hält, was die Ankündigung verspricht, wir finden bestens renovierte Häuser vor, regionale Spezialitäten und ganz nach dem Geschmack der heimischen Touristen bringt uns ein Pendelbus den Hügel hinauf.

Zipline und eine Regenwaldkammer mit viel echtem Wasser von oben sorgen für Belustigung. Zum Abschluss erleben wir eine pompöse Tanz- und Gesangsshow, die mit jedem Tiroler Heimatabend mithalten kann. Noch bevor der letzte Ton verklungen ist, springt das Publikum hektisch auf und sucht das Weite. Kaum jemand macht sich die Mühe, nach einer gelungenen Aufführung Beifall zu spenden. Vielleicht ist dieses bourgeoise Relikt in den Wirren der Kulturrevolution untergegangen. Unser Empfinden für Höflichkeit ist verletzt. Noch schlimmer ergeht es ein halbes Jahr später einem Pianisten, der bei einem Galaabend in der Reichshauptstadt auftritt, zu dem ich eingeladen bin. Es wird munter getafelt und gesprochen, kaum jemand nimmt von dem Künstler Notiz.

Kultur, so habe ich den Eindruck, stellt für die meisten keinen Wert an sich dar, sie dient als Dekor. Nur in Fernsehshows lauschen die Zuschauer den musikalischen Darbietungen andächtig und spenden artig Beifall. Auf Hainan halten wir außerhalb der folkloristischen Enklave nach weiteren Spuren der Li und Miao Ausschau und finden – nichts. Im öffentlichen Raum sind die Sprachen der Minderheiten nicht präsent.

Zurück in Shanghai leiden wir gemeinsam mit Willy unter der drückenden Sommerhitze, drinnen läuft die Klimaanlage auf vollen Touren. Er kommt auf seine Kosten, als Tatas Herrchen vorschlägt, am Wochenende gemeinsam ein Hundeschwimmbad aufzusuchen. Vergleichbares kennen wir aus Deutschland vom letzten Tag der Freibadesaison, aber ein richtiges Schwimmbad nur für den Hund? Die Anlage liegt auf dem Flachdach eines Einkaufszentrums. Nachdem wir über zehn Euro Eintritt pro Vierbeiner entrichtet haben, hat Willy freie Bahn. Erst kann er sein Glück gar nicht fassen, denn in der Vergangenheit haben wir Annäherungsversuche an Pools konsequent unterbunden.

Nachdem Tata mit gutem Beispiel voranspringt und ich einen Ball hinterherwerfe, stürzt er sich endlich ins nasse Vergnügen. Für Halter, die ihre Lieblinge auch im Wasser nicht alleinlassen möchten, liegen brusthohe Anglerhosen bereit. Als sich die Hunde ausgetobt haben, rechne ich mit einem baldigen Aufbruch, doch da habe ich die Rechnung ohne Tatas Familie gemacht. Es folgt der nächste Höhepunkt, die große Körperpflege für den Hund.

Peinlicherweise habe ich nur ein altes Handtuch mitgenommen. Willy stört das nicht, aber unsere Freunde drücken mir eine Flasche Spezialshampoo in die Hand. So viel Luxus genießt unser sich selbst reinigender Naturbursche selten. Er thront auf einem hohen Podest wie im Zirkus, damit sich Herrchen oder Frauchen nicht bücken müssen. Nach Schaumwäsche und ausgiebigem Bürsten föhnen wir Tata und Willy eine Viertelstunde lang, bis meine Bekannten meinen, nun seien sie hübsch genug. Alma und Marina reagieren entzückt, als Willy duftend und mit glänzendem Fell zu Hause eintrifft.

In den Sommerferien dürfen nicht nur unsere, sondern auch die einheimischen Kinder aufatmen. Tian, der großen Wert auf das schulische Fortkommen seiner Tochter legt, lässt sie zu Hause abhängen. Von Kindesbeinen an werden die Kinder auf Höchstleistung getrimmt, um im knallharten Wettbewerb um die besten Schulen, die besten Universitäten und die besten Jobs mitzuhalten. Treibende Kraft sind in aller Regel die „Tigermamas". Sie verfolgen nicht nur altruistische Motive: Bei einem Einzelkind kommt es noch mehr als sonst darauf an, dass es den Eltern im Alter finanziell beispringt, falls es eng wird. Das Rentensystem steckt noch in den Kinderschuhen.

Eines Tages werde ich als einziger Mann am Mittagstisch Zeuge einer Unterhaltung zwischen vier oder fünf Kolleginnen über die Karriere ihrer Kinder. Schnell stellt sich heraus, dass fast alle schon im Vorschulalter unterschiedlichen „Hobbys" nachgehen, vom Malen über Klavierspielen bis zum Englischkurs. Eine Kol-

legin hat ihren fünfjährigen Sprössling in einen Vorbereitungs-
kurs für die Aufnahmeprüfung an einer der besten Grundschu-
len Shanghais gesteckt. Zusätzlich coacht sie ihn in ihrer Freizeit
selbst. Als sie eine Besprechung sausen lässt, weil seine Aufnahmeprüfung bevorsteht, findet außer mir niemand etwas dabei.
Alle an der Unterhaltung beteiligten Mütter klagen über das
Hamsterrad, doch alle machen mit.

Die eigentliche Quälerei beginnt in der Schulzeit. Wenn die
Schule am späten Nachmittag endet, stehen abendfüllende Haus-
aufgaben an. Da nicht jedes Kind zum Nobelpreisträger geboren
ist, aber trotzdem um fast jeden Preis mithalten soll, hat sich im
ganzen Land eine milliardenschwere Bildungsindustrie entwik-
kelt, beginnend mit „early childhood education centres" für die
ganz Kleinen über Privatschulen bis zu Nachhilfeanbietern, bei
denen spätabends und am Wochenende gepaukt wird.

Chinesische Eltern investieren jedes Jahr weit über 100 Milliarden Euro in außerschulischen Unterricht, ein Drittel davon in
Form von Online-Kursen, in das vermeintliche Glück ihrer Kinder.[29] Tian spart sich bei bescheidenem Einkommen das Geld vom
Munde ab, damit seine Tochter für einige Hundert Euro monatlich
eine der fast 200 000 Privatschulen besuchen kann. Gleichzeitig ver-
wöhnen Eltern, die es sich leisten können, ihre Kinder materiell. In
unserem Compound finden aufwendig inszenierte Kindergeburts-
tage mit professionellen Helfern statt. Buntes, blinkendes Spielzeug
wird gemeinsam mit den Eltern in der Öffentlichkeit ausgeführt.
Ob die Kinder so glücklich werden, steht auf einem anderen Blatt.

Rennlisten für Schulen und Universitäten fachen die Konkurrenz zusätzlich an. Wie in den USA beeinflusst die Qualität
der Schule manchmal sogar die Immobilienpreise in der Umgebung.[30] Einen weiteren Stressfaktor stellt die chinesische Va-

---

29 Vgl. www.chinadaily.com.cn, 19.05.2021.
30 Hao Fang und Ming Lu: School Quality and Housing Prices: Empi-
    rical Evidence Based on a Natural Experiment in Shanghai, China, in
    Journal of Housing Economics 22 (4.)

riante des Abiturs, das sogenannte „Gao Kao" dar. An wenigen Prüfungstagen entscheiden sich Zukunftschancen.

Eine Studie des Nationalen Instituts für Erziehungswissenschaften konstatiert, dass eine ganze Schülergeneration mit chronischem Schlafmangel aufwächst, die Kinder schlafen im Durchschnitt 20 Minuten weniger als im Jahr 2009. Gesundheitliche, kognitive und psychische Probleme sind die Folge.[31] Gut gemeinte staatliche Vorgaben wie etwa ein Ende aller Kurse spätestens um 20.30 Uhr werden ignoriert. Viele Schüler sind aber auch selbst schuld, weil sie viel Zeit mit Online-Spielen zubringen. Die Auswüchse des privaten Bildungssektors und die Spielsucht sind den Behörden zunehmend ein Dorn im Auge. Online-Spiele erfreuen sich auch unter Erwachsenen großer Beliebtheit. Mein Sprachlehrer kann es gar nicht fassen, dass ich mich darin noch nie versucht habe.

Im Sommer 2021 vollzieht die Regierung einen radikalen Kurswechsel. Mit zahlreichen, äußerst restriktiven Vorgaben macht sie der privaten Bildungsindustrie den Garaus. Die Maßnahmen beinhalten z. B. Verbote für Kurse während der Ferien oder an Wochenenden sowie Werbeverbote.[32] Für die Bildung soll wieder stärker der Staat die Verantwortung übernehmen. Zusatzangebote an öffentlichen Schulen werden ausgebaut, Privatunternehmen zurückgedrängt. Erklärte Ziele sind das Kindeswohl und eine Entlastung der Familienkasse. Ferner geht es um die Steigerung der Geburtenrate, stellen Nachhilfe und Co. nach der Hypothek für das Eigenheim in vielen chinesischen Familien doch einen der größten Ausgabeposten dar. Bis zum Ende des Jahres 2021 geben über 80 % der privaten Anbieter auf.[33]

Nebenbei werden Stimmen laut, die dafür plädieren, dem bisher obligatorischen Englisch-Unterricht weniger Gewicht beizumessen. Offiziell mag es niemand auf die Politik schieben, finden

---

31 Vgl. www.chinadaily.com.cn, 03.03.2021.
32 Vgl. u. a. www.cnbc.com, 05.08.2021, www.chinadaily.com.cn, 11.05.2021.
33 Vgl. www.chinadaily.com.cn, 22.12.2021.

sich doch genug praktische Argumente. Erstens haben die meisten Menschen Zeit ihres Lebens nicht mit Ausländern zu tun, geschweige denn, dass sie ins Ausland reisen würden. Zweitens fallen die Ergebnisse all der Mühen nach unserem Eindruck bescheiden aus.

Weil in dieser Phase zeitgleich ein Orkan der Reregulierung über das ganze Digitalbusiness hinweg fegt, ergreift die Regierung Maßnahmen zur Eindämmung der Online-Spielsucht. Anfang September wird die Dauer der Online-Spiele für Minderjährige auf eine Stunde täglich an Freitagen, Wochenenden und Feiertagen zwischen acht und 21 Uhr begrenzt.[34] Wahrscheinlich werden wohlmeinende oder selbst spielfreudige Papas dem Nachwuchs bei den Spielen aushelfen, während die Tigermamas darüber sinnen, wie sie künftig ihrem Nachwuchs ohne die bisherigen Nachhilfeanbieter zu einem schulischen Wettbewerbsvorteil verhelfen.

Die Führung hat auch schon Ideen, was die Jugend mit der gewonnenen Freizeit anfangen soll, neben mehr Schlaf vor allem mehr Sport. Bei Ärzten und in der städtischen Mittel- und Oberschicht dürfte sie damit auf offene Ohren stoßen. Viele meiner Kollegen leben gesundheitsbewusst, praktizieren Yoga, fahren Rad oder gehen in die Berge. Fitnessstudios verzeichnen regen Andrang. Das gibt es nicht zum Nulltarif, der Mitgliedsbeitrag für Alma und Marina bei einem Studio um die Ecke liegt auf europäischem Niveau. Für Durchschnittsverdiener sind die kommerziellen Angebote unerschwinglich, kostengünstige öffentliche Einrichtungen gibt es nur wenige. Die Gründung von Vereinen ist untersagt, will man doch keine Institutionen neben der Staatspartei und deren Anhängseln hochkommen lassen.

So soll es erst einmal der Schulsport richten. Ähnlich wie bei den Tigermamas verorten wir die größten Hürden im Kopf: Hunderte Millionen Menschen sind erst in den letzten Jahrzehnten der Armut und harter körperlicher Arbeit entronnen. Wie

---

34 Vgl. www.theguardian.com, 30.08.2021.

im Europa der Nachkriegszeit rollt die große Fresswelle durchs Land. Warum sich ein Mensch freiwillig mit Muskelkraft fortbewegen soll, wenn es auch mit Auto, Moped oder Bus geht, leuchtet nicht jedem ein. Tian reagiert jedes Mal ungläubig, wenn er uns nach einem Marsch über 15 oder 20 Kilometer am Ziel abholt. Eine befreundete Familie begeht den Fehler, ihren Fahrer zur Teilnahme an einem harmlosen Spaziergang von fünf Kilometern zu überreden. Es muss ein traumatisches Erlebnis für beide Seiten gewesen sein.

Im Juli 2020 verabreden wir uns mit unseren Freunden in der Reichshauptstadt, die Regelungen sind gerade etwas liberaler. Wir streifen durch sanierte Hutongs, ein Tempelbesuch muss ausfallen, weil das wegen Covid angeordnete Tageslimit an Besuchern erschöpft ist. Für den Sonntag haben wir uns eine Wanderung auf der Großen Mauer vorgenommen, abseits der Touristenpfade auf einem verwilderten Abschnitt. Nach einer guten Stunde Fahrt verlassen wir die Agglomeration und folgen einem idyllischen Flusstal durch die Berge. Dort haben sich Ausflugsgaststätten und Hotels breitgemacht. Später biegen wir in ein entlegenes Seitental ab. Im Talschluss breitet sich ein kleines Bergdorf auf den Wiesen aus, Ausgangspunkt unserer Wanderung.

Wenige Kilometer vor dem Ziel machen wir an einer Straßensperre abrupt halt. Von Polizei keine Spur, am Schreibtisch unter einem Baldachin halten zwei Abgesandte des Dorfkomitees Wache. Wortführerin ist eine Dame mit strengem Blick und noch strengerer Stimme. Auswärtige weist sie barsch ab. Offensichtlich ist mit ihr nicht gut Kirschen essen. Unsere Versuche, sie umzustimmen, bleiben fruchtlos. Im Vertrauen darauf, dass sich in China fast immer ein Ausweg auftut, geben wir nicht auf und warten ab.

Bald darauf erscheinen ein Trupp Motorradfahrer aus Peking und ein weiteres Auto, denen es nicht besser ergeht. Sie sind weniger friedlich gestimmt als wir, es erhebt sich beidseitiges Gebrüll. Gemeinsam mit unserem Fahrer stehen wir interessiert daneben. Mit einem Schlag ebbt der Lärm ab, der Pulk um den Baldachin zerstreut sich. Nach einigen Minuten passieren die Motorradfahrer einer nach dem anderen die Absperrung, nachdem sie Name, Ausweis- und Telefonnummer in eine Liste eingetragen haben. Unser Fahrer hat aufmerksam zugehört und den Zugangscode zum Dorf entschlüsselt.

X-beliebige Besucher, die nur Ärger, aber kein Geld bringen, werden nicht durchgelassen, sehr wohl aber werte Gäste, die in den Gaststätten oder Hotels des Dorfes reserviert haben. Das haben wir zwar nicht, aber unser Fahrer erreicht telefonisch einen Wirt, der unsere spontane Reservierung gerne entgegennimmt. Damit wir bestimmt bei ihm landen und nicht bei der Konkurrenz, schickt er uns einen seiner Leute auf dem E-Scooter entgegen. Offensichtlich hat man mit Gästen nicht mehr gerechnet. Die Batterie des Mopeds ist schwach geladen, auf Steigungen muss es geschoben werden. Wir zockeln im Auto hinterher, 20 Minuten brauchen wir für die letzten zwei Kilometer. Darauf kommt es jetzt nicht mehr an, unser Zeitplan ist sowieso schon Makulatur.

Obwohl wir keinen Hunger verspüren, können wir ohne eine gesichtswahrende Zeche nicht abziehen und verzehren ein einfaches, überaus wohlschmeckendes Mittagessen. Wegen der sommerlichen Wärme nehmen wir im Patio des kleinen Gasthofs Platz. Um den Speisebereich herum sind die Gästezimmer auf gleicher Ebene und im Obergeschoss gruppiert, von oben bis unten voll verglast, dahinter ein paar Vorhänge. Da die Vorhänge offenstehen, haben wir einen ungestörten Blick auf die Gästezimmer und -bäder, und umgekehrt. Ideal für die Großfamilie oder für Teambuilding.

Mit über zwei Stunden Verspätung nehmen wir unsere Tour in Angriff. Auf dem spärlich gekennzeichneten Weg durch Wiesen, Obstgärten und Wald versteigen wir uns beinahe. Oben angekommen, erwartet uns ein überwältigendes Panorama der Großen Mauer, die sich auf den umliegenden Bergkämmen in wildem Auf und Ab dahinschlängelt, in der Ferne erkennen wir die Silhouette von Peking. Obwohl die Mauer hier über die Jahrhunderte verwittert, stellenweise eingestürzt ist, wirkt sie immer noch imposant. Ab hier beginnt eine anspruchsvolle Mittelgebirgswanderung mit vielen Höhenmetern. Unser Orientierungssinn ist gefordert, an vielen Stellen ist die eigentliche Mauer nicht passierbar und muss über die beidseitig steil abfallenden Flanken umgangen werden. Abschnittsweise steilt sich das Gelände derart auf, dass wir die hüfthohen Stufen der Mauer hinunterkraxeln.

Als wir eine Picknickpause einlegen, kommt uns nach mehreren Stunden ohne eine andere Menschenseele ein Wanderer mit schwerer Fotoausrüstung entgegen. Wir haben schon späten Nachmittag und fragen ihn nach dem kürzesten Weg zu unserem Ziel im Nachbartal. Trotz besten Wetters rät er uns zur Umkehr, das Ziel sei bei Tageslicht nicht zu schaffen. Er ist extra aus dem 150 Kilometer entfernten Tianjin angereist, um Blitze zu fotografieren. Nun verstehen wir den Zweck des nicht identifizierbaren Metallgestänges, das er mit sich herumschleppt.

Wir folgen seinem Rat und steigen ab zum Ausgangspunkt. Unser Fahrer kurvt zurück durch etliche Gebirgstäler, um uns dort anstelle des vereinbarten Treffpunkts wieder abzuholen. Bei lauen Temperaturen gönnen wir uns derweil Bier und Cola auf der Terrasse des Gasthofs, der uns zuvor aus der Patsche geholfen hat. Bei der Rückfahrt nach Peking bricht das angekündigte Unwetter über uns herein. Überflutete Straßen zwingen zu Umwegen. Am nächsten Morgen lesen wir, dass es das heftigste Sommergewitter seit langem war, der Blitzjäger hat gewiss reiche Beute gemacht.

Einer unserer Taxifahrer in Peking zeigt sich äußerst redselig, nachdem er sich zuvor vergewissert hat, dass wir keine Amerikaner sind. Deutsche Autos findet er ganz ausgezeichnet, nur bei Corona scheine in Deutschland einiges schief zu laufen. Wenn die Europäer genauso wie Chinesen auf ihre Regierungen hören würden, wäre alles besser. Auf eine Diskussion lassen wir uns diesmal nicht ein, aber derselbe Tenor begegnet mir öfters.

Kollegen, die westliche Länder kennen, fragen mich irritiert, warum dort viele Bürger und Regierungen zu arrogant seien, um aus Fehlern zu lernen und das zu tun, was der gesunde Menschenverstand gebiete. Mit so viel Durcheinander, Egoismus und Inkompetenz haben sie nicht gerechnet. In der Tat fällt es auch uns aus der Ferne schwer zu akzeptieren, dass über den Einsatz der Feuerwehr diskutiert werden muss, während die Hütte lichterloh brennt. Wenn wir mit der Heimat telefonieren, hören wir, was alles nicht geht, wegen Datenschutz, Föderalismus, langer Instanzenwege, vorgeblicher Qualen durch das Tragen von Masken, Widerstand gegen jegliche Veränderung oder schierer Feigheit von Politikern, den Wählern reinen Wein einzuschenken.

Die chinesische Führung wird nicht müde, die Vorzüge der eigenen Strategie zu betonen, die Menschenleben angeblich über alles andere stelle. Appelle an China, endlich die Vorgänge in Wuhan aufzuklären, werden als Ablenkungsmanöver abgetan.

Mitte August 2020 endet die fast fünfmonatige Totalschließung der Grenze für Ausländer. Tröpfchenweise dürfen wieder Bürger einiger europäischer Staaten einreisen, verbunden mit noch mehr Papierkrieg als sonst und mit strenger zweiwöchiger Quarantäne nach Ankunft. Für die betroffenen Familien besteht Hoffnung auf Wiedervereinigung, einige Expats können an ihre Arbeitsplätze in China zurückkehren. Allerdings werden so wenige Linienflüge genehmigt, dass die Deutsche Außenhandelskammer zum Reiseanbieter mutiert. Sie organisiert Charterflüge nach Qingdao, wo die örtliche Verwaltung ein Quarantänehotel für die Deutschen einrichtet. Die Kosten für das zweifelhafte Vergnügen mit Flug und Unterkunft liegen bei etwa 5.000 Euro pro Person.

Langsam kommen, abhängig vom Infektionsgeschehen und wohl auch von politischen Überlegungen, Bürger weiterer Staaten hinzu. Insgesamt bleibt es bei einem Rinnsal. Einige ausländische Firmen und Institutionen geben es auf, Mitarbeiter nach China zu entsenden. Mitarbeiter springen im letzten Moment ab, weil sie nur allein, ohne ihre Familienangehörigen, einreisen dürften. Ein Kollege mit US-Pass schafft es trotz aller Widrigkeiten, zweimal hin- und herzupendeln, um seine Familie in den USA zu besuchen. Im dritten Anlauf erhält er aus unbekannten Gründen keine Genehmigung zur Wiedereinreise aus den USA. Er wirft entnervt das Handtuch. Almas spontane Einschätzung aus dem März, bis zum Abitur durchhalten zu müssen, bestätigt sich.

Auch jenseits von Corona verfestigt sich die Tendenz zur Abschottung: Mitte 2020 verkündet die Führung ihre neue Entwicklungsstrategie der sogenannten „dual circulation".[35] Sie setzt verstärkt auf die Binnenwirtschaft, auf technologische Autonomie und auf geringere Abhängigkeit vom Ausland. Gleichzeitig will China für internationalen Handel und Investitionen offenbleiben. Doch nicht nur China möchte die Abhängigkeit vom Ausland reduzieren, umgekehrt ist es genauso, weil die Pandemie die extreme Abhängigkeit vieler Abnehmer von China offenlegt. Allen gegenteiligen Beteuerungen zum Trotz kommt die Globalisierung erst einmal zum Stillstand, ja wird teilweise rückabgewickelt. In einem solchen Umfeld braucht China weniger Ausländer, das lässt man die betroffenen Firmen und deren ausländische Mitarbeiter unausgesprochen spüren. Die europäische Handelskammer in China veröffentlicht einen ausführlichen Report über das Szenario einer wirtschaftlichen Abkopplung zwischen Europa und China.[36]

Nach einem Jahr Innensicht wundere ich mich über die beidseitige Ernüchterung nicht. Die chinesische Art der Wirtschaftssteuerung passt in keine Schublade. Mit westlich geprägten Marktwirtschaften ist sie schwer vereinbar. Solange es um Produkte und Preise geht, lässt man auch in China den Markt mit einigen Ausnahmen wie z. B. im Energiesektor schalten und walten, bis zur Schmerzgrenze. Hotelpreise rund um den Nationalfeiertag oder monopolistische Geschäftspraktiken der Internet-Giganten würden in Europa Verbraucherschützer und Kartellwächter auf den Plan rufen. Der große Unterschied zur Marktwirtschaft in der freien Welt liegt in der Frage, wer überhaupt am Markt mitspielen darf. In Europa darf das im Prinzip jedes Unternehmen, das die rechtlichen Voraussetzungen in der jeweiligen Branche erfüllt. Falls sich eine Behörde in den Weg stellt, kann das Unternehmen den Rechtsweg beschreiten.

---

35 Vgl. Wikipedia „dual circulation", www.cgtn.com, 16.09.2020.
36 Vgl. www.europeanchamber.com, 14.01.2021.

In China dagegen entscheidet der Staat, wie viele und welche Anbieter zugelassen werden. In den meisten Branchen bedarf es einer staatlichen Lizenz, bevor eine Firma offiziell registriert wird und den Geschäftsbetrieb aufnehmen darf. Dafür gibt es gesetzlich definierte Voraussetzungen, aber eben keinen Rechtsanspruch auf die Erteilung der Lizenz. Noch dazu sind die Lizenzen teilweise recht kleinteilig, decken also nur bestimmte Marktsegmente oder bestimmte Regionen ab, sie sind zeitlich befristet oder schwammig formuliert. In jedem Fall setzen sie ein gewisses Maß an „Wohlverhalten" voraus. Mangels Rechtsanspruchs gibt es auch keinen Rechtsweg, auf dem ein Unternehmen eine Lizenz einklagen könnte. Und selbst wenn es einen solchen gäbe, bedürfte es dazu einer wirklich unabhängigen Justiz.

Ein solches System kann vielleicht dabei helfen, Märkte geordnet zu entwickeln. Auf der anderen Seite bietet es einen idealen Nährboden für Willkür und Korruption, weil Menschen in den zuständigen Behörden über die Vergabe der Eintrittskarten in die Märkte entscheiden. Trotz permanenter Antikorruptionskampagnen wird gegen Ende unseres Aufenthalts immer noch so häufig über Korruptionsfälle berichtet wie bei unserer Ankunft 2019. Für ausländische Firmen sind die Verfahren mühsam, langwierig und teuer, der Ausgang schwer kalkulierbar. Viele kleinere Firmen wagen sich erst gar nicht an den chinesischen Markt heran.

Systembedingt ist es um den Marktzugang westlicher Unternehmen in China also nicht zum Besten bestellt, selbst wenn die jeweiligen Behörden ausländische Investoren nach chinesischen Standards gar nicht diskriminieren. Ausnahmen bestätigen die Regel. Nachdem sich das herumgesprochen hat, werden im Ausland Hindernisse gegenüber chinesischen Unternehmen errichtet. Die USA erstellen schwarze Listen mit unerwünschten Firmen.[37] China beklagt lautstark, wie Huawei bei Ausschrei-

---

37 Vgl. u. a. www.cnbc.com, 18.12.2020.

bungen um die neuen 5G-Netze in Europa ein ums andere Mal nicht zum Zug kommt.[38]

Nach Erteilung der Lizenz können ausländische Firmen in China leicht zwischen die politischen Fronten geraten. Manchmal reicht schon ein Shitstorm im Internet, mit Billigung oder Förderung seitens der Zensur. Die Behörden müssen gar nicht formal aktiv werden, um Unternehmen das Leben schwer zu machen. Als westliche Bekleidungsfirmen sich besorgt über mutmaßliche Zwangsarbeit in Xinjiang äußern und teilweise keine Baumwolle mehr von dort beziehen, verschwinden diese über Nacht von führenden Online-Marktplätzen. Sie sehen sich einem Shitstorm im Internet ausgesetzt. In den Tagen danach sind die Läden von Nike und H&M wie leergefegt. Vermieter kündigen die Mietverträge, Prominente stehen nicht mehr als Werbepartner zur Verfügung. Lokale Konkurrenten geben sich extra patriotisch und werben damit, dass sie Baumwolle aus Xinjiang verarbeiten.[39] Damit der Sturm sich legt, muss die ausländische Firma in China zu Kreuze kriechen.[40] Die nationale Ehre und das Primat der Politik sind dann wieder hergestellt.

Es bleibt die Erkenntnis, dass über Nacht das Licht ausgeht, wenn die Regierung es will. Auf der anderen Seite sind manche westliche Kunden derselben Unternehmen wenig amüsiert über echte oder erzwungene Anbiederung an die chinesische Regierung. Investoren werden Engagements in China stärker hinterfragen. Im Spagat zwischen den beiden Welten werden sich viele Firmen über kurz oder lang für eine der beiden Seiten entscheiden müssen. Mir drängt sich der Eindruck auf, dass deutsche Firmen in dieser Hinsicht naiver vorgehen als andere, möglicherweise weil es an dem – etwa für Frankreich typischen – Austausch zwischen politischer und wirtschaftlicher Elite fehlt.

---

38 Vgl. u. a. www.euronews.com, 28.07.2021, www.chinadaily.com.cn, 14.11.2020.
39 Vgl. www.cnn.com, 26.03.2021.
40 Vgl. zum Fall Intel www.cnbc.com, 23.12.2021.

Was für einzelne Unternehmen gilt, kann sogar auf ganze Länder zutreffen. Als Litauen im Herbst 2021 in Vilnius eine taiwanesische Vertretung unter dem Landesnamen und nicht, wie sonst üblich, verklausuliert als Büro Taipeh zulässt, reagiert Peking nach verbalen Entgleisungen mit Schikanen in der Zollabfertigung bei Lieferungen von und nach China. Ob man Litauen gleich ganz von der Zollliste entfernt hat, bleibt unklar.[41] Handelsprobleme treten auffallend oft auf, wo es politisch knirscht. So stoppen die chinesischen Behörden am 1. März 2021 die Einfuhr von Ananas aus Taiwan, nachdem man angeblich Schädlinge entdeckt habe.[42] Wenige Monate später erwischt es aus dem gleichen Grund taiwanesische Äpfel; die chinesische Seite dementiert jeglichen politischen Zusammenhang.[43] Schon zuvor hat sich China in einen Handelskrieg mit Australien verwickelt. Angelsachsen sprechen in solchen Fällen die einzige Sprache, die in der Reichshauptstadt verstanden wird, nämlich „Tit for Tat". Europa rafft sich nach Wochen auf, die Causa Litauen vor die WTO zu bringen, Deutschland bremst.[44] Wer Berlin zum Verbündeten hat, hat auf Sand gebaut.

Wenn wir an den Sommerabenden 2020 einmal nicht kochen, mit Deutschland korrespondieren oder mit Willy an die frische Luft gehen, aktivieren wir gelegentlich den Fernseher. Von den ausländischen Kanälen sind nur noch CNN und der englischsprachige Sender aus Singapur übriggeblieben. Die Amerikaner kreisen meistens um sich selbst, daran scheint die Zensur wenig Anstoß zu nehmen, die Brüder und Schwestern aus Singapur dürfen ziemlich ungestört senden. Nur bei missliebigen Berichten über die sogenannten Kerninteressen der Volksrepublik wird der Bildschirm plötzlich schwarz und bleibt es so lange, bis

---

41 Vgl. www.baltictimes.com, 02.12.2021, www.globaltimes.cn, 08.12.2021.
42 Vgl. www.bloomberg.com, 26.02.2021.
43 Vgl. www.globaltimes.cn, 20.09.2021.
44 Vgl. The Telegraph, 27.01.2022.

die Sendung wieder genehmes Terrain erreicht hat. Unverfänglische Radioprogramme wie Bayern 3 können wir dagegen problemlos empfangen. Das Netflix-Abo kosten wir in vollen Zügen aus. Zig Folgen schildern das Leben und Leiden von Maria Stuart, Marinas Kenntnisse in Englisch und Geschichte verbessern sich merklich. Als sie später noch eine Serie zur Geschichte der Windsors verschlingt, finde ich Fernsehkonsum durch Pubertiere doch nicht so schlecht.

Gelegentlich zappen wir uns durch die über 30 chinesischen Programme. Ähnlich wie in Deutschland gibt es einige landesweite Sender, dazu betreibt fast jede Provinz ihren eigenen Kanal. Besonders zwei Sender sind für uns gewöhnungsbedürftig: Einer hat sich auf pathetische Filme über die Revolution sowie den Befreiungskrieg gegen die Japaner spezialisiert. Der Opfermythos wird nach über 70 Jahren täglich wachgehalten. Nicht zum ersten Mal in der Geschichte dient er als Quell des eigenen übersteigerten Nationalismus. Dazu passend bietet ein auf militärische Themen spezialisierter Kanal seinen Zusehern Fahnenappelle, Wehrübungen und Einblicke in die neuesten Errungenschaften der Wehrtechnik.

Nach dem sonstigen Angebot zu urteilen, erfreuen sich Rate- und Musikshows außerordentlicher Beliebtheit, dazu Koch- und Herzblattshows. Das Format der Sendungen bis hin zur Kleidung ist viel konservativer als zu Hause. Bisweilen fühle ich mich in meine Kindheit zurückversetzt. Als Ausländer stechen mir die traditionellen Trachten, die bei Männern beliebte moderne Variante der Mao-Jacke sowie die vielen Uniformträger ins Auge. Von Dschungelcamps oder „Bauer sucht Frau" bleiben wir verschont. Anders als in Europa findet Volksverdummung hier nicht im Boulevard-, sondern im Informationsteil statt.

Werbepausen sind häufig, besonders für Schnaps. Die Werbefiguren signalisieren ethnische Homogenität, man sieht ausschließlich chinesische Gesichter, meistens in vornehmer Blässe. Dunkelhäutige Südchinesen oder gar als solche erkennbare Minderheiten muss man mit der Lupe suchen. Als ich in der Firma einmal den Vorschlag unterbreite, es mit einem europäischen Prominenten als Werbepartner zu versuchen, bringt mir ein Kollege schonend bei, weiße Gesichter würden in China leider nicht ziehen. Ich möge es bitte nicht persönlich nehmen. Ein Unikum und Werbeblock besonderer Art sind Luftaufnahmen von Naturlandschaften und solche, die den rasanten Fortschritt des Landes dokumentieren. Später werden Spots zum 100. Gründungsjubiläum der Partei im Jahr 2021 eingestreut.

Ende August 2020 bricht das neue Schuljahr an, kurz darauf wird Schülern erneut das Verlassen Shanghais untersagt. Formal genommen ist es nicht einmal verboten, sondern mit einem zweiwöchigen Schulverbot belegt, was auf dasselbe hinausläuft. Manchmal hadern wir mit unserer Standortwahl und wären lieber in Peking, wenn da nur nicht der Smog wäre. Ein Expat aus Peking beneidet uns umgekehrt um die liberale Atmosphäre in Shanghai.

So bleibt der Park am Fluss unser zweites Wohnzimmer. Eines Abends lernen wir dort am Rande des abendlichen Hundekorsos ein junges Paar kennen, das die Pandemie im Heimaturlaub bei ihren Eltern überrascht hat und das seither in Shanghai festsitzt. An ihre Arbeitsplätze in Kanada können sie nicht zurück.

An das komfortable Leben in Shanghai haben sie sich schnell wieder gewöhnt. Man könne alles an die Haustür liefern lassen, das Verkehrsnetz sei ausgezeichnet und der Pizzaservice koste nur einen Bruchteil des Preises in Kanada. Überhaupt scheinen sie von Kanada ziemlich genervt zu sein. Außerdem hätte die Regierung in China die Pandemie vorbildlich unter Kontrolle gebracht. Da geben wir ihnen recht, aber auch zu bedenken, dass wir an Kanada viele gute Seiten entdeckt hätten. Es sei schön, wenn eine Regierung Corona, aber nicht gleich alles im Griff habe. Das war wohl eine Bemerkung zu viel, fortan wechseln sie kein Wort mehr mit uns, wenn sie uns abends begegnen. Dass einfache Menschen, die seit Geburt ununterbrochener Gehirnwäsche ausgesetzt waren, so ticken, können wir verstehen. Dass aber jemand, der Jahre im freien Ausland verbracht hat, von dort gar nichts mitnimmt, finden wir befremdlich.

Auf Heimkehrer, vor allem aus Nordamerika, treffe ich in meinem beruflichen Umfeld öfters. Ihre Motive sind so vielfältig wie die Menschen selbst. Meistens veranlasst in diesen Fällen die Fürsorge für die betagten Eltern meine Gesprächspartner, gut dotierte Jobs aufzugeben und in China wieder neu anzufangen. Die Familie steht in der Skala ganz oben. Einige Rückkehrer sind der Meinung, China biete inzwischen die besseren Karrierechancen. Ein Südchinese denkt mit Grausen an den kalten nordamerikanischen Winter mit Frost und Schneeschippen zurück. Jetzt verstehe ich, warum die polartauglichen Jacken der kanadischen Daunenmarke ausgerechnet im subtropischen Shanghai reißenden Absatz finden. Last, but not least kommen manche desillusioniert aus dem früheren Land der unbegrenzten Möglichkeiten zurück. Gewalt- und Drogenkriminalität schrecken ab, der politische Konflikt macht das Umfeld nicht einfacher. So wie viele Chinesen im Ausländer den Virusträger sehen, vermuten manche Amerikaner in jedem Chinesen einen Spion. Amerikaner wie Chinesen zieht es heim in ihr jeweiliges Reich.

Zum Nationalfeiertag in der ersten Oktoberwoche 2020 bietet sich wieder die Gelegenheit, aus der Stadt herauszukommen. Um Massenansturm und Wucher zu entgehen, buchen wir gemeinsam mit einer befreundeten Familie entgegen dem Trend eine Gruppenreise in die Region Enshi in der Provinz Hubei, deren Hauptstadt Wuhan ist. Viele Touristen scheinen dem Braten noch nicht so recht zu trauen und machen einen Bogen um das Epizentrum der Epidemie. Für uns wird es eine entspannte Woche ohne das sonst übliche Gedränge.

Alma möchte mit Rücksicht auf das Abitur nichts riskieren. Verena opfert sich und bleibt gemeinsam mit ihr schweren Herzens in Shanghai, nur Marina kommt mit. Die Gegend um Enshi lockt mit spektakulärer Natur. Gleichzeitig erleben wir, wie sich eine Stadt in einer der hinteren Reihen und deren Umgebung anfühlen. Der Flughafen besteht aus einer einzigen Piste, er liegt mitten in der Bebauung, ringsum ein Wald von Baukränen. In dieser bergigen Gegend gibt es kein ebenes Fleckchen Erde. Ganze Hügel werden abgetragen, um Platz für moderne Wohnanlagen und vierspurige Straßen zu schaffen, die aussehen wie überall in China.

Einen halben Tag streifen wir zu Fuß durch den älteren Teil der Stadt. Noch sind nicht alle Nebenstraßen geteert, Wohnungen und Geschäfte schlichter als in den Metropolen. Pompös dagegen das Areal um den Sitz der örtlichen Verwaltung mit einem netten Volkskundemuseum sowie einem überdimensionierten Aufmarschplatz für die nicht vorhandenen Volksmassen. Auf den Treppen bietet eine Folkloregruppe fähnchenschwenkend heimisches Liedgut dar. Um eine offizielle Aufführung scheint es sich nicht zu handeln, denn außer ihnen ist an diesem Feiertag hier niemand unterwegs. Unser Besuch im Museum sorgt sichtlich für Nervosität, Ausländer geben sich hier nicht die Klinke in die Hand. Ein Informationskasten gleich daneben gibt sich ganz unverblümt als „Propaganda" zu erkennen.

Für Kultur und Politik erwärmen sich an diesem Tag die wenigsten, „panem et circenses" prägen das Bild. Die Restaurants sind gut gefüllt, später landen wir in einer Art Museumsdorf, wo man die traditionelle Architektur nachempfunden hat. Chinesen pflegen ein unverkrampftes Verhältnis zwischen Original und Imitat, beide sind für Laien kaum voneinander zu unterscheiden. Die Einheimischen strömen, ein langer Stau auf der Zufahrt zeugt von fortgeschrittener Motorisierung. Die wenigsten kommen zu Fuß oder mit dem Fahrrad.

Auf dem Gelände ist das Programm dem Volkssport Nummer eins gewidmet: Essen in allen Formen, Farben, Konsistenzen und Gerüchen. Wir wissen gar nicht, wo wir uns zuerst niederlassen sollen. Zwischen den Buden und Restaurants herrscht harte Konkurrenz – weil jeder bunte Bilder hat, ist ein Gastronom auf die Idee gekommen, sein komplettes Sortiment als Plastikimitat auf einer Tafel auszustellen, die einen ganzen Saal füllt. Das Empfinden für Kitsch unterscheidet sich drastisch von demjenigen in Europa. Erwachsene tragen ohne jede Scheu Mickey-Mouse-T-Shirts und lustige Häschenohren. Die Kleinen kommen bei den Fahrgeschäften nebenan auf ihre Kosten.

Den Rest der Woche widmen wir, ohne auch nur einen Sonnenstrahl zu sehen, den Naturparks der Region. Auf nagelneuen Autobahnen und kurvenreichen Bergstraßen durchqueren wir undurchdringliche Wälder, nur einige Tallagen sind besiedelt. Die Autobahn und die Schnellzugstrecke könnten in Italien oder in der Schweiz liegen, lange Abschnitte verlaufen über Brücken und durch Tunnels. Selbst aus dem längsten Tunnel kann ich ohne Schwierigkeiten telefonieren oder im Internet surfen.

Enshi ist eine junge Tourismusregion, es gilt um jeden Preis aufzufallen und andere zu übertrumpfen. Der Erlebniswert wird auf die Spitze getrieben. Nach historischem Vorbild werden mit moderner Technik und hohem Aufwand schwindelerregende Wege mitten in den Felswänden angelegt. Von dort blicken wir Hunderte Meter in den Abgrund. Das Geländer besteht aus Beton, in der Form knorrigen Ästen nachempfunden und braun gestrichen. Beim ersten Mal muss ich zweimal hinfassen, um das Imitat zu erkennen. Für zusätzlichen Nervenkitzel sorgen Glasbodenbrücken über die Schluchten. Völlig harmlos ist das Vergnügen nicht, bei Nieselregen wird es richtig glitschig. In einer anderen Gegend kommt es auf einer solchen Brücke fast zum Unglück, als ein Sturm Glasplatten zerstört, ein Besucher sitzt in der Mitte der Brücke zwischen den entstandenen Lücken fest. In einer aufwendigen Rettungsaktion wird er aus seiner Notlage befreit.[45]

Technische Hilfen jeglicher Art sollen dem Gast körperliche Anstrengungen ersparen. Auf einer der Glasbodenbrücken ist ein Förderband installiert, auf dem die Besucher wie die Koffer bei der Gepäckausgabe am Flughafen in gemächlichem Tempo auf die andere Talseite gleiten. Zur Überwindung einer Steilstufe klebt kurz dahinter ein Aufzug an der Felswand. Die Seilbahn am Enshi-Grand-Canyon wirkt dagegen schon konventionell. Dafür haben die Initiatoren des dortigen Parks den Abstieg vom Berg entschärft. Wer mag, kann gegen Gebühr statt des Wanderweges ein Dutzend überdachte Rolltreppen nach unten nehmen. Dekadenter geht es nicht. Dazwischen finden wir Gott sei Dank viel unberührte Natur. Die Kahnfahrt durch einen en-

---

45 Vgl. u. a. www.theguardian.com, 10.05.2021.

gen Spalt zwischen senkrechten Felswänden wird uns unvergesslich bleiben.

Für einige heimische Besucher sind wir selbst Teil der Attraktion. Die dezenteren blicken nur neugierig, andere, darunter viele Kinder, zeigen mit einem überraschten „laowai" auf uns. Spätestens seit der Volkszählung ist uns bewusst, welch rarer Spezies wir angehören, und im Urwald wie hier trifft man ja manchmal seltene Arten an. Lebhaft male ich mir aus, was geschähe, würde ich in Neuschwanstein jedes Mal „Ausländer!" rufen, sobald ein solcher auftaucht. Bald wäre ich heiser und obendrein wahrscheinlich in Polizeigewahrsam. Alles nur eine Frage der Perspektive. Ironischerweise sitzt uns in der Seilbahnkabine am Enshi-Grand-Canyon ein älteres Ehepaar gegenüber, dessen Tochter in Deutschland lebt. Sie erkundigen sich, ob wir denn aus dem Westen oder aus dem Osten kämen. Als ich entgegne, dass das keinen großen Unterschied mehr mache, sehen sie das anders. Ihre Tochter fände die Leute im Westen gegenüber Chinesen aufgeschlossener.

Am nächsten Tag besichtigen wir eine der größten Höhlen des Landes. Wir müssen gar nicht durch enge Stollen krabbeln, am Berghang klafft ein bestimmt 80 Meter hoher und ebenso breiter Schlund, ausnahmsweise natürlichen Ursprungs. Dahinter geht es kilometerweit in den Berg hinein. Drinnen haben die Tourismusmanager ganze Arbeit geleistet. Gleich in der ersten Halle schweben Besucher in Heißluftballons der Höhlendecke entgegen. Im weiteren Verlauf hat man sich von „son et lumière" wie in Frankreich inspirieren lassen. Höhepunkt ist eine groß aufgemachte Folkloreshow, die einer der ethnischen Minderheiten vor Ort gewidmet ist.

Eine Luxusreise haben wir nicht gebucht. Wir nächtigen in denselben Hotels wie die einheimischen Touristen. Trotz einstelliger Temperaturen hat im Berghotel die Heizsaison noch nicht begonnen. Im Bad schlottern wir, erscheinen mit dicker Jacke zum Abendessen. Zum Frühstück liegen als Tribut an westliche Gäste amerikanisch-labbriges Toastbrot, Butter und Marmelade bereit, in manchen Hotels noch halb angebratener, fetttriefender Bacon – „Western Food" zum Abgewöhnen. Die Chinesen halten sich an Bewährtes, an gebratenen Reis, Eier, Gemüse, Teigtaschen, Suppe mit Nudeln und Fleisch, danach etwas Obst. Eine kalte Mahlzeit gilt nicht als richtige Mahlzeit. Daran könnten wir uns durchaus gewöhnen.

Die schmucklose Atmosphäre hat etwas Kantinenhaftes. Es geht schnell, denn die Reisegruppen haben pünktlich, nach unseren Maßstäben frühmorgens, zur Abfahrt der Busse zu erscheinen. Marina und ihre Freundin klagen schon am zweiten Tag über das frühe Aufstehen im Urlaub. Wir absolvieren ein straffes Programm. Lange Fahrzeiten, vor jedem Programmpunkt erledigt unsere Reiseleiterin den Papierkrieg an der Kasse, mit Vorlage der Reisepässe, Coronatests und so weiter. Einmal steigen die Kontrolleure sogar zum Fiebermessen in den Bus. Zum Mittagessen kehren wir in kleinen Orten ein, die auf dem Weg liegen. Dort geht es beschaulich und bescheiden zu. Als wir nach einer Woche nach Shanghai zurückkehren, fällt uns der dortige Wohlstand besonders auf. Marina hat von durchgetakteten Gruppenreisen erst einmal genug, an den nächsten Wochenenden ist Chillen angesagt.

Wenige Wochen danach führt mich meine Arbeit erneut nach Hubei, diesmal direkt nach Wuhan. Dort lässt man nichts anbrennen, schon beim Einchecken am Flughafen in Shanghai muss ich neben Vorlage meines PCR-Tests einen extra Fragebogen ausfüllen. Vor dem Aussteigen in Wuhan bittet man mich als Ausländer zudem um eine schriftliche Bestätigung, in den letzten Wochen China nicht verlassen zu haben. Wahrscheinlich hat sich noch nicht überall herumgesprochen, dass die Wiedereinreise nach China mit hohen Hürden gespickt ist und dabei jeder zwei bis drei Wochen Quarantäne absitzen muss. Es entbehrt nicht einer gewissen Komik, dass ausgerechnet in Wuhan, wo Ausländer ein Dreivierteljahr zuvor evakuiert worden waren und wo nach aller Wahrscheinlichkeit die Pandemie ihren Lauf genommen hat, Ausländer nun als besonders hohes Risiko gelten.

Obwohl ich einiges über Wuhan gelesen habe, wird mir erst vor Ort richtig bewusst, welch Trauma der lange Lockdown für die Führung gewesen sein muss. Wuhan ist nicht nur das wichtigste Verkehrsdrehkreuz in Zentralchina und bedeutende Universitätsstadt, sondern auch einer der Lieblingsorte des verblichenen Großen Vorsitzenden. Ich übernachte in einem staatlichen Gästehaus am See, das bei solchen Gelegenheiten als Tagungszentrum dient. Am Seeufer erinnern Fotos und Gedenktafeln an frühere Aufenthalte Maos und Besuche ausländischer Staatsgäste. Im Kern hat der Personenkult um Mao bis heute überlebt, bis hin zum Konterfei auf den Banknoten. Wenigstens dieser Anblick bleibt uns bei Zahlung per App erspart. Gedenktafeln für die zig Millionen Opfer seiner Politik oder auch nur kritische Worte haben wir während zweieinhalb Jahren in China aufgrund der für solche Systeme typischen Geschichtsklitterung nicht einmal in Ansätzen wahrgenommen. Solange die Massenmörder der Vergangenheit nicht als solche benannt, ja gar verehrt werden, besteht die Gefahr der Wiederholung.

Als Willkommensgruß händigt mir die Dame am Empfang eine Tasche mit nützlichen Utensilien aus, zehn Masken, Desinfektionstücher und -gel. Solche mit einer großen Portion Understatement als „Gästehäuser" bezeichneten Einrichtungen bestehen in mehreren Städten. In Wirklichkeit handelt es sich um einen ganzen Campus, über den verstreut Konferenzgebäude und eben das eigentliche Gästehaus liegen. In Sitzungspausen kann man durch den hübsch angelegten Park wandeln. An diesen Orten wird Gastfreundschaft erster Güte zelebriert. Die neue Nüchternheit macht sich aber auch hier bemerkbar – zum Toast während des Abendessens wird ein winziges Glas Rotwein ausgeschenkt, danach Tee. Im Staatsdienst findet Gerüchten zufolge eine Kampagne gegen Alkoholkonsum statt, einschließlich unangekündigter Alkoholtests am Arbeitsplatz und Kündigung bei Verstößen.

Abends unternehmen die Tagungsteilnehmer eine Schifffahrt auf dem Yangtse. Im Unterhaltungsprogramm wird Wuhan als die neue Heldenstadt inszeniert. Der Jubel über den vorerst glücklichen Ausgang übertüncht Pannen und Vertuschung zu Beginn der Pandemie. Der Arzt und Whistleblower Li Wenliang hatte zum Jahreswechsel 2019/2020 gemeinsam mit anderen auf die neuartige Infektion aufmerksam gemacht und sich dafür eine polizeiliche Rüge eingehandelt. Als er Anfang Februar 2020 selbst dem Coronavirus erliegt, folgt ein Shitstorm im Internet.[46] Die Oberen versuchen der Wut den Wind aus den Segeln zu nehmen, indem sie die Flucht nach vorne antreten. Li Wenliang wird posthum rehabilitiert und als Nationalheld geehrt.[47] In das Programm dieses Abends schaffte er es trotzdem nicht.

Wuhan bietet ein Musterbeispiel für moderne Stadtplanung in China. Der ist hier ein eigenes Museum gewidmet. Anhand eines Modells auf über 500 Quadratmetern, das eine ganze Halle einnimmt, lässt sich das plastisch nachvollziehen. Die Planer denken langfristig und strategisch, zum Beispiel welche Industriebranchen man wo ansiedeln möchte oder wie in 15 Jahren das Netz an Grünflächen aussehen soll. Die nötige Infrastruktur wird im Zweifel über den Bedarf hinaus dimensioniert. Ergebnis sind funktionale, aber auch gleichförmige Städte ohne viel Lokalkolorit. Erst im Kleinen wird es bunt, wurstelig und improvisiert, weil der Planungshorizont und Ordnungssinn der Wohnungs- und Ladenbesitzer, Imbissbetreiber, Paketdienste etc. ein anderer ist.

Vor der Haustür in Shanghai finden wir ähnliche Beispiele derartiger Planung. Um den alten Stadthafen und die Häfen entlang der Yangtse-Mündung zu entlasten, hat man auf einer der Küste 20 Kilometer vorgelagerten Insel vom Reißbrett einen neuen Hochseehafen angelegt und über eine ebenso lange Straßenbrücke mit dem Festland verbunden. Die Hügel im unbebauten Teil der Insel sind als „scenic spot" ausgewiesen. Von dort betrachten wir während eines Wochenendausflugs aus der Vogelperspektive das Hafenpanorama mit dem umliegenden Archipel. An die Bauern und Fischer, die im Zuge des Baus umgesiedelt wurden, erinnern noch einige Häuser sowie eine Ge-

---

46 www.chinadaily.com.cn, 07.02.2020.
47 www.chinadaily.com.cn, 14.06.2020.

denkstätte. Die Probleme der globalen Lieferketten lassen sich in diesem Winter 2020/2021 mit bloßem Auge beobachten; etliche Liegeplätze für die Frachter sind leer, Lagerkapazität für Container gibt es im Überfluss. Trotzdem wird im tiefergelegenen Teil der Insel unbeirrt gebaggert und planiert, die Grenzen des Wachstums scheinen hier noch ein Fremdwort.

Ende 2020 machen überraschende Entwicklungen Schlagzeilen. Am 22. Oktober 2020 verkünden China und der Vatikan die Verlängerung einer 2018 probeweise auf zwei Jahre abgeschlossenen Vereinbarung, just nachdem der Trump'sche Herold Mike Pompeo den Vatikan aufgefordert hat, die Vereinbarung auslaufen zu lassen.[48] Wie im Investiturstreit des Mittelalters stellt die Einsetzung von Bischöfen den Zankapfel dar. Weil mit China und dem Vatikan zwei Großmeister der Transparenz aufeinandertreffen, bleiben Details vertraulich. Laut Kennern der Szene darf sich die chinesische Seite ihr genehme Bischöfe aussuchen, die Kurie muss sie jedoch bestätigen. Durch diesen Formelkompromiss sichert sich die Partei weiterhin die Kontrolle über den chinesischen Katholizismus, Rom wahrt wenigstens de jure die Einheit der Weltkirche.

US-Quellen streuen von Anfang an Zweifel an der Absicht der chinesischen Seite, das Abkommen umzusetzen.[49] Xi Jinping fordert ungeachtet des Abkommens die konsequente Sinisierung aller zugelassenen Religionen ein.[50] Bei den seltenen Gelegenheiten, wo wir an Kirchen vorbeikommen, finden wir deren Türen durchwegs geschlossen vor. Mancherorts vermissen wir die sonst üblichen Kreuze auf den Kirchtürmen. Die Landesflagge an prominenter Stelle signalisiert, wer hier das Sagen hat.[51]

---

48 Vgl. www.cnn.com, 22.10.2020.
49 Vgl. www.catholicarena.com, 22.02.2021.
50 Vgl. u. a. www.scmp.com, 06.12.2021, www.businessinsider.com, 03.08.2019.
51 Vgl. u. a. breaktingchristiannews.com, 04.02.2022.

Eine weitere Nachricht am 30. Dezember 2020 ist profaneren Inhalts – die EU unter Führung von Merkel und Macron und China erzielen nach langjährigen Verhandlungen eine Grundsatzvereinbarung über gegenseitige Marktöffnung und Investitionsschutz.[52] Es ist die Zeit des Interregnums in Washington. Doch schon wenige Monate später bringt Peking das Abkommen selbst zu Fall: Wie schon im Fall Hongkong wiegt der Nationalismus des Regimes schwerer als internationales Recht oder wirtschaftliche Interessen. Nachdem die EU einige Funktionäre aus Xinjiang mit Sanktionen belegt hat, schlägt Peking überproportional zurück und sanktioniert unter anderem Mitglieder des Europaparlaments. Die EU-Parlamentarier scheren sich nicht um Kanzleramt und Elysée, am 20. Mai 2021 setzen sie postwendend die Ratifizierung des Abkommens aus.[53]

Im Spätherbst 2020 herrschen in Shanghai immer noch milde Temperaturen; nur schwer gewöhnen wir uns an den Gedanken, dass wir Weihnachten erstmals in der Ferne verbringen werden. Schon am 12. Dezember beginnen die Ferien an der Deutschen Schule. Der Ferienkalender stellt eine bunte Mischung aus Elementen beider Länder dar, über das Jahr betrachtet dauern sie genauso lange wie in Deutschland. Marina träumt von weißen Weihnachten. In Harbin, Hauptstadt der Amurprovinz und ehemaliger russischer Vorposten, gibt es genug Eis und Schnee. Leider hält sich das Virus im sibirischen Klima hartnäckig, immer wieder werden dort Mini-Lockdowns verhängt. Darauf haben wir keine Lust, der Familienrat votiert für die entgegengesetzte, tropische Ecke Chinas, wir reisen nach Yunnan ganz im Südwesten.

Yunnan ist Minderheitenland, ein Flickenteppich aus 25 Nationalitäten, von Verwandten der Thai im Süden bis zu Tibetern im Norden. Einen Vorgeschmack bekommen wir nach der Ankunft in Lijiang im Hochland auf 2400 Metern Höhe. Nachdem wir die Spezialregistrierung für Ausländer passiert haben, erwi-

52 Europäische Kommission, Pressemitteilung vom 30.12.2020.
53 Vgl. u.a. www.thegiardian.com, 20.05.2021.

schen wir einen trotz nächtlicher Stunde redseligen Taxifahrer. Sein langsames, deutliches Mandarin verstehen wir wunderbar, hat er es doch selbst erst in der Schule erlernt.

Auf seinem Flecken Erde fühlt er sich wohl, preist die klare Luft, das saubere Wasser, das ganzjährig angenehme Klima und ein vergleichsweise stressfreies Leben. Er erkundigt sich nach den aktuellen Immobilienpreisen und Mieten in Shanghai. Als wir ihm die nennen, packt ihn das Entsetzen. Er fühlt sich darin bestätigt, es trotz bescheidenen Einkommens, das höchstens bei der Hälfte seiner Kollegen in Shanghai liegt, besser getroffen zu haben als die Stadtmenschen. Als ich ihn frage, ob seine Kinder seine Muttersprache auch in der Schule lernen würden, stimmt ihn die Frage traurig.

Lijiang hat sich ganz dem Fremdenverkehr verschrieben. Von der Abrissbirne verschont, hat sich eine ausgedehnte Altstadt erhalten, geschmackvoll restaurierte Häuschen ziehen sich an den idyllischen Kanälen entlang. Kunsthandwerker, Händler und Bauern machen mit den Besuchern gute Geschäfte. Junge Leute haben sich mit Gästehäusern im traditionellen Stil selbständig gemacht, die sanftere Variante des Tourismus, ein bisschen wie in Europa abseits der Massendestinationen.

Am Folgetag fahren wir an den Fuß des 5 600 Meter hohen Jadedrachenbergs eine halbe Stunde außerhalb der Stadt. Parallel zur Straße erstreckt sich eine kilometerlange Baustelle. Um den Autoverkehr einzudämmen, soll an dieser Stelle bald eine Straßenbahn die Besucher zum Berg bringen, zum Leidwesen unseres Taxifahrers. Neu angelegte Teiche entlang der Straße dienen als Löschwasserreservoirs für Waldbrände, seit in Yunnan der Raubbau beendet worden ist und wieder aufgeforstet wird. Nur die Kasse des Nationalparks hat den Anschluss an die Moderne verpasst. Sie wird uns als einziger Ort in China in Erinnerung bleiben, wo wir noch in bar bezahlen müssen. Da wir schon lange kaum mehr Bargeld mitführen, hilft unser Taxifahrer aus, wir erstatten ihm den Betrag über WeChat.

Die Bergbahn bis auf 4 000 Meter bleibt an diesem Tag wegen Sturms gesperrt. Daher begnügen wir uns mit einem Spaziergang um die beiden Seen im Schatten des ehemaligen Eisriesen. Der Gletscher siecht wegen des Klimawandels seinem baldigen Ende entgegen. Bevor wir in den Pendelbus steigen, vergewissert sich unser Fahrer, ob wir wirklich auf Sauerstoffflaschen verzichten möchten. Er meint es ernst, schon hier im Tal auf 3 000 Metern Höhe findet der Sauerstoff dankbare Abnehmer. Chinesische Arbeitnehmer haben, abgesehen von den gesetzlichen Feiertagen, oft nur 10–15 Urlaubstage, junge Leute oft noch weniger. Da bleibt keine Zeit für Ausschlafen oder lange Akklimatisierung. Auf Reisen gilt es in kurzer Zeit möglichst viele Stationen abzuhaken, wenn es sein muss, eben mit Sauerstoff-Doping.

Im Hinblick auf die Freizeit zeichnen sich Silberstreifen am Horizont ab, denn in manchen Bereichen werden Fachkräfte knapp. Die geburtenschwachen Jahrgänge machen sich bemerkbar, da sind mehr Urlaubstage ein gutes Argument für Arbeitgeber. In der jungen Generation, die teilweise zur Erbengeneration wird, setzt ein Wertewandel ein. In der Firma werde ich schon einmal nach Freizeit statt Gehalt gefragt. Die Regierung sagt besonders exzessiven Beschäftigungspraktiken den Kampf an. Nach einer Reihe von Selbstmorden von Arbeitnehmern zum Beispiel bei der Plattform Pinduoduo knöpft sie sich das berüchtigte 9-9-6 Arbeitsschema im Internetbusiness vor, von 9 Uhr morgens bis 21 Uhr abends, 6 Tage die Woche.[54] Ganz generell legt die Regierung taktisches Geschick an den Tag, ausfernden Missständen mit einer Mischung aus hektischem Aktionismus und echten Reformen zu begegnen, kurz bevor sich revolutionäres Potential entwickelt. Schuldige finden sich immer, die KP zählt natürlich nicht dazu.

Ob die Freizeitgesellschaft eine Eintagsfliege bleibt oder nicht, wird sich zeigen. Wie sollen Tourismus und Konsum generell blühen, wenn die Menschen keine Zeit haben, ihr Geld auszugeben? In Staatsbetrieben scheint es insgesamt gemächlicher zu-

---

54 Vgl. u. a. www.reuters.com, 27.08.2021.

zugehen. Vereinzelt höre ich Bemerkungen, der Partner habe es nicht so stressig, weil er für eine staatliche Firma tätig sei.

Der Bergsee präsentiert sich heute postkartenreif. Hochzeitspaare haben sich zur Fototour eingefunden. Besonders die Bräute in ihren dünnen, ärmellosen Brautkleidern schlottern, es pfeift ein eisiger Wind. Das Normalpublikum beschäftigt sich mit Selfies oder Essen. Wer es ausgefallener mag, wirft sich gegen Gebühr in heimische Tracht und lässt sich auf einem stoisch dastehenden Yak ablichten. Marina, in dieser Hinsicht voll sozialisiert, lässt sich das nicht zweimal sagen.

Das hier ist die rustikale Variante der Fototour, in Lijiangs Altstadt geht es distinguierter zu. Eine ganze Ladenreihe hat sich darauf spezialisiert, Frauen jeden Alters auszustaffieren und zu schminken. Anschließend geht es zum Shooting an romantische Ecken. Wir wundern uns schon lange nicht mehr, wo die filmreifen Aufnahmen im WeChat-Profil der weiblichen Nutzer herkommen. Davon lebt eine ganze Industrie. In Marina findet sie am selben Abend eine dankbare Kundin, wir gönnen ihr das Vergnügen. In diesem Augenblick kommt mir das Handyfoto in meinem WeChat-Profil vorsintflutlich vor, aber irgendwie muss man sich ja abheben.

Strammes Wandern ist zu Marinas Erleichterung auch hier kein Thema. Der einzige Wanderweg ist abgesperrt und mit Verbotstafeln versehen, die keine Ausrede gelten lassen. Gleich daneben hat man Kameras installiert, wir lassen es bleiben. Gerade wollen wir uns auf den Rückweg machen, da laufen wir einer Besuchergruppe in die Arme, die es auf uns abgesehen hat. Die Teilnehmer aus verschiedenen Ecken Chinas absolvieren ausgerechnet in Yunnan einen Englischkurs, Verena tippt auf eine Parteischule. Wieder einmal weit und breit keine Ausländer außer uns, da kommen wir wie gerufen. Sie kramen ihr bestes Englisch hervor, wir uns bestes Chinesisch. Eine halbe Stunde und zig Fotos später verabschieden wir uns.

Vor der Weiterreise am nächsten Tag erkunden wir per Taxi Ziele in unmittelbarer Umgebung von Lijiang. Die Dörfer sehen adrett aus, eine besonders schöne Villa am Ortsrand fällt aus dem Rahmen. Als wir fragend dreinblicken, erzählt uns die Taxifahrerin grinsend, dort wohne der örtliche Parteichef. Aus ihren Worten spricht mehr Anerkennung als Neid. Überhaupt scheinen trotz der eklatanten sozialen Unterschiede Neidgefühle wenig verbreitet zu sein. Beim Gespräch über finanzielle Themen geht es mehr darum, wie man es selbst so weit bringen kann wie die Erfolgreichen.

Am späten Abend fliegen wir nach Xishuangbanna an der Grenze zu Burma und Laos, wo wir uns mit einer befreundeten deutschen Familie aus Shanghai verabredet haben.

In der Ankunftshalle des Flughafens grüßen Elefanten vom Plakat, in der Tat wähnen wir uns fast in Thailand. Die Minderheit der Dai steht ethnisch und sprachlich den Thai nahe. Auf Wegweisern und Ladenschildern prangen oben Beschriftungen in Mandarin, darunter etwas kleiner im lokalen Idiom. Die Küche hat mit derjenigen der Han-Chinesen wenig gemein, abgesehen von dem Umstand, dass die Liebe zum Essen die Nation über alle ethnischen Grenzen hinweg eint.

An allen Ecken in Jinghong, dem Hauptort des Bezirks, wird gebaut. Wir sind nicht überrascht zu erfahren, dass die Erwerber vor allem aus dem „Dongbei" kommen, also aus der Nordostecke des Reiches mit bitterkalten Wintern und immer noch viel Luftverschmutzung. Im Unterschied zu Hainan erlaubt Xishuangbanna den Kauf von Zweitwohnungen. Zwischen den Zeilen klingt durch, dass sich die Beliebtheit der Gäste aus dem Dongbei in Grenzen hält. Schon ein Kollege in Shanghai hat mich gewarnt, denen sei nicht zu trauen. Innerchinesischen Animositäten begegnen wir öfters. Die Eifersucht zwischen der Reichshauptstadt und Shanghai ist sowieso legendär.

Zum Pflichtprogramm in Xishuangbanna gehört das landesweit bekannte Elefantenreservat. Bei der Anfahrt das gewohnte Bild – eine neue Autobahn verbindet die früher abgelegene Region mit der 600 Kilometer entfernten Provinzhauptstadt Kunming, die Schnellzugtrasse befindet sich im Bau. Die Maut liegt fast so hoch wie in Europa, das System funktioniert praktisch genauso wie in Frankreich oder Italien. Wir sind peinlich berührt, wenn wir an das dilettantische, kläglich gescheiterte Mautkonzept zu Hause denken.

Das Landschaftsbild prägen bewaldete Berge. In den letzten Jahrzehnten sind die ursprünglichen Regenwälder vielerorts terrassierten Gummibaumplantagen gewichen. Kahlschlag und Erosion wie in den meisten anderen Teilen der Tropen beobachten wir nur ganz vereinzelt. Die verbliebenen Regenwälder stehen seit einigen Jahren unter Schutz. Die meisten unserer DiDi-Fahrer in dieser Woche wohnen in Dörfern ringsum und versichern mir, dass sie dort von einer illegalen Benutzung der Säge besser die Finger lassen. Dank dieses Umstands hat in den Wäldern eine beachtliche Wildtierpopulation überlebt. Im Sommer 2021 macht eine wilde Elefantenherde Schlagzeilen, die unter Begleitung von Drohnen Hunderte Kilometer durch Yunnan zieht.[55]

Das Elefantenreservat ist so groß, dass wir außer bei der unverzichtbaren Show keinen einzigen zu Gesicht bekommen. Wenigstens drehen Marina und ihre Freundin nach der Show eine Fotorunde auf dem Elefantenrücken. Ausnahmsweise gibt es weder Fahrwege noch Pendelbusse, stattdessen kann man mit der Seilbahn über dem Blätterdach schweben. Wir laufen lieber auf dem Bretterweg, den die Parkverwaltung hoch über dem Waldboden errichtet hat. Besucher und Affen bestaunen sich hier gegenseitig, umgeben von beeindruckender tropischer Pflanzenwelt.

Am Abend tummeln wir uns auf dem Nachtmarkt in Jinghong. Dort drängen sich am Ufer des Mekong (der hier Laicang heißt) zu Füßen einer Pagode in gleißendem Scheinwerferlicht Tausende Stände und Buden. Sie bieten alles feil, was Leib und Magen zusammenhält und das Touristenherz erfreut. Die Geschäfte laufen prächtig, Besucher ziehen mit prall gefüllten Taschen von dannen.

Am meisten fasziniert uns an diesem Ort das blühende Fotogewerbe, größer und schriller als alles, was wir bisher gesehen haben. Die Kunden nehmen den Service massenhaft in Anspruch;

---

55 Vgl. u. a. www.chinadialy.com.cn, 12.06.2021.

nichts, aber auch wirklich gar nichts scheint peinlich. Eine Melange aus Bollywood, spätrömischer Dekadenz und schierem Kitsch. Mit dem System sind wir schon vertraut: Im Laden finden die Kunden eine reiche Auswahl an Kleidung. Anschließend wird aufwendig geschminkt, die Haare zurechtgemacht. Anderswo bleibt die weibliche Kundschaft unter sich, hier in Xishuangbanna machen auch viele Männer mit.

Auf den Stufen vor der Pagode posieren in endloser Folge Maharadschas auf Zeit mit ihrer bekrönten Maharani, die darauf achtet, mit 15 Zentimeter langen goldfarbenen Fingernagelaufsätzen ihren Liebsten nicht zu verletzen. Der wiederum trägt goldene Armreifen, einen indisch-römisch anmutende Männerrock und Phantasie-Turban. Beleibte Herrschaften im fortgeschrittenen Alter zeigen besonders viel Haut. Das ist sogar Marina zu viel, sie findet, sie hätte schon genug Fotos für ihre Galerie. Zwischendurch sinnieren wir über den Advent zuhause und können es immer noch kaum glauben, welche Kette von Zufällen uns diese denkwürdigen Adventstage am Mekong beschert hat.

Auf der Fahrt zu einem Nationalpark passieren wir anderntags einen weitläufigen Neubaukomplex, der sich als modernes Schulzentrum entpuppt. In den entlegenen, kleinen Dörfern der Region lohnt sich keine Schule. Die Schüler werden daher in einer größeren Einheit zusammengefasst.[56] Viele wohnen während der Woche im Internat, weil die tägliche Heimfahrt zu weit wäre. Dieses Modell wird in anderen dünn besiedelten Regionen ebenso praktiziert und ist eine Facette zum Verständnis der chinesischen Minderheitenpolitik.

In Yunnan befinden wir uns in einer politisch weniger sensiblen Ecke, anders als in Tibet oder Xinjiang. Die Medien heben die Vorzüge des Schulmodells hervor[57], vor allem bessere Bildungs- und Karrierechancen für die junge Generation. Das früher weit verbreitete Analphabetentum ist in der jungen Generation ver-

---

56 Vgl. u. a. www.wikipedia.org, Boarding schools in China.
57 Vgl. z. B. www.chinadaily.com.cn, 29.06.2021.

schwunden. Auf der anderen Seite erfolgt der Unterricht vollständig oder überwiegend in Mandarin. Wir hören unterschiedliche Aussagen darüber, ob und welche Minderheitensprachen in dieser Region in der Schule unterrichtet werden. Jedenfalls werden sie überall massiv zurückgedrängt.[58] Im September 2020 berichtet die BBC über seltene Proteste von Eltern in der zu China gehörigen Inneren Mongolei, weil mehrere Kernfächer künftig in Mandarin statt in Mongolisch unterrichtet werden.[59] Kinder der Han-Ethnie, so hören wir, dürften nicht am Unterricht in Minderheitensprachen teilnehmen, selbst wenn die Eltern das wollten. Ethnie und „hukou" sind quasi angeboren.

Abgesehen von der Beschilderung merken wir auch in Xishuangbanna nichts von den lokalen Sprachen, obwohl Minderheiten die überwältigende Mehrheit der Bevölkerung stellen – keine Zeitungen, kein Fernsehprogramm, keine Prospekte und keine Speisekarte in Geschäften und Restaurants.

Die Entwicklung weckt Assoziationen an Frankreich, das – wenngleich in friedlicher und zivilisierter Form – seine Regionalsprachen durch kulturelle Dominanz, Arroganz und Ignoranz innerhalb weniger Generationen bis auf wenige Reste ausgemerzt hat. In einem europäischen Zentralstaat wie Frankreich fungieren Schule wie Medien genauso wie in China als Vehikel der kulturellen und sprachlichen Assimilierung, hier wie dort wird die Minderheitenkultur auf eine folkloristische und kulinarische Nische reduziert. Hier wie dort haben Regionalsprachen den Status eines Idioms für Zurückgebliebene vom Lande. Ohne Assimilierung keine Karrierechancen.

Just in diesen Monaten urteilt der französische Verfassungsgerichtshof, der von der Regierung vorgeschlagene verstärkte „Immersionsunterricht" auf Baskisch, Bretonisch, Korsisch, Elsässisch und so weiter sei verfassungswidrig.[60] Solange Europa,

---

58 Vgl. z. B. www.npr.org, 03.02.2022.
59 Vgl. www.bbc.com, 01.09.2020.
60 Vgl. www.lemonde.fr, 26.05.2021.

da bleibt Frankreich beileibe kein Einzelfall, mit schlechtem Beispiel vorangeht, ist es kein Wunder, dass China westliche Kritik mit dem Vorwurf der Doppelzüngigkeit kontert – wohl wissend, dass der Vergleich hinkt. In Europa riskiert nämlich immerhin niemand Repressalien, wenn er gegen die Diskriminierung der Regionalsprachen demonstriert.

Für die folkloristische Wertschätzung der Minderheitenkultur findet sich in Jinghong ein wunderschönes Beispiel. Anstatt des sonst verbreiteten Kitsches wird den Gästen hier eine professionelle Show im Stil und in Kooperation mit dem Cirque du Soleil geboten.

Die sprachliche Umerziehung in China beinhaltet noch eine weitere Komponente. Ziel sind dabei nicht ethnische Minderheiten, sondern die Dialekte innerhalb der Han-Bevölkerung, darunter das Kantonesische mit 60 bis 80 Millionen Sprechern. Der Staat verfolgt seit dem Ende der Kaiserzeit das erklärte und zutiefst zentralistische Ziel, Mandarin („Putonghua") überall durchzusetzen. Vereinheitlichung, nicht kulturelle Vielfalt lautet die Devise. Die meisten Han-Chinesen empfinden die Ausmerzung abweichender Sprachen und Dialekte nicht als rassistisch, sondern als zentralstaatliche Normalität. Die Unterschiede zwischen den Dialekten, die manche Linguisten als eigenständige Sprachen ansehen, sind so groß, dass bis heute alle Sendungen mit Untertiteln ausgestrahlt werden, denn alle Han-Chinesen verwenden dieselben Schriftzeichen. Nach amtlichen Angaben sprechen mittlerweile 81 % Mandarin, 2002 waren es erst 53 %.[61]

Einige Kilometer hinter dem Neubau der Schule geraten wir in einen Stau, Polizeikontrolle. Unser Fahrer meint, die Fahndung richte sich gegen Drogenschmuggler, das „goldene Dreieck" ist nicht weit. Weiter in Richtung Grenze wollen wir gar nicht und absolvieren lieber das konventionelle Programm im Nationalpark, zum Leidwesen der vier Kinder auch diesmal ohne Shuttlebus.

---

61 Vgl. www.chinadaily.com.cn, 02.06.2021.

Zum Abschluss unserer Yunnan-Expedition nehmen wir auf eigene Faust ein DiDi-Taxi in ein Tee-Anbaugebiet. Sogar in den Tropen kann es auf 1 000 Meter Höhe und bei Nebel empfindlich frisch werden. Die Plantagen sind das Gegenteil der akkurat gestutzten, von Unkraut befreiten und chemisch intensiv behandelten in Hangzhou. Sträucher und Gräser haben sich zwischen den Teebüschen angesiedelt.

Als wir am Ortsrand eine Pause einlegen, lädt uns ein Teebauer zur Verkostung und zum Aufwärmen in seine professionell aufgemachte Probierstube ein. Rustikal und gemütlich, hier könnte genauso gut ein europäischer Winzer am Werk sein. Er will uns gar nichts verkaufen, die exotischen Gäste finden er und seine Frau viel spannender. Seinen in Platten gepressten Edel-Tee versendet er an Kenner, Teehäuser und Restaurants im ganzen Land. Bio-Qualität hat auch hier ihren Preis, der Geländewagen vor der Tür zeugt von seinem Erfolg.

Unten im Dorf steht die Tür der örtlichen Krankenstation offen. Im Vergleich zu reichen westlichen Ländern ist die medizinische Versorgung speziell im ländlichen China immer noch rudimentär, es herrscht Ärztemangel.[62] Die Krankenstation besteht aus einem spartanischen Raum mit ein paar Krankenbetten sowie Vorräten an Medikamenten und medizinischen Utensilien. Der Sanitäter hat an diesem Tag glücklicherweise nichts zu tun. Landesweit liegt die Lebenserwartung Neugeborener knapp vier Jahre unter derjenigen in Deutschland.[63] Die wohlhabenden Metropolen an der Ostküste haben dagegen fast gleichbezogen. Dort verfolge ich von Berufs wegen Diskussionen, wie künftig die Pflege der Alten sichergestellt werden soll.

Mit vielen Eindrücken im Gepäck fliegen wir den Weihnachtstagen in Shanghai entgegen. Religiöse Feiertage kennt der Kalender nicht. Verena, Alma und Marina stemmen die Vorbereitung ohne mich. Zum ersten Mal zieht der Duft von Vanille-

---

62 Vgl. www.weforum.org, 17.09.2018.
63 Vgl. www.wikipedia.org, List of Countries by Life Expectancy.

kipferln durch die Wohnung. Verena hat alles aufgetrieben, was in Shanghai nicht zum Standardsortiment gehört: Käsefondue, Glühwein und tatsächlich einen echten Tannenbaum. In unserem Fundus findet sich noch ein kleiner Karton mit Adventsdekor, Verena hat beim Umzug nichts dem Zufall überlassen. Alma hat während unserer Reise einen Stoff-Yak als Geschenk für Willy erstanden. Darüber hinaus beteiligen wir uns nicht am alljährlichen Konsumrausch, dessen Höhepunkte auch in China im Winter liegen. Wir skypen mit unseren Familien in Deutschland, nicht ohne Wehmut, und verbringen entspannte Abende.

Ruhiger als uns lieb ist verläuft der Silvesterabend. Gemeinsam mit Freunden finden wir uns kurz vor Mitternacht am Bund ein, um die angekündigte Lichtershow mit musikalischer Umrahmung zu verfolgen. Feuerwerke gehören in der Innenstadt von Shanghai aus Sicherheitsgründen der Vergangenheit an. Doch anstelle der Show sehen wir ein müdes Geflacker, nach kaum fünf Minuten ist es schon wieder vorbei. Die Menge zerstreut sich, die Coronaprävention genießt Vorrang. Nicht der schönste, aber ein passender Schlusspunkt unter das Jahr 2020.

Richtig einsam wird es im Freien, als Anfang Januar eine Kältewelle Shanghai trifft. Die Nachttemperatur stürzt auf minus acht Grad, bei steifem Nordwind fühlt es sich arktisch an. Während die Zierteiche in den Parks zufrieren, taut Willy auf. Mit seinem dicken Fell ist er für solches Wetter wie geschaffen. Es kann ihm nicht oft genug nach draußen gehen.

Viele Kinder erleben zum ersten Mal natürliches Eis. Am Rand der Teiche wird fleißig gehackt, um eine Eisscholle als seltene Trophäe zu ergattern. Die Kälte setzt den Gebäuden zu: In den kommenden Wochen und Monaten lösen sich Platten von den Fassaden der Hochhäuser in unserem Viertel, Wege müssen gesperrt werden. Vor unserem Haus durchschlägt eine solche Platte mit ohrenbetäubendem Knall das Glasdach der Auffahrt. Es grenzt an ein Wunder, dass niemand zu Schaden kommt. Mehrere Tage müssen wir den Nebeneingang durch den Keller nehmen. Nach dem Frost tropft und leckt es an vielen Stellen. Im

Eingangsbereich unseres Hochhauses stehen Eimer, Handwerker machen sich an eine provisorische Reparatur.

Kurz vor dem Jahreswechsel 2020/2021 erhält der erste Covid-Impfstoff „made in China" die Zulassung. Langsam läuft die Impfkampagne an. Außerdem stellt China den Impfstoff einer Reihe von Entwicklungs- und Schwellenländern zur Verfügung. Die anfängliche Euphorie verfliegt, nachdem das Präparat im Praxistest je nach Rahmenbedingungen nur zu 50–80 % vor einer Infektion schützt. Im internationalen Vergleich liegen die chinesischen Impfstoffe allenfalls im Mittelfeld, doch nach dem Imagedesaster um Wuhan und hartnäckigen Vertuschungsvorwürfen aus dem Ausland achtet man in dieser Frage auf korrekte und zeitnahe Information.

Im Fernsehen mühen sich Experten, die Öffentlichkeit von den Vorzügen einer Impfung zu überzeugen, denn ähnlich wie andere Präparate verringern auch die chinesischen das Risiko eines schweren Krankheitsverlaufs. Die Impfskepsis bleibt zunächst groß. Die Krisenmanager der Pandemie werden dabei Opfer ihres eigenen Erfolgs. Da im ganzen Land allenfalls wenige Dutzend Infektionsfälle am Tag auftreten, sehen viele Menschen keine Notwendigkeit, sich impfen zu lassen.

Angesichts der Skepsis wird mit naheliegenden Ansätzen nachgeholfen. Als Erstes werden Mitarbeiter in Gesundheitsberufen, Sicherheitskräfte und Menschen geimpft, die mit Einreisenden aus dem Ausland sowie mit Importgut zu tun haben, außerdem Angehörige des Staatsapparats, wie immer beginnend in der Reichshauptstadt. Mit steigender Verfügbarkeit des Impfstoffs werden dann ganze Betriebe angesprochen, aber nicht verpflichtet. Auch bei meiner Firma geht ein Angebot der zuständigen Behörden ein. Nachdem eine informelle Umfrage mangelndes Interesse der Mitarbeiter signalisiert, lehnen wir dankend ab. Allmählich wird das Impfangebot auf die allgemeine Öffentlichkeit ausgedehnt. Ausländer zählen in der Regel nicht dazu, je nach Provinz und Betrieb findet sich aber meistens eine Lösung für die Willigen.

Regierung wie Experten lassen keinen Zweifel daran, dass an einer hohen Impfquote kein Weg vorbeiführt und noch wirksamere Impfstoffe benötigt würden. Zuvor werde man die Grenzen nicht öffnen, um keine Überforderung des Gesundheitssystems zu riskieren. Trotz dieser Erkenntnis erfolgt keine Zulassung nachweislich wirksamerer Impfstoffe aus dem Ausland. Unausgesprochener Grund für den Impfnationalismus ist der Umstand, dass umgekehrt die chinesischen Präparate insbesondere in Europa und den USA keine Zulassung erhalten. So uneingeschränkt gilt das Primat von Leben und Gesundheit also doch nicht.

Almas Abitur rückt näher, sie lernt fast Tag und Nacht, ohne dass eine Tigermama sie drängen würde. Den ganzen Winter über hat China mit kleineren Infektionsherden zu kämpfen. Klein heißt zu diesem Zeitpunkt noch wirklich klein, schon wenige Einzelfälle haben ein massives Einschreiten der Behörden zur Folge. Das erprobte Strickmuster funktioniert jedes Mal wieder, neue Varianten wie Delta und Omikron stellen noch keine Bedrohung dar. Mit dem herannahenden Neujahrsfest droht die alljährliche innerchinesische Völkerwanderung die ausgeklügelte Corona-Prävention zunichtezumachen. Anstelle eines expliziten Reiseverbots verkünden die Behörden ein Potpourri detailreicher, widersprüchlicher, teils unklarer Vorgaben, die den gewünschten Abschreckungseffekt erzielen. Unzählige Reisen werden storniert, auch wir sehen von einem ursprünglich geplanten Trip an die Seidenstraße ab.

Stattdessen buchen ein paar Tage in einem kleinen, einsamen Landhotel inmitten der Bambuswälder von Moganshan. Dieses Mittelgebirge nördlich von Hangzhou erreichen wir bequem mit dem Auto, es verspricht Erholung in klarer Luft, Willy können wir mitnehmen. Vor den Aufbruch hat die örtliche Verwaltung den PCR-Test gesetzt. Der hat es an diesem Tag in sich. Am Testzentrum vor dem nahegelegenen Krankenhaus reihen wir uns in die Warteschlange ein. Station eins ist die Registrierung an einem Automaten in Selbstbedienung. Quälend langsam geht es voran, weil die Anweisungen auf dem Touchscreen schwer verständlich sind.

Verena schafft es als Einzige von uns vieren gerade noch, sich zu registrieren, da schaltet der Automat ab, von 12 bis 14 Uhr ist nämlich Mittagspause. Wir sind sauer, es gießt wie aus Kübeln. Bei diesem Wetter verspüren wir keine Lust, zweimal aus dem Haus zu gehen und lange auf ein Taxi zu warten. Es ist der erste von sieben freien Tagen. DiDi-Fahrer brauchen auch einmal eine Auszeit und bei Regen sind Taxis schon an normalen Tagen knapp.

Eine Familie und ein Ehepaar hinter uns sind noch saurer, wutentbrannt beginnen sie lauthals zu schimpfen. Heftig gestikulierend umringen sie die Mitarbeiter des Testzentrums, die sich gerade in die Mittagspause verabschieden. Wir machen das, was in einer solchen Lage zu tun ist, nämlich ausharren und die nächste Chance abpassen. Tatsächlich gelingt es unseren Mitwartenden, im Krankenhaus den zuständigen Manager aufzutreiben. Als der erscheint, machen sie ihm klar, dass er seinen Laden anständig zu organisieren habe. Wer sich rechtzeitig angestellt habe, habe auch Anspruch darauf, getestet zu werden. Bereitwillig geben wir als die Ersten in der Schlange zu Protokoll, dass wir um 11.35 Uhr, also wirklich rechtzeitig vor der Mittagspause, eingetroffen seien.

Der Manager entschuldigt sich wortreich. Nachdem von den Mitarbeitern des Testzentrums inzwischen keiner mehr da ist, muss er zurück ins Krankenhaus, um eine andere Lösung zu suchen. Die findet er schneller als gedacht – durch die Pfützen führt er uns zu einem versteckten Hintereingang. Dort liegt ein spezieller Schalter, an dem Fieberpatienten getestet werden. Exakt in dem Moment, als die Teststäbchen in meiner Nase kitzeln, schickt uns das Hotel aus Moganshan eine eilige Nachricht: Soeben habe die örtliche Verwaltung die Testpflicht aufgehoben. Dem Frieden trauen wir nicht und bringen den Test zu Ende. Gegen 13 Uhr haben wir es geschafft. Das Ehepaar neben uns ist ebenso erleichtert. Der Verwandtenbesuch in Hangzhou ist Pflicht, schlimm genug, dass sie das Festmahl versäumt haben.

Am nächsten Morgen radle ich mit den Quittungen zum Testzentrum, um die Ergebnisse am Automaten auszudrucken, doch der Automat streikt. Die Assistentin rät mir, nach der Reparatur am nächsten Tag wiederzukommen. So kann ich meiner Familie nicht unter die Augen treten. Ich beginne mich durchzufragen, bis mir eine Ärztin den entscheidenden Tipp gibt: Gegenüber der Apotheke in der Eingangshalle des Krankenhauses stehe noch ein Automat. Wirklich geheim ist der nicht, aber um den Publikumsverkehr zu reduzieren, werden die Leute einfach auf die Geräte im Freien verwiesen. Wer nicht nachfragt, ist selbst schuld.

Im rustikalen Hotel sind wir die einzigen Gäste, ja sogar die allerersten Gäste der Saison 2021 überhaupt. Die Abschreckung hat volle Wirkung entfaltet. Die Eigentümer sitzen seit Ausbruch der Pandemie in Neuseeland fest. Deshalb führen die Mitarbeiter das Haus jetzt in Eigenregie. Erst einmal müssen die Zimmer beheizt werden, bevor wir es uns dort gemütlich machen. Unsere Bleibe hat nichts gemein mit den Hotelpalästen in den Großstädten oder Tourismushochburgen. In ländlichen Gegenden hat sich eine Mischung aus angelsächsischem Bed and Breakfast und französischem Landhotel entwickelt. Viele Familien leben inzwischen recht gut davon, der Wohlstand in den Städten strahlt dadurch auf die umliegenden Regionen ab.

Hier gibt es weder Pendelbusse noch Fremdenführer noch Überwachungskameras, nur Waldwege zu einsamen Gehöften. Nach Belieben können wir durch die Wälder pirschen. Kein einziger Wegweiser hilft bei der Orientierung, Erschließung findet in China nur ganz oder gar nicht statt. Zum Glück kennt meine Outdoor-App beinahe jeden Trampelpfad auf dem Planeten. Manchmal müssen wir Gatter überwinden, überwucherte Wege sind kaum mehr zu erkennen, aber die App führt uns dank GPS sicher ans Ziel, bei einer Abweichung von höchstens 10–20 Metern.

Auf der Kuppe eines Hügels, der hier die stolze Höhe von 700 Metern erreicht, betreibt ein Teebauer an Sonntagen eine Jausenstation. Von seiner aus groben Bohlen zusammengezimmerten Terrasse bietet sich den Gästen ein Fernblick auf das grüne Hinterland. Wir waren schon einmal da, wie so oft nicht nur als die einzigen Ausländer, sondern auch als Einzige zu Fuß. Die anderen Gäste sind mit dem Allradfahrzeug gekommen, so weit es das Gelände eben zulässt. Ein Expat hat seine chinesische Freundin im Sonntagsstaat bis vor die Haustür kutschiert.

Dank moderner Pfadfindertechnik gelangen wir weiter in ein Dorf im Nachbartal. Dessen Hauptsehenswürdigkeit ist ein wildromantischer Tobel mit Wasserfällen, Gumpen und steilen Felspassagen. Eintrittsgeld wird in diesen Tagen nicht erhoben, um Besucher anzulocken, die man wenige Tage zuvor noch mit komplizierten Vorschriften vergrault hat. Es soll uns recht sein, wir drehen eine Platzrunde, stärken uns und marschieren dann zurück. Auf der engen Fahrstraße kommt uns eine Gruppe Rennradfahrer bergab entgegen, einige schieben. Rennradfahren erfordert in China Mut. Auf der Landstraße wird rücksichtslos überholt, auf Nebenstrecken wie hier wird der Fahrbelag zum Risiko. Am sichersten fährt es sich in der Stadt, wo separate Radspuren oder Radwege für Abstand sorgen. Leider fehlt dort das Flair. Mein geliebtes Rennrad bleibt die ganze Zeit über eingemottet.

Als uns Tian einige Tage später abholt, verkneift er sich einen Kommentar darüber, wo wir uns wieder herumgetrieben hätten. Nie käme er auf die Idee, seine Freizeit in ländlicher Abgeschiedenheit zu verbringen. Damit steht er nicht allein da. Die wenigen Gäste, die sich nach uns noch eingestellt haben, waren mit einer Ausnahme Ausländer, die so wie wir eine Auszeit von der Großstadt brauchen.

In den folgenden zwei Monaten kommt wieder so etwas wie Routine auf, nach Schule und Arbeit gehen wir gemeinsam ins Fitnessstudio in einer Mall um die Ecke. Beim Zirkeltraining legen manche Teilnehmer los wie besessen, quälen sich bis zur Schmerzgrenze. An der Kräfteeinteilung hapert es, am Ende der Übungen bleiben sie schwer keuchend liegen. Unwillkürlich muss ich an unseren repairman denken.

Da die Räumlichkeiten des Studios noch nicht fertiggestellt sind, findet das Training auf einer Freifläche inmitten von Restaurants und Geschäften statt. Es sind provisorisch Matten ausgelegt, ringsum hat man ein Netz gespannt wie auf dem Trampolin. Für Werbezwecke ist der Standort in aller Öffentlichkeit ideal gewählt. Die Passanten können sich selbst von der Qualität des Trainings überzeugen, sehen und riechen, wie der Schweiß der ersten Kunden in Strömen fließt. Als Teilnehmer blenden wir die Angst aus, uns coram publico zu blamieren.

Das Restaurant gleich nebenan ist ein absoluter Publikumsmagnet, bekannt für außergewöhnlichen Service. Wir sind nicht nur zum Quälen da, deshalb lassen wir beim nächsten Mal den Trainingskäfig links liegen und gönnen uns einen Hotpot. Die Show beginnt schon beim Eintreffen der Gäste. Am Eingang der Mall begrüßt uns ein kitschig kostümierter Mitarbeiter, geleitet uns zu seinem Kollegen eine Rolltreppe weiter unten und so weiter, bis wir mit Hilfe des dritten oder vierten an unserem Tisch landen. An diesem Abend müssen wir nicht warten – sehr zu Marinas Bedauern, denn den weiblichen Gästen wird die Wartezeit im restauranteigenen Nagelstudio kostenlos verkürzt. Mir ist es so lieber, aber wir versprechen, das nächste Mal gezielt während der Stoßzeiten zu kommen, damit die Schönheit garantiert zu ihrem Recht kommt.

Wie beim traditionellen Fondue-Essen verpasst man uns Schürzen, damit unsere Kleidung den Abend unbeschadet übersteht. Bei den Brühen endet die Ähnlichkeit mit dem helvetischen Vorbild, die meisten sind scharf. Glücklicherweise besteht die Wahl zwischen scharf und höllisch scharf. Für empfindliche Gaumen und Vegetarier werden neumodische milde Varianten wie Tomaten- oder Pilzbrühe angeboten. Gästen, die gerne alles durchprobieren, wird die Kombivariante mit mehreren getrennten Schalen serviert. Sobald der Kellner angefeuert hat, tunken wir Gemüse, Fleisch und Fisch aus Dutzenden kleinen Schüsselchen und Platten. Jeder bekommt was er will, wir probieren wild durcheinander. Vom Buffet in der Ecke holen wir uns Saucen aller Geschmacksrichtungen, wie beim Fondue sind der Fantasie keine Grenzen gesetzt.

Zur Unterhaltung der Gäste vollführt ein Nudelmacher Kunststücke wie im Zirkus. Zwischen den Tischreihen dreht und schleudert er meterlange Nudeln so lange, bis sie die gewünschte Länge und Konsistenz erreicht haben. Zu Geburtstagen trägt die Musikcrew am Tisch des Geburtstagskinds ein Ständchen vor – laut, schrill und bunt wie alles hier. In Europa undenkbar, funktioniert das Konzept hier bestens. Das Lokal erscheint uns wie die Inkarnation des römischen Grundsatzes „panem et circenses" – solange die Menschen genug zu essen und ihren Spaß haben, mucken sie nicht auf.

Weil Eltern das Gelände der Deutschen Schule wegen der Corona-Maßnahmen immer noch nicht betreten dürfen, wird ein Elternabend kurzerhand in ein Nebenzimmer des Restaurants verlegt. Obwohl es dort ruhiger zugeht, wird es einer der angeregtesten und lustigsten seit langem. Angesichts der hohen Zahl an Mitarbeitern überrascht uns die Nachricht nicht, dass die Restaurantkette trotz regen Andrangs in Schwierigkeiten steckt. Die Lösung soll ein nicht minder ausgefallener Marketinggag bringen: das erste vollautomatische, ausschließlich mit Robotern betriebene Hotpot-Restaurant. Allzu gerne hätten wir auch dieses Konzept erlebt, doch solche Dinge benötigen selbst in China Zeit.

Verena, Alma und Marina nehmen zusätzlich zum Training im Studio an den Yogarunden bei einer Nachbarin teil. Abends demonstrieren sie im Wohnzimmer die neuesten Kunststücke und führen mir meine eigene Ungelenkigkeit umso deutlicher vor Augen. Marina hat die Hoffnung noch nicht aufgegeben, dass ich irgendwann noch den Spagat schaffe. Mit mäßigem Erfolg verordnet sie mir entsprechende Übungen. An den Wochenenden unternehmen Verena und ich lange Spaziergänge. Die Stadt erweist sich auf den zweiten Blick als fußgängerfreundlicher als gedacht.

Mit dem Frühjahr fallen die Infektionszahlen weiter, wie geplant kann ich an einer Tagung in der Reichshauptstadt teilnehmen. Weil hochrangige Redner auftreten, werden alle Teilnehmer am Vortag einem PCR-Test am Tagungsort unterzogen. Mein drei oder vier Tage alter PCR-Test aus Shanghai reicht nicht aus. Hat sich China schon von der Welt abgeschottet, lebt die Staatsführung innerhalb Chinas in ihrer zusätzlichen Blase.

Während einer längeren Tagungspause gehe ich in den benachbarten Park, wo die Pekinger bei einer Runde um den See die wärmende Frühlingssonne genießen. In einer ruhigen Ecke stoße ich unvermittelt auf einen der vielzitierten „Heiratsmärkte", es gibt sie also tatsächlich. Ältere Herrschaften haben auf den Bänken oder einfach am Boden DIN-A4-Blätter mit den wichtigsten Informationen zu ihren Söhnen und Töchtern ausgelegt. Darauf steht beispielsweise:

> „… meine Tochter, Jahrgang 1984 (Jahr der Maus), 1,72 m groß, 55 kg, Abschluss Universität Tianjin, Abteilungsleiterin der xy-Fabrik in Peking, Jahresgehalt 300.000 RMB, kultiviert, guter Charakter, gutaussehend …"

> oder

> „Tochter, 36 Jahre, 1,65 m groß, 48 kg, Abschluss Universität xy, Beamtin bei der Zentralregierung, Parteimitglied, Wohnung vorhanden …"

Meine Neugier stelle ich zurück und stelle keine Fragen. Meine Absichten könnten missverstanden werden, außerdem möchte ich bei den Eltern kein Salz in die Wunde streuen.

Die allermeisten Vorträge bei der Veranstaltung drehen sich um Wirtschaftsthemen, was auf Dauer selbst den interessiertesten Ökonomen ermüdet. Im Programmheft findet sich unverhoffte Abwechslung. Zum 100. Gründungsjubiläum der KP im Jahr 2021 haben die Veranstalter eine Vortrags- und Diskussionsrunde zu der Frage angesetzt, wie es die Partei schafft, sich seit über 70 Jahren an der Macht zu halten. Als Hauptreferenten sind ein paar ältere „China-Experten" aus Oxford oder Cambridge engagiert, zuvor lange Jahre in China tätig und natürlich nicht unabhängig.

Von Zensur, Unterdrückung und dem Tiananmen-Massaker als Garanten des Machterhalts ist erwartungsgemäß nicht die Rede. Trotzdem oder vielleicht gerade deshalb lohnt sich der Besuch der Veranstaltung, weil sie Aufschlüsse liefert, wie das System von innen tickt und welche konstruktiven Elemente ein solches System stabilisieren. Bemerkenswert, wie so oft, ist das nicht Gesagte: Von Ideologie ist an keiner Stelle ernsthaft die Rede.

An erster Stelle nennen die Referenten die Fähigkeit, aus eigenen Fehlern sowie aus Fehlern anderer zu lernen. Anders als ihre europäischen Genossen hätte die chinesische KP in den 1980er-Jahren das alte Wirtschaftsmodell rechtzeitig aufgegeben und das Land auf Modernisierungs- und Wachstumskurs geführt. Dabei gehe man pragmatisch, ohne Scheuklappen und mit Bereitschaft zu Experimenten vor. Man plane langfristig, setze sich realistische Ziele und höre auf die Ratschläge von Wissenschaftlern und Fachleuten. Last, but not least sei die Partei nahe bei den Menschen und höre auf deren Wünsche und Sorgen.

Letzteres mag ich nicht beurteilen, aber vieles davon stimmt. Kein Tag vergeht, an dem nicht neue Modellprojekte, Förderprogramme oder Strategien aus der Taufe gehoben werden. Man legt einfach los, das Risiko des Scheiterns wird in Kauf genommen. Damit man jederzeit wieder umkehren kann und sich Misserfolge nicht allzu schlimm auswirken, gehen die Verantwortlichen schrittweise und in Pilotbereichen vor. Das Muster wiederholt sich von der Einführung der Mülltrennung über die Immobiliensteuer, wo jeweils ein paar große Städte den Vorreiter spielen, bis zum Versuch, die eigene Währung international zu etablieren. Wie im Sport herrscht keine Scheu, politische oder wirtschaftliche Konkurrenten zu kopieren, wenn deren Methode Erfolg verspricht. Gelegentliche Rückschläge liegen in der Natur der Sache und werden in Kauf genommen.

Zu den einprägsamen Beispielen vor Ort zählt der Transrapid in Shanghai. Technisch funktioniert er einwandfrei, doch ich selbst habe ihn nur ein einziges Mal benutzt, und zwar während einer Stippvisite vor meiner Entsendung. Wir haben auch niemanden kennengelernt, der regelmäßig damit zum Flughafen fährt. Leider hat man es nicht geschafft, den Transrapid mit den Verkehrsknoten in der Innenstadt zu verknüpfen, der Transrapid-Bahnhof liegt irgendwo in der Vorstadt. Die gesonderte Anfahrt, das Umsteigen mit Gepäck und die Sicherheitskontrollen fressen die Zeitersparnis gleich wieder auf. Obendrein ist die Fahrt etwa zehnmal so teuer wie mit der U-Bahn. So gibt es derzeit keine Nachfolgeprojekte, in Shanghai sammelt man weiter Erfahrung für den Fall, dass sich für die Technologie noch ein geeigneter Einsatzbereich findet.

Allerdings beschränken sich intellektuelle Offenheit und Experimentierfreude auf Wirtschaft, Naturwissenschaft und Technologie. In Politik, Bildung, Kultur, Medien, ja in praktisch jeder Facette der Gesellschaftspolitik lässt die Neigung zu Experimenten nach, die Partei zieht die Zügel spürbar an. Lernen von anderen ist dort nur noch dann en vogue, wenn die Inhalte in das stramm nationalistische Weltbild passen.

Nach glaubhaften Berichten feiert die Denunziation abweichender oder auch nur missverständlicher Meinungen an den Schulen und Universitäten fröhliche Urständ[64], den wissenschaftlichen Fortschritt fördert das nicht. Die aggressive Rhetorik zu den „nationalen Kerninteressen" verschließt sich jedem Erkenntnisgewinn. All das wird bei der Tagung nicht erwähnt. Wenn die These der britischen Professoren stimmt, dann praktiziert die chinesische Führung in vielerlei Hinsicht inzwischen das Gegenteil ihres langjährigen Erfolgsrezepts. Der Aufstieg Chinas könnte rascher ins Stocken geraten, als ihr lieb ist. Wenn die These dann immer noch stimmt, kann man es im Misserfolgsfall ja mit einem anderen Führungspersonal versuchen.

Daheim beschäftigen wir uns weniger mit Weltpolitik als mit praktischen Dingen. Nachdem wir schon eineinhalb Jahre da sind, benötigen wir für das eine oder andere Kleidungsstück allmählich Ersatz. Für Alma und mich kein Problem, in Shanghai herrscht kein Mangel an Einkaufsmöglichkeiten. Für Verena und Marina dagegen schon, denn sie sind groß gewachsen. In den meisten Geschäften endet die Damenkonfektion bei Größe 38, die Schuhgröße für Damen bei 37 oder 38. Sie müssen lange

---

64 Vgl. u. a. www.faz.net, 21.12.2021.

suchen, um passende Schuhe zu finden, bei Sportschuhen weichen sie schon einmal in die Herrenabteilung aus. Auf Empfehlung eines Freundes, der ebenfalls jedes chinesische Modemaß sprengt, suchen wir einen Maßschneider auf. Anders als im Westen ist das hier kein Luxus, sondern solides Handwerk für jedermann. Richtig teuer wird es eher bei ausländischen Markenartikeln von der Stange.

Luxusprobleme treiben die Reichen um. Die beliebten Shoppingtouren ins Ausland finden nicht mehr statt. Irgendwie muss Nachschub an Edelhandtaschen und weiteren kostspieligen Accessoires her. Vor den Läden der einschlägigen Marken bilden sich lange Schlangen, erst recht als französische Hersteller ankündigen, die Preise um 20 % zu erhöhen.

Ist das edle Stück erstanden, trägt es in Shanghai der Mann seiner Liebsten oft hinterher. Wir erfahren, dass dieses Phänomen äußerer Ausdruck eines in Shanghai seit langem verwurzelten Matriarchats ist. Kaum jemand spricht das Thema von sich aus an. Als ich systematisch nachbohre, lassen die Antworten keine Zweifel aufkommen. Tian führt den Haushalt und kocht für die Familie, wann immer es seine Zeit zulässt. Seine Tochter hat gar nicht erst Kochen gelernt. Sie erwartet, dass ein künftiger Partner diese Qualifikation mitbringt.

Besonders in finanzieller Hinsicht haben die Frauen die Hosen an, bald nach der Hochzeit übernehmen sie die Kontrolle über das Konto. Manche Männer, und das betrifft keineswegs nur die Unterschicht, leben von dem ihnen zugewiesenen „Taschengeld". Ihre Frauen kontrollieren die Ausgaben mit Hilfe der Bezahlfunktion des Handys. Glücklich, wer da noch über Bargeld verfügt.

Expats mit einer Partnerin aus Shanghai erleiden in der Regel dasselbe Schicksal. Eines Tages erwähnt ein europäischer Kollege am Rande einer Besprechung, er sei der Liebe wegen in Shanghai hängen geblieben. Unverblümt frage ich ihn, ob auch er seiner Frau die Handtasche hinterhertrage. Schlagartig erstarrt die Unterhaltung am Tisch. Ungerührt antwortet er, in Wahrheit sei es schlimmer, seine Frau habe die Finanzen komplett übernommen. Meine Kollegin zur Rechten, ebenfalls aus Shanghai, hat sich inzwischen gefangen. Im Brustton der Überzeugung bekräftigt sie, das gehöre sich so.

Das Matriarchat beschränkt sich nicht auf monetäre Aspekte und äußerliche Symbole. Regelmäßig vernehmen wir Klagen, dass über kurz oder lang die Schwiegereltern ungefragt vor der Tür stehen. Im besten Fall bleibt es bei einem mehrwöchigen Besuch. Ein Expat, der schon lange hier wohnt, hat viele Leidensgeschichten gehört. Er schwört Stein und Bein, um nichts auf der Welt würde er sich mit einer Frau aus Shanghai einlassen. Ein Glück, dass ich verheiratet bin und schon altersbedingt auf dem Heiratsmarkt nicht mehr in das Beuteschema passe. In diesem Moment überkommt mich Dankbarkeit für die Gnade der frühen Geburt.

Die Partnersuche folgt in China anderen Regeln als im Westen. Jeder und jede darf natürlich auf eigene Faust nach dem Partner fürs Leben Ausschau halten, doch oft wirken die Eltern ungefragt mit. Noch mehr als anderswo legen sie Wert darauf, dass ihr Sprössling unter die Haube kommt und ihnen Enkel schenkt. Das erzeugt Druck, besonders bei Einzelkindern. Vielen Singles, die zum Neujahrsfest in die Heimatstadt fahren, graut vor einer peinlichen Befragung. Andere Eltern schreiten zur Tat, treffen aus ihrem Umfeld eine Vorauswahl und arrangieren für ihre Töchter und Söhne Dates mit potenziellen Kandidaten. Ein solches Treffen zu verweigern, käme einem Affront und Gesichtsverlust für die Eltern gleich. Sogar höchst selbstbewusste Singles beteuern mir gegenüber, ihren Eltern zuliebe würden sie in einem solchen Fall die Zähne zusammenbeißen und den Termin gesichtswahrend für alle absolvieren.

Reisebeschränkungen während der Pandemie verschaffen manchem Single eine Verschnaufpause. Einer aus meinem Bekanntenkreis trifft seit dem Lockdown in Wuhan auf immer neue Hindernisse, die einem Familienbesuch entgegenstehen. Seine Mutter bleibt hartnäckig und versucht es mit Online-Dates. Leider greift sie bei der Partnerwahl daneben. Alle Alarmsirenen schrillen, als die vorgeschlagene Dame um einen regelmäßigen Geldtransfer bittet, um Geld für die Hochzeit auf die hohe Kante zu legen. Mein Bekannter gibt sein Bestes, um sie halbwegs gesichtswahrend abzuwimmeln. Er besinnt sich darauf, dass es selbst in Shanghai noch Orte gibt, an denen das WLAN nicht perfekt funktioniert. Mit Empfehlungen halte ich mich zurück, außer mit der, kochen zu lernen, das verbessert seine Erfolgsaussichten vor Ort.

Sobald Frauen ungefähr das 30. und Männer das 35. Lebensjahr überschritten haben, gelten sie nach traditionellen Vorstellungen als überreif, auf dem Land früher als in der Stadt. In manchen Kreisen gilt das immer noch als soziales Stigma. Ich traue meinen Ohren nicht, als sich eines Tages eine Besucherin in der Firma gleich bei der Vorstellung als „one of the leftovers" zu erkennen gibt, dann würde ich es wenigstens nicht von den Kollegen erfahren. Langsam ändern sich aber auch hier die gesellschaftlichen Wertvorstellungen. Manche Eltern finden sich damit ab, dass ihre Kinder lieber Karriere machen oder schlicht keinen Partner finden. Andere sind der Verzweiflung nahe und vermarkten ihren Nachwuchs in aller Öffentlichkeit, wie ich es in Peking erlebt hatte.

Viele Probleme bei der Partnerfindung sind in China hausgemacht und kulturbedingt. Bis vor nicht allzu langer Zeit wurden weibliche Föten massenhaft abgetrieben. Jetzt fehlen Millionen Frauen im heiratsfähigen Alter. Über alle Altersklassen liegt der Männerüberhang bei fast 40 Millionen.[65] Ärmere Männer vor allem auf dem Land haben besonders geringe Erfolgsaussichten. Vielleicht erklärt der demographische Notstand, warum schon Fälle von Menschenschmuggel aus dem Ausland aufgetreten sind[66] und warum sich Männer für ihre Angebetete geradezu zum Affen machen, nicht nur in Shanghai.

Eine weitere Ursache birgt der Umstand, dass das Pendel zwischen Liebe und Zweckbündnis häufiger als in anderen Kulturkreisen zugunsten des Bankkontos ausschlägt, Ausnahmen be-

---

65 Vgl. www.marieclaire.com, 22.01.2013.
66 Vgl. www.share.america.gov, 24.07.2019.

stätigen die Regel. Beim Abendessen im Restaurant beobachten wir junge Paare, die keine Zeit für romantisches Turteln haben. Sie tauschen lieber Informationen über Wohnung, Auto und sonstigen Besitz aus. Eine beruflich erfolgreiche Single-Frau erzählt mir im Vertrauen, sie habe nicht jahrelang gebüffelt und hart gearbeitet, um einen Mann unterhalb ihres Bildungs- und Einkommensniveaus zu heiraten. Im Zweifel wird dann lieber gar nicht geheiratet, sie scheint das konsequent durchzuziehen. Ob dieser Härte gegenüber anderen und sich selbst muss ich erst einmal schlucken.

Eltern wissen um den Marktwert ihrer Töchter. Als Eintrittskarte wird vom künftigen Schwiegersohn oft eine Eigentumswohnung erwartet, in die das nicht mehr ganz so junge Paar einziehen kann. Berufsanfänger können sich nämlich den Kauf einer Wohnung normalerweise nicht leisten, deshalb ist jahrelange Geduld gefragt. Wegen der astronomischen Immobilienpreise bleibt nach Abzug der Hypothekenrate vielen kaum mehr etwas zum Leben, die traurige Sprachschöpfung des „Immobiliensklaven" bringt es auf den Punkt. Ebenso wie in den meisten westlichen Ländern steigt das Heiratsalter, auch deshalb sinkt die Geburtenrate.[67]

Wenn ohne die große Liebe geheiratet wird, muss das für die Betroffenen kein Beinbruch sein. Sofern es die Mittel erlauben und die Kinderbetreuung durch Oma sichergestellt ist, gehen solche Partner im Alltag häufig getrennte Wege mit Freunden, Freundinnen oder im Kollegenkreis. Wenn wir ausgehen, sehen wir deutlich mehr reine Männer- und Frauenrunden als zu Hause. Selbst verreist wird nicht notwendigerweise zu zweit. Eine Bekannte hat bei der chinesischen Ausgabe des „Black Friday" bei einer Fluglinie ein Schnäppchenticket ergattert. Damit kann sie monatelang innerhalb Chinas fliegen, so oft und wohin sie will, ihr Mann bleibt derweil mit dem kleinen Sohn zu Hause.

---

67 Vgl. www.chinadialy.com.cn, 21.01.2022.

Der Charakter der Zweckgemeinschaft zeigt sich besonders in finanziellen Belangen. Eine andere Bekannte möchte eine sündhaft teure Wohnung in London kaufen, doch die Bank ziert sich, ihr ein Darlehen zu gewähren. Stattdessen nimmt sie das Hypothekendarlehen bei ihrem noch wohlhabenderen Mann auf, zu marktüblichen Konditionen versteht sich.

Für die Immobilie nehmen Ehepaare Entbehrungen auf sich. Um der Überhitzung auf dem Immobilienmarkt entgegenzuwirken, beschränken Vorschriften vielerorts den Erwerb von Wohnungen auf ein oder zwei pro Haushalt. Diese Regel lässt sich völlig legal aushebeln, und zwar durch Scheidung. Aus einem Haushalt mach zwei, dem Gang zum Notar steht nichts mehr im Wege. Anschließend wird ohne großes Brimborium erneut geheiratet.

Die statistische Häufung von Scheinscheidungen mit baldiger Wiederverheiratung hat den Gesetzgeber auf den Plan gerufen. Einige Städte, einschließlich Shanghais, verlangen inzwischen eine Wartezeit nach der Scheidung, bis der Single-Haushalt beim Wohnungskauf als solcher anerkannt wird.[68] Die Regierung ergreift außerdem zur Wahrung der sozialen Stabilität Maßnahmen, um Spontanscheidungen zu vermeiden. Die Partner sollen sich ausreichend Zeit nehmen, um ihre Entscheidung reiflich zu überdenken. Scheidungsanträge werden seither erst nach Ablauf einer 30-tägigen „cooling-off period" abschließend bearbeitet. Die Scheidungswilligen müssen persönlich beim Standesamt erscheinen. Nach einer Stichprobe aus Wuhan hat sich das Verfahren bewährt, die Zahl der Scheidungsanträge sei signifikant gesunken.[69]

Angesichts von so viel Pragmatismus tröstet es mich, zu erfahren, dass eine Kollegin für sich und ihren Mann ein Hotelwochenende in trauter Zweisamkeit gebucht hat, weil das gut für die Beziehung sei.

---

68 Vgl. www.bloombergquint.com, 25.01.2021.
69 Vgl. www.chinadaily.com.cn, 18.03.2021.

Genauso spannend wie für uns die Einblicke in die Landes-
sitten sind für meine einheimischen Gesprächspartner, was ich
ihnen über Deutschland berichte. Die Kenntnisse über Deutschland erschöpfen sich meistens in den durchwegs positiv besetzten
Aspekten Autos, Bier, Fußball und Angela Merkel. Die Beliebtheit einer westlichen Politikerin bei Anhängern einer Diktatur
spricht für sich.

Als ich unter anderem das rege Vereinsleben in Deutschland
und Unternehmen in Form einer Genossenschaft erwähne, erkennen sie darin Indizien für einen fortgeschrittenen Kommunismus. Als ich dann hinzufüge, dass Genossenschaften und Ver-
eine basisdemokratische Wahlen praktizieren, wird ihnen klar,
warum solche Modelle in China keine Chance haben.

Ein gestandenes Parteimitglied und ausgezeichneter Deutsch-
landkenner empfindet den deutschen Sozialstaat als Ausweis eines
gelebten Kommunismus. China, äußert er mit dem Ausdruck des
Bedauerns, könne sich derartige Großzügigkeit finanziell nicht
leisten. Und selbst wenn man sie sich leisten könnte, würde sie
nicht lange gutgehen. Chinesen seien nämlich Meister darin,
Lücken im System aufzuspüren und zu tricksen, das habe man
bei einigen Pilotprogrammen im Sozialbereich schmerzlich erfahren. So viel Pragmatismus und Ehrlichkeit hätte ich an dieser
Stelle nicht erwartet. In Europa gälte dieses Argument als un-
sozial, repariert wird lieber im Nachhinein, wenn Missbrauch
allzu offensichtlich wird. Um dieselbe Zeit lese ich von einer
Ankündigung der italienischen Regierung, die Regeln für das
kürzlich eingeführte Bürgergeld nach zahlreichen Betrugsskan-
dalen zu verschärfen.[70]

Anfang April 2021 verschafft uns ein Feiertag ein langes Wochenende, die Coronalage ist entspannt. Einmal im Leben möchten wir ein richtiges tibetisches Kloster erleben. Ausländern ist
zu diesem Zeitpunkt der Besuch der sogenannten „Autonomen
Provinz Tibet" verboten, aber die Hälfte der Tibeter lebt in be-

---

70 Vgl. www.ilmessaggero.it, 08.02.2022, www.corriere.it, 10.11.2021.

nachbarten Provinzen wie Qinghai, Sichuan oder Gansu. Die Autonome Provinz Tibet umfasst nicht das ganze historische Stammland. Deshalb entscheiden wir uns für das Koster Labrang in der Provinz Gansu und buchen einen Flug in die Provinzhauptstadt Lanzhou.

Am Abreisetag herrscht in Shanghai dichter Nebel. Auf der Fahrt zum Flughafen erreicht uns eine SMS-Nachricht, dass der Flug aus Sicherheitsgründen ausfalle. Umgehend werden wir auf eine Maschine am Folgetag frühmorgens umgebucht. Flugausfälle sind in China an der Tagesordnung. Dies liegt aber nicht an Schlamperei, ganz im Gegenteil. Bei Warnungen vor ernsthaftem Sturm, Nebel oder Schnee bleibt die Flotte aus Sicherheitsgründen am Boden.

Berüchtigt ist die stark frequentierte Verbindung zwischen Peking und Shanghai während der Regenzeit. Solange sich in Shanghai die Wolken entladen, wird in Peking nicht gestartet. Verspätungen sind deswegen an der Tagesordnung. Auch ich verbringe auf diese Weise einmal Stunden am Gate und treffe erst um 3 Uhr morgens zu Hause ein. Weiterer Grund für Verspätungen, erfahre ich zwischen vorgehaltener Hand, sei der Umstand, dass weite Teile des Luftraums militärischen Zwecken vorbehalten bleiben und die Korridore für die Zivilluftfahrt unter Überlastung leiden.[71]

Der Flugstil wirkt militärisch, so auch bei unserem Flug nach Lanzhou. Gestartet wird mit vollem Schub, egal ob die Maschine ausgelastet ist oder nicht. Die Landung erfolgt mit hoher Geschwindigkeit, wahrscheinlich damit der Pilot im Notfall noch einmal durchstarten kann. Umso heftiger dann die Bremsung. Diese schlichten Rezepte tragen dazu bei, dass die früher berüchtigte chinesische Luftfahrt zu den sichersten weltweit gehört. Wie so oft schießen einige Vorschriften über das Ziel hinaus – schon eine halbe Stunde vor der Landung fordert uns die Stewardess dazu auf, die Stöpsel aus den Ohren zu nehmen.

---

71 Vgl. auch US-China Economic and Security Review Commission Staff Report: China's Airspace Management Challenge, 12.11.2014.

In Lanzhou empfängt uns um diese Jahreszeit eine braungraue Halbwüste, die bei Schneegriesel besonders unwirtlich wirkt. Hässliche Industriegebiete säumen den Weg in die Industriestadt am Oberlauf des Gelben Flusses. Aus den Schornsteinen der Fabriken quellen Rauchwolken, die nicht den Eindruck erwecken, als seien hier Filter im Einsatz.

In der Zukunft soll die Steppe wieder ergrünen. Die meisten Hänge sind terrassiert, bepflanzt mit Baumsetzlingen und jungen Sträuchern. Aufforstung erfordert Geduld, meint unser Reiseführer. Von hundert Setzlingen kommen bestenfalls zwanzig durch, in manchen Jahren oder an schlechten Standorten auch nur fünf. Deshalb muss immer wieder nachgepflanzt werden, bis sich wieder eine stabile Vegetation etabliert. Aufforstung im großen Stil erfolgt auch auf aufgegebenen landwirtschaftlichen Flächen. Die traditionellen schmalen Terrassen an steilen Berghängen versprechen nur magere Erträge. Die Bauern wandern ab, die Natur holt sich das Land mit menschlicher Hilfe zurück. In Spanien, Portugal oder Italien hat sich diese Art von Landflucht schon im 20. Jahrhundert vollzogen, China zieht mit fortschreitender Industrialisierung nach.

In den feuchteren Tallagen kommen wir an neu angelegten Obsthainen vorbei. Seit dem Ausbau der Transportwege können die Bauern damit gutes Geld verdienen. Supermärkte in Shanghai verkaufen frisches Obst und Gemüse von weit her, aus Shandong, Guilin, Xinjiang oder eben aus Gansu.

An diesem Tag wollen wir uns akklimatisieren und besuchen die buddhistischen Binglingsi-Grotten. Unsere Route führt über einen tief verschneiten Gebirgspass, vorsichtig steuert unser Fahrer durch den Schneematsch. Bevor wir unser Ziel erreichen, drängt unser Reiseführer scheinbar besorgt, wir müssten nach der langen Anreise doch hungrig sein. Das sind wir an diesem Tag nach der langen Sitzerei nicht, doch wir haben verstanden. Jemanden um sein Mittagessen oder überhaupt um eine warme Mahlzeit zu bringen, gilt als grobe Zumutung. Chinesische Mitarbeiter und Dienstleister sind extrem leidensfähig. Chefs und Kunden springen nicht zimperlich mit ihnen um. Aber ohne vernünftiges Essen droht die Revolution.

Am Ufer eines Stausees warten Motorboote und bringen die Besucher über eine Strecke von fast 30 Kilometern zu den historischen Stätten. Bei Temperaturen knapp über null Grad kauern wir mit dicken Jacken in der Kabine, die Bootsführerin gibt richtig Gas. Wieder einmal haben wir es geschafft, nicht nur die einzigen Ausländer, sondern fast die einzigen Besucher überhaupt zu sein. In aller Ruhe sehen wir uns um und erfahren von der konfliktreichen Geschichte dieses Grenzlandes, in dem die Kulturen der Han, Mongolen, Tibeter und anderer Volksgruppen seit Jahrtausenden aufeinandertreffen.

Abends im Hotel in Lanzhou brauchen wir die Winterjakken gar nicht auszuziehen. Unsere Zimmer sind wohlig beheizt, doch im Restaurant fühlt man den Spätwinter und 1 500 Meter Höhe. Energie wird auch in China teurer, der Kohlepreis erreicht im Jahr 2021 neue Höchststände. Im Vergleich zu anderen haben wir es hier trotzdem luxuriös. Nicht alle Schulen, öffentliche Einrichtungen oder Firmengebäude werden während der kalten Jahreszeit überhaupt beheizt. Eiskalte Klassenzimmer mit in dicke Jacken eingepackten Schülern fehlen in kaum einem Bericht über rückständige Gegenden. Ein deutscher Expat erzählt mit Grausen vom letzten Winter, den er in einem unbeheizten Büro auf dem Gelände des Joint-Venture-Partners durchlitten hat. Dieser ist ein steinreicher Unternehmer, ausschließlich an Gewinnmaximierung interessiert. Seine Mitarbeiter hält er kurz. Ein anderer Expat meint mit einer Portion Zynismus, das Leben in China sei der Gesundheit nicht zuträglich, doch anders als am deutschen Stammsitz verlaufe sein Leben wenigstens nicht in eingefahrenen Bahnen, hier darf er Unternehmer sein. Dafür nehme er ein paar Monate Einbuße bei seiner statistischen Lebenswartung in Kauf.

Anderntags brechen wir ins Hochland auf. Unterwegs treffen wir auf schlichte Neubauviertel, kleine Häuser anstelle der Wohntürme in den Städten. Dorthin hat die Regierung Bauern aus abgelegenen Dörfern der Region umgesiedelt. Solche Umsiedlungsprogramme vor allem in den ärmeren, ländlichen Gegenden Westchinas sind Teil der Strategie zur Armutsbekämpfung.

Die gesichtslosen Quartiere bieten unter praktischen Gesichtspunkten alles, was der moderne Mensch zum Leben braucht –
Elektrizität, fließendes Wasser, Schule, Gesundheitsversorgung
und sonstige Infrastruktur. Oft wird dafür gesorgt, dass sich ein
Betrieb ansiedelt, oder der neue Standort liegt ohnehin schon
stadtnah. Auf diesem Weg werden arme Bauern von der dritten
in die zweite Welt katapultiert. Auf die Frage, ob alle freiwillig
mitgehen würden, meint unser Fahrer, die meisten schon, nur
einige Alte verbrächten ihre letzten Tage lieber in der gewohn-
ten Umgebung.

Fruchtbaren Flusstälern folgend, durchqueren wir nahe Lanxia
ein Siedlungsgebiet der muslimischen Hui. Es scheint ein Bau-
wettbewerb um die größte und schönste Moschee ausgebrochen.
In den Dörfern sprießen alte und neue Minarette in den Himmel. Als ethnische Han-Chinesen der Sezession unverdächtig,
genießen die Hui mehr Freiheiten als ihre uigurischen Glaubens-
genossen. Einige Dutzend Kilometer weiter in Richtung Hochland mischen sich die Hui-Dörfer mit ihrer prägenden Moschee
mit den ersten tibetischen Siedlungen, erkennbar an den vor den
Häusern flatternden Gebetswimpeln. Auf der Autobahn grüßen
dreisprachige Schilder, auf Mandarin, Tibetisch und Englisch.

In einem Dorf neben der Straße trennt ein schmaler Bach die
Wohngebiete der beiden Volksgruppen, links die Tibeter, rechts
die Hui. In der Schweiz würde der Bach als Röstigraben par ex-
cellence durchgehen. Darauf angesprochen, dass die Siedlungs-
form nicht gerade für ausgeprägte Zuneigung spräche, reagiert
unser Fahrer einsilbig. Zuletzt lässt er sich doch entlocken, was
wir schon vermuten, dass es nämlich früher oft zu Querelen gekommen sei. Inzwischen, da brauchen wir gar nicht erst zu fragen, herrscht eine mit harter Hand durchgesetzte pax sinensis.

Gleichzeitig leben Tibeter und Hui in einigen Bereichen fast
symbiotisch zusammen – da Tibeter aus religiösen Gründen keine Tiere schlachten, bedienen sie sich muslimischer Metzger,
von denen sie das Fleisch ihrer eigenen Tiere zurückkaufen. Geschäftssinn und Händlertalent sind unter den Hui weit verbreitet,

sodass sie aus Handel und Gastronomie im Nordwesten Chinas nicht wegzudenken sind.

Wir verlassen die Autobahn und biegen auf die Landstraße nach Labrang ab. Sogar in diesem abgelegenen Winkel kündet eine im Bau befindlichen Schnellstraße durch das enge Bergtal vom Fortschritt. Am Stadtrand von Labrang steht eine moderne Yak-Molkerei. Yak-Produkte aller Art, vom Joghurt bis zu beinhart getrockneten Fleischstreifen, gelten als Spezialitäten der Region.

Nach vierstündiger Fahrt erreichen wir endlich unsere Unterkunft, ein tibetisches Familienhotel. Das ist sehr bunt, sauber – und kalt. 3000 Meter Höhe machen sich bemerkbar, auf den Hängen liegt frischer Schnee. Um einen mit Glas verdachten Innenhof mit bemalten Säulen, Schnitzereien und farbigen Tapeten gruppieren sich auf zwei Etagen die Gästezimmer. Zum Glück funktioniert die Elektroheizung in unserem Zimmer. Das Hotel gehört einem umtriebigen Unternehmer, der außerdem noch ein Restaurant im 2 000 Kilometer entfernten Lhasa betreibt. Dort lebt er im Winter, wenn sich kaum Touristen nach Labrang verirren.

Das Kloster hat an diesem novembergrauen Spätnachmittag Anfang April schon geschlossen, deshalb gehen wir zum Aufwärmen in ein Café mit exzellentem WLAN. Das wird von ein paar ausgezeichnet Englisch sprechenden jungen Chinesinnen betrieben, ist modern aufgemacht und könnte genauso in Frankfurt oder Sydney stehen. Auffälligste Hommage an die Umgebung ist das Yak-Gulasch auf der Speisekarte. Wir haben noch ein bisschen Zeit und fahren vor der Dunkelheit eine Viertelstunde weiter zu einer prärieartigen Hochebene auf über 3 000 Metern Höhe.

Auf Werbefotos wogen blühende Almwiesen mit glücklich weidenden Yaks. Heute zeigt sich die Natur von ihrer lebensfeindlichen Seite, Tier und Mensch haben sich verkrochen. Die Sommersaison ist kurz, anders als in den Alpen gibt es auf diesem gewaltigen Hochplateau über Tausende von Kilometern nur wenige milde Täler als Rückzugsorte.

Am Morgen danach sind bei strahlendem Sonnenschein schon viele Pilger unterwegs. Die meisten umrunden im Uhrzeigersinn zu Fuß das Kloster. Routiniert bedienen sie die Gebetsmühlen, die in die Mauern des drei Kilometer langen Säulengangs eingelassen sind. Andere werfen sich, in dicke wattierte Jacken gehüllt und mit Knie- und Armschonern bewehrt, unzählige Male bäuchlings auf Holzgestelle auf dem Boden. Szenen wie aus Fatima.

Überwiegend ältere Menschen, wir blicken in zerfurchte, wettergegerbte Gesichter, aus vielen spricht die Armut. Derweil eilen Mönche in ihrem rot-gelben Gewand geschäftig hin und her, manche wohlbeleibt und im Unterschied zu den Pilgern nicht von schwerer körperlicher Arbeit gezeichnet. Schon beim tibetischen Abendessen tags zuvor waren wir einer fröhlichen Tafelrunde von Mönchen begegnet. Wir denken daran, wie es wohl in den mittelalterlichen Klöstern Europas ausgesehen haben mag und warum der Gang ins Kloster damals für manches Bauernkind wie ein Sechser im Lotto war.

Im Vorfeld habe ich im Internet recherchiert und erfahren, dass jetzt andere Regeln herrschen. Die Regierung hat die Zahl der Mönche in den Klöstern limitiert und angeordnet, dass nur Volljährige in ein Kloster eintreten dürfen.[72] Kindermönchen wie in den Filmen über das alte Tibet oder aus Nepal begegnen wir tatsächlich nicht. An touristisch weniger frequentierten Orten soll es zu Verfolgung und Internierung tibetischer Mönche und Nonnen gekommen sein, Mönchsunterkünfte seien zerstört worden.[73] Ein junger Mönch stirbt an den Misshandlungen, die er nach der Teilnahme an Protesten im Polizeigewahrsam erlitten hat.[74]

Für elf Uhr haben wir eine englischsprachige Führung mit einem Mönch gebucht. Er stellt seinen Zuhörern lieber philoso-

---

72 Vgl. www.tibetanreview.net, 05.11.2021, Radio Free Asia, 04.11.2021.
73 Ebenda.
74 Vgl. www.hrw.org, 21.01.2021.

phische und religiöse Fragen, als selbst etwas zu erklären. Sein Ansatz überfordert mich, auch die anderen Besucher lässt er ratlos zurück. Nach dieser irritierenden Erfahrung beschleichen mich bei allem Respekt Zweifel, wie sich eine derart nach innen gewandte Kultur gegen den Pragmatismus und die nackte Gewalt des Herrenvolks sowie gegen den Geschäftssinn der muslimischen Nachbarn behaupten soll. Philosophie und Meditation machen noch keinen Staat.

Wir sind erleichtert, als die „Führung" endet und wir dem täglichen gemeinsamen Gebet der Mönche beiwohnen dürfen, das in der Haupthalle der weitläufigen Klosteranlage stattfindet. Dort ist ein Foto des von Peking eingesetzten, linientreuen Lama aufgebaut. Der Staat tut so, als sei dies der richtige Lama, die Gläubigen geben vor, als würden sie das glauben. Das Foto wird einfach ignoriert. Marina spottet, Produktpiraterie sei in China wirklich weit verbreitet. Für die Einheimischen kann ein falsches Wort gefährlich werden. Im Internet kursieren Berichte über Razzien in ganzen Dörfern, wenn irgendwo ein Bild des Staatsfeindes Nr. 1 auftaucht.[75]

Die Staatsmedien berichten vom wirtschaftlichen Fortschritt in Tibet, von neuen Straßen und Eisenbahnen, Bildung und Gesundheitsversorgung für alle, vom Ende des Hungers. Die Überwindung mittelalterlicher Rückständigkeit und Armut ist die eine, die materielle Seite der Medaille. Wenn sich auf der anderen Seite Tibeter aus Verzweiflung selbst verbrennen, macht die Propaganda den Dalai Lama seit Jahren dafür verantwortlich, der seine Anhänger dazu aufgestachelt habe.[76] Eine Website berichtet über 157 Selbstverbrennungen in Tibet, die letzte davon 2019, im Jahr unserer Ankunft.[77]

Unübersehbar die Indizien fortschreitender Zwangssinisierung, das tibetische Volk soll seiner kulturellen und sprachli-

---

75 Vgl. u. a. china.org.cn, 21.05.2021.
76 Vgl. www.chinadaily.com.cn, 01.03.2013
77 Vgl. www.savetibet.org, 13.01.2021

chen Identität beraubt werden. Nachdem schon der Unterricht an öffentlichen Schulen in allen Fächern außer Tibetisch selbst auf Mandarin umgestellt worden ist, versuchen einige zu retten, was zu retten ist und unterrichten die Kinder während der Ferien in Tibetisch. Privatschulen bieten Unterricht in tibetischer Sprache. Anders als in Südtirol unter Mussolinis Faschisten haben heute nicht einmal mehr Untergrundschulen eine Chance. In der Provinz Qinghai wird im Herbst 2021, also nur wenige Monate nach unserem Besuch, die Unterrichtung von Tibetisch außerhalb der Schule unter Androhung schwerer Strafen untersagt.[78] Mit Gänsehaut erinnere ich mich an manche Berichte meiner Großeltern aus den dunkelsten Jahren der deutschen und europäischen Geschichte.

Wir sind überrascht darüber, dass im armen Qinghai recht viele Apple-Smartphones im Umlauf sind. Den Grund dafür erfahren wir erst später. Im Unterschied zu chinesischen Produkten bietet Apple nämlich angeblich eine Oberfläche in tibetischer Sprache. Manchmal habe ich mich über die überteuerten Dinger geärgert, bin jetzt aber doch froh, keiner Marke aufgesessen zu sein, die sich an der Auslöschung von Minderheitenkulturen beteiligt.

Die dünne Schneedecke taut, ringsum auf den Berghängen weiden Yak- und einige Schafherden, obwohl man um diese Jahreszeit frisches Gras mit der Lupe suchen muss. Die Umweltschäden dieser nur auf den ersten Blick idyllischen Praxis sind unübersehbar, Erosion und wenig Vegetation infolge der Überweidung. Einige Berge sind inzwischen vollständig eingezäunt, um das Vieh fernzuhalten und aufzuforsten.

Auf dem Rückweg nach Lanzhou stehen wir so lange im Stau wie noch nie zuvor in China. Die Vier-Millionenstadt spielt noch in der zweiten Reihe. U-Bahn und Hochstraßen gibt es noch nicht, aber schon Massen an Autos und zahlreiche Baustellen. Wegen der schwierigen Topographie im Tal des Gelben Flusses

---

78 Vgl. www.tibetpress.com, 08.11.2021, www.timesofindia.com, 04.11.2021

wird gerade eine seelenlose Satellitenstadt 50 Kilometer außerhalb des Zentrums aus dem Boden gestampft. Diese soll die Zuwanderung vom Land auffangen. In der Stadt wuselt es an diesem Sonntag von Spaziergängern, die sich am Flussufer und auf den Stufen zum Tempel wärmen. Auch wir schütteln uns dort die Kälte aus den Knochen, bevor wir nach Shanghai in den Alltag zurückfliegen.

Einige Wochen, Sitzungen und Klausuren später gehen wir an einem Wochenende getrennte Wege. Die gelegentliche Auszeit mit den Kumpels bzw. den Freundinnen brauchen eben auch Europäer. Während Verena, Alma und Marina zwei Tage mit ihrer Yoga-Runde verbringen, suche ich mit einem Freund die „gelben Berge" in der Provinz Anhui auf, eine chinesische Ideallandschaft. Die wild ausgesetzten Felszacken, auf denen windzerzauste Kiefern den Bedingungen trotzen, zählen zu den beliebtesten Motiven chinesischer Landschaftsmalerei.

Wir fahren auf eigene Faust, um nicht den halben Tag im Bus zu sitzen. Außerdem wollen wir wandern, nicht nur im Tross herumspazieren. Extra buchen wir eine Unterkunft, die nur 20 Gehminuten vom Beginn der Aufstiegsroute entfernt liegt. Der Zug am Freitagabend ist wie immer pünktlich, am Bahnhof schnappen wir uns ein DiDi-Fahrzeug.

Dass dies ein besonders sensibler Nationalpark sein muss, bemerken wir kurz vor dem Ziel. Unser Hotel befindet sich innerhalb des Nationalparks. Am Tor des Schutzgebiets werden wir einer Kontrolle unterzogen, die manchen Grenzübergang in den Schatten stellt: Reisepass, Health Code, Fiebermessen, Durchleuchten der Koffer. Einen deutschen Pass hat keiner der drei Uniformierten je gesehen. Der Chef unter ihnen fragt dreimal nach, was das für ein Land sei. Erst als wir ihm Visum und Aufenthaltsgenehmigung unter die Nase halten, hält er unsere Reisepässe für seriös. Die martialisch-frostige Atmosphäre in stockdunkler Nacht ruft Kindheitserinnerungen an meine erste Einreise in die frühere ČSSR im nächtlichen Böhmerwald wach.

Bei herrlichem Wetter wollen wir am Samstagmorgen sogleich losziehen. Zu unserer Enttäuschung informiert uns die Mitarbei-

terin an der Rezeption, dass wir uns nicht einfach zum nahegelegenen Eingang begeben dürfen. Zuerst müssen wir uns unten
im Tal beim Nationalparkzentrum registrieren. Als wir dort aus
dem Taxi steigen, drängeln sich bereits Tausende von Menschen.
Eine elektronische Anzeigetafel wie im Stadion weist aus, dass
das Besucherlimit heute bei 35 000 liegt. Ungefähr 17 000 sind
schon da, das restliche Kontingent sollte für uns noch reichen.

Gleich nach Passieren der Schleuse zu den Massen im Wartebereich müssen sich die Ausländer an einem eigenen Schalter
anmelden. Als Beleg, dass wir tatsächlich da waren, gibt es ein
Handyfoto. Man schärft uns ein, dieses keinesfalls zu löschen.
Wer unter Klaustrophobie leidet, sollte spätestens hier umkehren. Fast eineinhalb Stunden schieben wir uns zwischen den Ab-
sperrgittern dicht an dicht im Zickzack, über Treppen auf und
ab, quälend langsam den Pendelbussen entgegen. Purem Zufall
haben wir es zu verdanken, dass wir wenigstens die richtige von
fünf oder sechs Buslinien erwischen. Innerlich verleihen wir der
Parkverwaltung in Anhui den Bürokratiepreis erster Klasse für
die landesweit sinnloseste und zeitraubendste aller Registrierun-
gen von Ausländern. Im Fall einer Coronainfektion hätten wir
das Virus im Gedränge garantiert vielfach übertragen.

Endlich spuckt uns der Bus nahe der Stelle aus, wo wir zwei
Stunden vorher schon waren. Jetzt haben wir die Wahl zwischen
Seilbahn und Wanderweg. Ein Blick auf die Warteschlange an
der Seilbahn nimmt uns die Entscheidung ab. An der Kasse bitte
ich um eine Eintrittskarte für das ganze Wochenende, damit wir
uns wenigstens am Sonntag Zeit sparen. Ein solches gebe es nicht,
versichert uns die Verkäuferin, also nehmen wir die Tageskarte.

Ein Tempel markiert den Beginn des Aufstiegs. Der nun fol-
gende Weg entschädigt für den nervenzehrenden Auftakt. Mehr
als tausend Höhenmeter schrauben sich die bestens ausgebauten
Treppen nach oben, vorbei an Wildbächen, Felswänden, durch
unberührte Wälder. Der Andrang hält sich in Grenzen, nur Ha-
benichtse, Naturfreunde und Fitnessapostel gehen zu Fuß. Darben muss niemand, alle paar Hundert Meter werden Imbiss und
Getränke feilgeboten, je weiter oben am Berg desto teurer.

Anders als in den Alpen kommt der Nachschub nicht per Hubschrauber, sondern mit Muskelkraft. Träger quälen sich mit übermenschlichen Lasten bergauf, wohl 60–80 Kilo. Alle 20 bis 30 Meter setzen sie ihr Gestell ab, um Atem zu schöpfen. Niemand nimmt von ihnen Notiz. Den Anblick von Arbeitern, die in leichten Stoffschuhen und mit einem billigen Helm als Schutzausrüstung auf Baustellen hantieren, sind wir inzwischen gewohnt, aber das stellt alles in den Schatten.

Die einträglichere Variante der Schinderei, die wir schon in Enshi beobachtet haben, besteht darin, betagte Touristen in einer Sänfte nach oben zu tragen. Es nötigt uns Respekt ab, wie viel Kraft und Ausdauer die zierlichen Träger aufbringen. Für ihre Aufgabe brauchen sie enormes Geschick, um ihre menschliche Last durch Steilpassagen, Engstellen und mancherorts durch die Menschenmenge zu bugsieren.

Als wir nach zwei Stunden eine Wegkreuzung nahe der Bergstation der Seilbahn erreichen, beglückwünschen wir uns zu unserem entspannten Aufstieg per pedes. Die Menschenmassen aus dem Tal haben sich mittlerweile nach oben verlagert. Die meisten Touristen folgen ihren Reiseleitern, die Fähnchen wedelnd und mit lauten Anweisungen die Herde zusammenhalten. Kaum 200 Höhenmeter fehlen noch zum Gipfel, doch die haben es in sich. Alpinistische Schwierigkeiten gibt es nicht, aber es herrscht Stau, Menschenstau.

Zum Gipfel führt ein enger, in die Felswand gehauener Pfad mit Tunnel und Stufen, an Überholen nicht zu denken. Sobald einer der Vorangehenden verschnauft oder eine Fotopause einlegt, stockt die ganze Kolonne. Damit sich die Besucherströme im Abstieg und Aufstieg nicht ineinander verkeilen, haben die Erbauer ein ausgeklügeltes Einbahnsystem angelegt. Ein Pfad führt bergauf, ein anderer bergab. Bis zehn Meter unter dem Gipfel halten wir durch, dann ist unsere klaustrophobische Toleranzgrenze überschritten. Über die Bergabspur nehmen wir reißaus. Unsere Erleichterung währt nur kurz. Am Übergang zum Nachbargipfel lauert schon die nächste Engstelle, die wir im allgemeinen Geschiebe im Schneckentempo passieren. Danach erreichen wir flacheres Gelände mit breiten Wegen. Die Besuchermassen verteilen sich, endlich können wir den Ausblick in die Bergwelt genießen.

Unser Abstieg führt durch ein idyllisches Bachtal. Dort geht es genauso beschaulich zu wie am Vormittag, weil fast alle Besucher die Seilbahn benutzen. Am Wegrand hat es sich ein Prachtexemplar von Makake gemütlich gemacht. Neugierig mustert er die Besucher. Abseits der wenigen Wege finden wir den Park praktisch unerschlossen vor. Von der reichen Tierwelt sehen wir mit Ausnahme des Affen aber nichts.

Am Sonntag kommen wir zurück und erstehen erneut Eintrittskarten. Gott sei Dank müssen wir uns kein zweites Mal registrieren. Am Einlass hält uns der Kontrolleur auf, er erinnert sich, dass wir tags zuvor schon da waren. Als er plötzlich auf uns einredet, rechnen wir mit dem Schlimmsten, doch er will uns nur helfen. Unsere Eintrittskarten von gestern seien auch heute noch gültig, die heute gekauften könnten wir an der Kasse zurückgeben. Es ist ihm sichtbar peinlich, dass man uns die falsche Auskunft gegeben hat. Dummerweise wären wir zur Kasse hin und zurück gut und gerne eine halbe Stunde unterwegs. Er spricht mit seinem Kollegen, und der erstattet uns kurzerhand den Betrag von fast 40 Euro von seinem privaten WeChat-Account, das Geld werde er sich schon zurückholen. Wir bedanken uns herzlich, geben ihm ein ordentliches Trinkgeld und nehmen dieselbe Route wie am Vortag.

Für unsere Ausdauer werden wir belohnt, denn die meisten Touristen sind am Sonntag schon auf dem Heimweg. Es ist ruhig, staufrei schaffen wir es auf den Gipfel. Weil wenig Gedränge herrscht, sind auch wir selbst besser zu erkennen. Vor allem mein Freund mit einem Gardemaß von fast 2 Metern zieht die Blicke auf sich. An die „laowai"-Rufe haben wir uns gewöhnt. Doch als eine Gruppe besonders dreist in unsere Richtung herumfuchtelt, fasse ich mir ein Herz und frage den Lautsprecher unter ihnen, wo er denn bitte schön Ausländer gesehen habe, wir hätten keine angetroffen. Sie erstarren zu Salzsäulen, das hat gesessen.

Bevor wir in den Schnellzug nach Shanghai einsteigen, stärken wir uns in einem Dorf. Hierher kommen Einheimische zum Sonntagsausflug, von Touristenrummel und Kommerz keine Spur. Als wir in einem Gasthof nach der Speisekarte fragen, führt uns der Wirt stattdessen zu seinem riesigen, prall gefüllten Kühlschrank in der Küche, wo wir uns die Zutaten selbst aussuchen. Der Koch und wir sind mit dem improvisierten Ergebnis sehr zufrieden. Auch hier fallen wir sofort auf. Es dauert nicht lange, bis sich ein junger Mann vom Nachbartisch zu uns gesellt. Er ist stolz auf sein frisch herausgeputztes Heimatdorf und möchte uns beim nächsten Besuch unbedingt mehr zeigen.

Mit dem nahenden Abitur kommt bei Alma Nervosität auf, sie lernt intensiv. Damit sie auf andere Gedanken kommt, und wir vor Ablauf ihrer Aufenthaltsgenehmigung zum Abschluss noch gemeinsam etwas unternehmen, nehmen wir uns vor, während der einwöchigen Maiferien die Seidenstraße im Nordwesten Chinas in Angriff zu nehmen.

Die individuelle Planung unseres Kurztrips nach Lanzhou und Labrang ohne Bus, Reisegruppe und Verkaufsveranstaltung hat sich bewährt, bei vier Personen ist die Individualreise nicht einmal teurer. Verena kontaktiert wieder dieselbe Veranstalterin. Das ist kein klassisches Reisebüro, sondern eine junge Unternehmerin, die von Xinjiang aus über ihr Netzwerk alles organisiert, vom Auto mit Fahrer über Unterkünfte bis hin zu den Eintrittskarten. Auch in diesem Geschäft sind „guanxi" die halbe Miete. Die Reiseleiter, die wir auf der Tour kennenlernen, empfehlen einander die Kunden weiter.

Eine knappe Woche vor der geplanten Abreise werden wir morgens um halb sechs unsanft aus den Federn gerissen. Eine Dame vom Nachbarschaftskomitee klingelt an unserer Tür und vergewissert sich, ob hier eine gewisse Alma wohne und ob sie die Handynummer soundso habe. Alma sei vor acht Tagen mit einem DiDi-Taxi gefahren, das zuvor eine Kontaktperson eines an Covid-19-Erkrankten benutzt habe. Alma wird aufgefordert, in der Wohnung zu bleiben, bis ein Arzt einen Covid-Test durchgeführt habe. Sie bestätigt die Angaben. Ihr Smartphone

liefert ein lückenloses Bewegungsprofil, sie ist bei der Kontakt-
nachverfolgung ins Visier geraten.

Die Nachricht setzt eine ungeahnte Kettenreaktion in Gang.
Verena ruft in der Deutschen Schule an, um Alma und sicherheitshalber auch Marina für diesen Tag zu entschuldigen. Der
Grund für Almas Abwesenheit sorgt bei der Schulleitung für Un-
ruhe, denn genau heute soll ein Besuch bei einer chinesischen
Schule stattfinden. Als diese davon erfährt, sagt sie die Veranstaltung umgehend ab. Die Nachricht verbreitet sich wie ein Lauf-
feuer, vereinzelt erreichen uns besorgte Chat-Nachrichten aus
dem Umfeld der Schule.

Kurz nach acht Uhr erscheint der angekündigte Arzt in voller
Schutzmontur. Um ja nichts zu übersehen, stochert er besonders
gründlich in Almas Nase, bis sie vor Schmerz aufschreit. Was für
ein Start in den Tag! Krankheitssymptome hat Alma nicht entwickelt. Daher sind wir erleichtert, aber wenig überrascht, als am
nächsten Morgen das negative Testergebnis eintrifft. Doch wir
irren uns, als wir glauben, die Sache habe damit ihr Bewenden.
Zusammen mit dem Testergebnis übermittelt uns das Nachbarschaftskomitee nämlich die Nachricht, Alma dürfe in den kommenden 14 Tagen Shanghai nicht verlassen. Unsere Reise droht
ins Wasser zu fallen.

Mehrfach gehen die Chat-Nachrichten mit dem Nachbarschaftskomitee hin und her.

Wir argumentieren, eine Karenzzeit von 14 Tagen könnten
wir ja noch verstehen, aber dann logischerweise gerechnet ab der
Taxifahrt und nicht erst ab dem Test. Bei einem negativen Testergebnis jemanden wegen eines indirekten Kontakts drei Wochen
in Shanghai festzusetzen, sei pure Willkür. Es scheint nichts zu
machen. Verena steht kurz davor, die Reise zu stornieren. Vorher schreibe ich noch eine gepfefferte Nachricht an die Adresse des Nachbarschaftskomitees, kündige an, mich an prominenter Stelle zu beschweren und füge noch einige Namen hinzu.

Die Antwort folgt prompt, wir sollten am besten gleich telefonieren. Am Telefon löst sich die Affäre in Wohlgefallen auf.
In Shanghai zu bleiben, sei als Empfehlung zu verstehen. Alma

dürfe verreisen, wenn sie täglich online ihre Temperatur melde und an zwei bestimmten Tagen PCR-Tests absolviere. Da sagen wir gerne zu und begeben uns, vorsichtshalber alle gemeinsam, zur bekannten Teststation, wo wir bereits Stammkunden sind. Wir können es kaum glauben, als wir gegen alle Widerstände endlich im Flugzeug sitzen.

Westlicher Ausgangspunkt unserer Reise ist Dunhuang, eine Oasenstadt inmitten der Wüste Gobi. Wir überfliegen die spekta-kulären Qilian Mountains, einen 800 Kilometer langen, verglet-scherten Gebirgszug. Der Übergang von den eisigen Gipfeln zur Wüste ist abrupt. Um diese Jahreszeit lässt es sich in Dunhuang noch gut aushalten. Bei 10 % Luftfeuchtigkeit kommen wir trotz 30 Grad nicht ins Schwitzen. Unserem Guide gefällt es in seiner Provinzstadt, die Gründe kennen wir schon aus Yunnan: saube-re Umwelt, moderate Lebenshaltungskosten und weniger Hek-tik als anderswo. Hier würden andere auch gerne leben, meint er. Aber zum Schutz der Grundwasserressourcen habe die Regierung den Zuzug begrenzt. Das scheint nicht recht zu den zahlreichen Neubauten in der Stadt zu passen. Seine Erklärung finden wir bemerkenswert: Viele Bauern aus den kleineren Oasen ringsum seien zu Geld gekommen und würden sich für den bitterkalten Winter eine Wohnung in der Stadt leisten.

Eine solche kleine Oase suchen wir zum Mittagessen auf. Dort erleben wir gleich zwei kulinarische Highlights. Auf unserem Teller landet gebratenes Wüstengras, das leicht an Schnittlauch erinnert. Draußen decken wir uns an einem Stand mit mehrer-lei Sorten Rosinen ein. Deren konzentrierte Aromen haben ab-solut nichts mit den faden Einheitsprodukten aus dem Super-markt gemein.

Ein rekonstruiertes Fort am Rand der Oase markiert die hi-storische Westgrenze des Imperiums. Die ausgestellten Belage-rungstechnik erinnert an das römische Pendant etwa in der glei-chen historischen Epoche. Damit sich die Touristen wohlfühlen, werden wie überall Shuttlebus, Aussichtspunkt und ein paar Be-lustigungen geboten, in diesem Fall Bogenschießen und Kalli-graphie. Vom Charakter als Grenzland zeugt der erste Wegweiser in arabischer Schrift, der einen kasachischen Bezirk ankündigt. Hier beginnt Zentralasien.

Auf der schnurgeraden, flachen und bestens ausgebauten Landstraße durch die Wüste gilt Tempo 60. Vorsichtig fragen wir unseren Fahrer, ob es auch schneller ginge, denn zu sehen gibt es in diesem topfebenen Abschnitt der Schotterwüste nichts. Die Schleichfahrt missfällt ihm genauso wie uns, aber im Abstand von zehn Kilometern sind Kameras installiert, die die Durchschnittsgeschwindigkeit auf diesem Streckenabschnitt ermitteln. Nicht einmal im hintersten Winkel des Landes kann man sich unbeobachtet danebenbenehmen. Es war doch die richtige Entscheidung, nicht den chinesischen Führerschein zu erwerben.

Die Überreste eines Abschnitts der Großen Mauer sehen aus wie die meisten anderen Ruinen auch. Wesentlich spannender finden wir eine Errungenschaft der Moderne. In der Ferne erhebt sich ein riesiger Spargel mit gleißender Spitze. Die unwirkliche Erscheinung wie auf dem Mars entpuppt sich als ultramodernes Solarkraftwerk. 12 000 kreisförmig angelegte Spiegel bündeln das Sonnenlicht und bringen an der Spitze eines hohen Turms in der Mitte der 100 MW-Anlage Salz zum Schmelzen.[79] Ob sich die Technik in der Wüste Gobi mit ihren Sandstürmen und extremen Temperaturschwankungen bewährt, wird die Praxis zeigen. Jedenfalls ein Leuchtturm für die Bereitschaft, neue Technologien auszuprobieren.

Die restliche Zeit in Dunhuang verbringen wir ohne High-Tech, auf dem Nachtmarkt mit seiner überwältigenden Auswahl an Trockenfrüchten, in historischen Grotten und mit Kamelreiten in den Sanddünen am Stadtrand. Als wichtigster Programmpunkt für die chinesischen Besucher erweist sich wie immer der Fotostopp. Die Kameltreiber haben sich den Erwartungen des Publikums angepasst und betätigen sich als fotografierende Animateure. Ein Wunder, dass die Kamele stillhalten. Zum Aussichtspunkt auf dem Kamm der Düne muss ich mich ausnahms-

---

79 Vgl. www.xinhuanet.com, 01.03.2021.

weise zu Fuß bemühen. Das Gelände lässt beim besten Willen keine Pendelbusse zu, somit habe ich die Düne für mich allein. Als Aufstiegshilfe im losen Sand dienen schlichte Strickleitern. Die Methode funktioniert besser als sie aussieht.

Unsere nächste Station Jiayuguan erreichen wir mit dem Zug. Über Dutzende Kilometer säumen Windparks die Bahnlinie. Bei der Abholung erschrecken wir erst einmal, weil in unserem Fahrzeug die Sicherheitsgurte fehlen. Die sind auch in China schon lange obligatorisch und wegen der häufigen Unfälle absolut ratsam. Die Fahrerin nimmt unsere freundliche Bitte um Abhilfe scheinbar ungerührt zur Kenntnis, doch am Morgen danach hat sie den Wagen repariert. Das Gesicht ist gewahrt.

Mit Ausnahme der imposanten Festung, die eine Engstelle des alten Handelswegs entlang des Hexi-Korridors kontrolliert, bietet die Stadt nichts fürs Auge, zumindest nicht unter ästhetischen Gesichtspunkten. Wie Eisenhüttenstadt ist Jiayuguan eine Neugründung aus dem 20. Jahrhundert, dominiert von der Schwerindustrie: Eisen, Stahl, Petrochemie, Erzminen. Unweit des historischen Bezirks erhebt sich ein ganzer Wald grau-schwarzer Industrieanlagen. Wegen der grauen Steinwüste ringsum wirkt die Arbeiterstadt noch ein bisschen trostloser als heruntergekommene Industriestädte in Europa.

Dabei gibt man sich sichtlich Mühe, die Atmosphäre aufzuhübschen, Parks rund um die Festung, Alleebäume, ein Freizeitpark, eine ordentliche Einkaufsstraße, am Stadtrand eine Skipiste für Anfänger, etwa so groß wie in einer Skihalle. Vermutlich zählt Herr Bach vom IOC jeden Besucher dieser Minipiste mit, wenn er in devoten Reden die Entwicklung des Wintersports in China preist. Es fehlen die in alten Städten anzutreffenden Tempel, maoistische Stadtplanung eben. Auch wegen solcher Städte mit Monostrukturen erklärt sich, warum China so beharrlich an Kohle und Stahl festhält. Sobald die Regierung mit der Energiewende ernst macht, droht hier das Licht auszugehen.

Wir folgen weiter dem alten Handelsweg, der inzwischen zur Autobahn aufgerüstet ist. Kunstvolle Bewässerungssysteme nutzen das Schmelzwasser aus den Qilian-Bergen und ermöglichen

Landwirtschaft in einer unwirtlichen Umgebung. Unser nächstes Ziel sind zwei Nationalparks in den Bergen bei Zhangye. Wenn wir uns die chinesischen Schriftzeichen wegdenken, könnten die auch im Westen der USA liegen, farbige Felsformationen mit fantasievollen Namen, und natürlich: elektrische Shuttlebusse, Fotostellen mit Kleiderverleih. Das Design ist professionell, die Farbe des Asphalts den Felsen angepasst. Die als Felsbrocken getarnten Mülleimer finden wir erst im zweiten Anlauf. An diesem Tag passt sich sogar der Himmel der Farbe der Felsen an, ein leichter Sandsturm verdeckt die Sonne. Unsere App meldet Feinstaubwerte wie im Zementwerk, das zugehörige Emoji trägt Gasmaske.

Außerhalb der Parks entsteht die übliche touristische Infrastruktur, vierspurige Straßen, Hotels, Ferienwohnungen, Komfort-Yurten, auf alt getrimmte Gassen. Abseits der Straße stehen Zeugen der Verirrungen während des sogenannten Großen Sprungs nach vorn – winzige runde Hütten, in denen einzelne Familien Eisen herstellen sollten. Auf dieses absurd-traurige Kapitel der jüngeren Geschichte weist natürlich kein Schild hin.

Unsere Reiseleiterin plant gerade für das kommende Wochenende eine Bustour mit Wanderung für eine Reisegruppe aus Jiayuguan. Sie erzählt uns, die ursprünglich vorgeschlagene Strecke von 11 Kilometern sei den Gästen zu lang gewesen, sie hat daraufhin auf acht Kilometer abgespeckt. Erst seit wenigen Jahren würden die Leute überhaupt wegfahren, zuerst Tagesausflüge mit dem Bus, allmählich auch Mehrtagesreisen. Damit ihre Kunden bei der Stange bleiben, achtet sie extrem auf das Budget, pro Gast bleiben bei so einer Fahrt höchstens zwei oder drei Euro hängen.

Etwas weiter in den Bergen besuchen wir den Mati-Tempel mit einer imposanten Ansammlung buddhistischer und tibetischer Heiligtümer in direkter Nachbarschaft. Der Verfall der Höhlentempel, vermutlich beschleunigt durch die Verheerungen der Kulturrevolution, ist noch offensichtlicher als anderswo. Religiöse Kulturschätze, erst recht, wenn es sich um Minderheitenkulturen handelt, genießen augenscheinlich nicht gerade oberste Priorität.

Nach der Hitze der Gobi bibbern wir nun bei drei Grad und leichtem Geflöckel auf 2 700 Metern Höhe. Nicht einmal die Gaststätte, in der wir ein schnelles Mittagsmahl einnehmen, spendet Wärme. Von Heizung keine Spur, die Verandatüren stehen sperrangelweit offen. Wie am Campingplatz sitzen alle in der Daunenjacke am Tisch. Am Souvenirstand erstehen wir die nächstbesten Schals. Bei aller Liebe zur Kultur sind wir froh, als wir zum Bahnhof im 1 000 Meter tiefer gelegenen Zhangye aufbrechen.

Von dort bringt uns der Schnellzug in einer Fahrt durch die Ausläufer des Tibet-Qinghai-Hochplateaus nach Xining. Die Fahrt führt durch Tunnels, Hochgebirgstäler und Weidegründe auf 3 000 Meter Höhe. Der Zug kommt aus Ürümqi, das erklärt die zweisprachigen Durchsagen in Mandarin und Uigurisch. In Xining erwartet uns bereits der dortige Reiseleiter und bringt uns in unser Hotel im Zentrum. In der Lobby wähnen wir uns wie in Mekka. Dutzende Männer mit den für die Hui typischen weißen Käppchen und im langen Gewand fläzen sich in den Sesseln. Wir sind mitten im Ramadan am frühen Abend. Sie warten sehnlich auf die Böllerschüsse, mit denen die Sonne hinter dem Horizont verschwindet und der festlich eingedeckte Speisesaal freigegeben wird.

Dank guten Zuredens ergattern wir noch einen Tisch in einem Nebenraum. Auf der Speisekarte finden sich neben viel heimischer Kost zu unserem Erstaunen Spaghetti Bolognese. Marina und ich freuen uns auf die unerwartete Abwechslung zu gekochtem oder gebratenem Reis, der dreimal täglich als Sättigungsbeilage serviert wird. Vorsorglich führen wir immer eine Packung glutenfreier Nudeln mit, die wir jetzt der Bedienung bei der Bestellung aushändigen. Kurz darauf bringt sie die Nudeln mit der keinen Widerspruch duldenden Bemerkung zurück, dies sei ein muslimisches Restaurant, von außerhalb mitgebrachte Lebensmittel würden nicht zubereitet. Immerhin gibt es hausgemachte Pommes frites, und das Gemüse schmeckt vorzüglich.

Anschließend unternehme ich gemeinsam mit Verena einen Verdauungsspaziergang durch das Zentrum. An der Hauptmoschee ist die Eingangskontrolle verwaist. Ich nutze die Chance, um mich auf dem Vorhof der Gebetshalle umzusehen und die spezielle Mischung aus chinesischen und arabischen Stilelementen zu betrachten. Im Innenraum haben sich einige Tausend Männer zum Abendgebet versammelt, die Aufpasser von der Sicherheitsschleuse beten wahrscheinlich gerade mit. Auch sonst blüht in dieser multiethnischen Stadt das religiöse Leben, soweit es in diesem Land eben blühen kann. Unser Reiseführer erwähnt über 50 Moscheen, zwei Dutzend buddhistische Tempeln und etliche Kirchen.

Bevor wir Xining verlassen, statten wir einem Museum einen Besuch ab, in dem ein erfolgreicher tibetischer Unternehmer der untergehenden Kultur seiner Heimat ein Denkmal gesetzt hat. Auf einer mehrere Hundert Meter langen Rolle wird die lange und wechselvolle Geschichte Tibets dargestellt. Damit sein Engagement nicht falsch interpretiert wird, hat der Mäzen vor dem Museumsbau eine meterhohe Installation mit Hammer und Sichel anbringen lassen und dafür gesorgt, dass die Künstler auf der Rolle auch die politisch korrekten Lamas abbilden.

Unser Weg führt nun wieder in die Kälte, zum Qinghai-See auf 3 200 Metern. Der See liegt inmitten einer weiten baumlosen Hochebene, die die Einheimischen als Weidegründe für Yaks und Ziegen nutzen. An das Standardprogramm, nämlich eine Runde mit dem Fahrrad entlang des Sees mit anschließender Schifffahrt, ist nicht zu denken. Graupelschauer mit heftigen Sturmböen treiben uns rasch zurück ins Hotel. Das ist im pseudo-tibetischen Stil errichtet, gehört aber einer chinesischen Familie. Schlaf finden wir in dieser Nacht nicht, der Sauerstoffmangel macht sich bemerkbar. In unserem Zimmer herrschen trotz Heizung nur zehn oder zwölf Grad.

Tags darauf ist die Landschaft überzuckert, auf den Bergen hat es geschneit. Im Scherz schlagen wir vor, das nächstgelegene Skigebiet anzusteuern. Da zeigt sich der unterschiedliche Humor von Tibetern und Chinesen. Unser Guide, Tibeter, amüsiert sich prächtig, überhaupt lachen wir viel mit ihm. Ganz anders die Reaktion unseres chinesischen Fahrers. Der beginnt zu erklären, warum es in der Gegend keine Skigebiete gibt.

Das soll nicht heißen, dass in China nicht gelacht würde. Beim jungen Publikum boomt das Genre der Stand-up-Comedy, auch gekichert wird bei jeder Gelegenheit. Hintergründiger Humor, so unser Eindruck, ist dagegen die Sache der meisten Chinesen nicht. Niemand hat uns in zwei Jahren einen Witz erzählt. Das kann nicht nur mit Angst vor Repressalien zu tun haben, denn nicht einmal unpolitische Witze haben wir gehört. Wahrscheinlich leben wir in der einzigen Demokratie – als solche bezeichnet die Führung ihr System ganz ohne Ironie – der Welt ohne Witze über die Regierung. Nicht einmal Sowjetunion und DDR sind ohne den Witz als das harmloseste aller Ventile ausgekommen.

Was unserem Fahrer an Witz fehlt, das bietet er an fahrerischem Können auf. Auf dem Rückweg nach Xining nimmt er statt der eintönigen Autobahn die Abkürzung über das Gebirge. Immer weiter windet sich die Straße nach oben, vorbei an den Sommer-Yurten der Hirten. Am Scheitelpunkt auf 3 900 Metern steigen wir aus, stapfen durch den Schnee und lassen die majestätische, menschenleere Landschaft auf uns wirken. Größer könnte der Kontrast zu den wuselnden Metropolen weit entfernt an der Küste nicht sein. Wenige Kilometer weiter an der offiziellen Passhöhe warten ein Tempel und ein Yak zu dieser Morgenstunde vergebens auf Besucher. Von dort führt die Rampe steil bergab. Im Sommer soll die Strecke trotz der dünnen Luft bei Radfahrern beliebt sein.

Nach einem Zwischenhalt in einem weiteren tibetischen Kloster geht es zum Flughafen. Von meinem Fensterplatz im Flugzeug erkenne ich Aufforstungen, so weit das Auge reicht. Vielleicht sollten sich die Mittelmeeranrainer hier einmal umsehen.

In Shanghai bringt Alma erfolgreich ihr Abitur zu Ende. Die Prüfung der sage und schreibe elf Abiturienten des Jahrgangs 2021 beschert allen übrigen Schülern einen ganztägigen Unterrichtsausfall. Anders als im coronageplagten Europa werden an den Abiturjahrgang 2021 keine Notengeschenke verteilt. Stattdessen verleihen wir unserer Tochter den ideellen Ehrenpreis dafür, außergewöhnliche eineinhalb Jahre mit manchen Widrigkeiten durchgehalten zu haben. Da Shanghai im Mai 2021 fast coronafrei ist, kann sogar eine Abiturfeier in würdigem Rahmen stattfinden.

Während Almas letzter Schulwochen packen wir unsere Sachen. Demnächst nur noch zu dritt, wollen wir nach dem Sommerurlaub in eine kleinere Wohnung umziehen. Nach der Übergabe unserer bisherigen Wohnung müssen wir unserem Vermieter gehörig Dampf machen, damit er uns die Kaution zurückerstattet. Wieder einmal kommen wir mit Freundlichkeit nicht weit. Erst nach erhöhter Lautstärke und der Androhung, den Schlüssel erst am letzten Tag des Mietzeitraums herauszurücken, wird das Geld überwiesen. Dabei sind wir an einen seriösen Vermieter und keinesfalls an einen Miethai geraten. Wir haben uns angewöhnt, um vieles, was uns zu Hause selbstverständlich erscheint, zu kämpfen.

Vor dem Packen muss mein Mountainbike zur Reparatur, weil das Schutzblech nur noch lose herumbaumelt. Die passenden Kleinteile haben wir nicht vorrätig. Der nächste Baumarkt liegt meilenweit entfernt, deshalb schiebe ich mein Fahrrad zum nächstbesten Händler. Zwischen Garküchen und Läden gibt es in den Wohngebieten eine Art „Mini-Baumärkte". Meist handelt es sich um einen schlauchartigen Raum, die Fläche von vielleicht 15–20 Quadratmetern ist vollgestopft bis unter die Decke mit einer unglaublichen Auswahl an Haushalts- und Reparaturartikeln – Klebebänder, Schläuche, Werkzeug, Besen und eben Handwerkerbedarf aller Art.

Ein Wunder, dass der Inhaber in diesem völlig EDV-freien Wust von Tausenden Artikeln eine der beiden benötigten Schraubensorten findet. Die andere hat er nicht im Sortiment und schickt mich weiter zu einer fast so winzigen Kfz-Werkstatt in der Parallelstraße. Der Mechaniker unterbricht seine Arbeit, und nach einem Blick auf mein Fahrrad greift er sich zielsicher das fehlende Teil aus seinem Fundus. Eine Bezahlung für ihren Freundschaftsdienst weisen beide entschieden von sich. Welch ein Unterschied zu Vermietern von Drei-Millionen-Euro-Wohnungen, die über jede Lampe mit sich feilschen lassen.

Die Vorbereitungen zur Ausreise nehmen Verena voll in Anspruch. Es gibt viel zu organisieren. Willy muss nochmals geimpft und durchgecheckt werden, Verena bringt ihn zweimal in die Tierklinik und holt das Ausfuhrformular beim Zoll ab. Für über 1.000 Euro könnte man dafür auch einen Spezialisten beauftragen. Aber im Falle von Willy verlässt sich Verena lieber nicht auf die Spezialisten. Wir selbst absolvieren einen vorläufig letzten Coronatest. Weil in der Pandemie außer vielen Menschen auch Tiere diesseits und jenseits des chinesischen Vorhangs gestrandet sind, beschert uns Verenas großes Herz zusätzlich zu unserem eigenen Vierbeiner einen weiteren Artgenossen sowie eine Katze, die nach Deutschland zu überführen sind. Dort warten eine ehemalige Klassenkameradin unserer Tochter und ihre kleine Schwester seit über einem Jahr sehnsüchtig auf die zurückgebliebenen Haustiere. Die Prozedur beim Einchecken dauert über drei Stunden. Verena war vorausschauend genug, die Besitzerin der Hundepension, in der Willy während des Lockdowns überwintert hat, als Unterstützung zu engagieren.

An einem Schalter checken wir ein, am anderen müssen wir die Transportgebühren für die Tiere entrichten. Zwischendurch rufen die Mitarbeiter ihren Vorgesetzten hinzu. Der überprüft mit einem Maßband akkurat, ob die Transportkiste für den kleineren Hund ausreichend bemessen ist. Die Hunde, denke ich mir, haben es inzwischen besser als potenziell aufsässige Minderheiten. Und bellen dürfen sie auch. Bevor wir uns in Richtung Passkontrolle und Sicherheitscheck aufmachen, müssen wir noch ein weiteres Online-Formular ausfüllen, um einen speziellen Ausreisecode zu generieren. Im Flugzeug raubt mir das Miauen des traumatisierten Katers, der einen Logenplatz zu Verena's Füßen hat, den Schlaf.

In Deutschland angekommen, treffen wir verstörende Verhältnisse an. Einreisende aus dem Corona-Hotspot Indien werden am Frankfurter Flughafen ohne jegliche Kontrolle durchgewunken. Die Lufthansa kann Willy trotz bestätigter Buchung auf dem Anschlussflug leider nicht mitnehmen, weil der Frachtraum nicht ausreicht. Als Alma und ich auf den ICE ausweichen, kommt der verspätet. Den Anschlusszug in Mannheim erreichen wir, obwohl eine Durchsage verkündet, dass der schon abgefahren sei. Zeitgleich fliegen Verena und Marina mit den beiden kleinen Tieren nach Stuttgart, um sie dort den überglücklichen Eigentümern zu übergeben.

Überglücklich sind auch wir, nach langer Zeit wieder unsere Familie und Freunde in den Arm nehmen zu können.Nach eineinhalb Jahren im Ausland fremdeln wir noch: Menschen demonstrieren gegen Corona-Beschränkungen und die zu diesem Zeitpunkt beste Impfung der Welt, für die andere ihr letztes Hemd gäben. Sie gehen für das Recht auf die Straße, andere durch ihren Egoismus ins Grab zu bringen. Anstelle nationalistischer Gehirnwäsche in China jetzt unreflektierte Multikulti-Ideologie und Gender-Sprachverstümmelung in manchen öffentlich-rechtlichen Medien. Ein Wahlkrampf inmitten von Krisen, der sich um Lappalien dreht. Italien schickt sich an, dank deutscher Hilfsgelder die Steuern zu senken, während Berlin den eigenen Bürgern erklärt, für so etwas sei in Deutschland kein Geld da. Ungeachtet aller Warnungen fährt die Politik, allen voran die SPD, einen Kuschelkurs gegenüber Moskau. Nirgendwo Selbstbehauptungswille gegenüber den Feinden von Freiheit, Demokratie, Recht und Gesetz. Willkommen Heimat.

Immerhin kommen wir bald in den Genuss der lang erhofften Impfung „made in Germany" und genießen in einem widersprüchlichen Land die wiedererlangte Freiheit. Oft ertappen wir uns dabei, die Dinge durch die asiatische Brille zu betrachten, zu vergleichen und uns das Beste aus zwei Welten aussuchen zu wollen.

Derweil macht die Schieflage gleich mehrerer chinesischer Immobilienkonzerne weltweit Schlagzeilen. Das wundert uns nicht, haben wir doch den Immobilienmarkt als Glücksrad miterlebt, an dem jeder mitverdienen möchte. Das beginnt schon bei den Kommunen, die aus dem Landverkauf einen erheblichen Teil ihrer Einnahmen erzielen. Trotz hohen Leerstands lassen sie sich dabei von der Zentralregierung ungern stoppen, weil sie sonst Steuern erhöhen oder Ausgaben kürzen müssten. Jede Woche fragt mich mein Sprachlehrer, mit dem ich mich jetzt online verabrede, wann endlich die Blase platzt. Mit dieser Glaskugel kann ich ihm leider nicht dienen.

Streng genommen wird Land in China nicht verkauft, sondern in einer Art Erbpacht vergeben. Deren Laufzeit liegt bei Wohngebäuden normalerweise bei 70 Jahren, für die Erneuerung der Erbpacht werden dann wieder Gebühren fällig.

Im Sommer 2021 verbringen wir eine Woche in Litauen. Wie es der Zufall will, stoßen wir bei der Hinfahrt durch Polen in Warschau prompt auf den Tibet-Platz, mit Konterfei des Dalai Lama. Einige Tage später in Vilnius dasselbe Bild, auch dort hat man den Tibetern und ihrem geistlichen Oberhaupt einen kleinen Platz mit ein paar provisorischen Schautafeln gewidmet. So wichtig und berechtigt die Unterstützung für die Tibeter auch ist, wirkt sie an diesen Orten wohlfeil.

Litauen selbst verfolgt seit dem Ende der sowjetischen Okkupation eine rigorose Sprachenpolitik. Die seit Jahrhunderten ansässige polnische Minderheit findet sich in der Öffentlichkeit nicht wieder. Abends im Hotel stelle ich fest, dass das polnische Staatsfernsehen mittlerweile einen Kanal „TVP Wilno" betreibt, mit dem es die ethnischen Polen jenseits der Grenze versorgt.

Auf der polnischen Seite dasselbe Bild, nur umgekehrt: für die litauische Minderheit oder für die deutschsprachigen Oberschlesier hat der Staat lausig wenig übrig. Medien, Schule, Beschilderung sind auf Polonisierung ausgerichtet. Auch wenn in Europa niemand verfolgt wird und Medien grenzüberschreitend frei empfangbar sind, sehen Vorbilder anders aus.

Meine Arbeit im Homeoffice in Deutschland zieht sich in die Länge. Die wenigen Flüge nach China sind ausverkauft. China hat den Luftverkehr auf ein absolutes Minimum reduziert. Ständig werden Flüge gestrichen, weil die Airlines zu viele infizierte Passagiere transportiert haben. Ein weiteres Rückkehrhindernis besteht darin, dass deutsche Staatsbürger nur direkt aus Deutschland nach China einreisen dürfen. Alternativrouten über Kopenhagen, Helsinki oder andere Zwischenstopps scheiden damit aus.

Die Reisebüros meines Arbeitgebers können ebenso wenig helfen wie drei weitere, die ich selbst eingeschaltet habe. Das einzige „Angebot" ist ein Business-Flug für 8.500 Euro nach Hangzhou. Davon lasse ich die Finger, denn es droht das Risiko, in unterschiedlichen Provinzen mehrfach in Quarantäne genommen zu werden. Zudem wäre ich abseits von Firma und Freunden vor Ort auf mich allein gestellt.

Im Oktober ergattere ich dank der Kontakte eines ehemaligen Kollegen in Shanghai unverhofft doch noch ein Flugtikket, während die Websites der Fluglinien und Reisebüros für den Rest des Jahres „ausverkauft" melden. Mit 3.200 Euro nur für den Hinflug ist mein Flug ein Schnäppchen im Vergleich zum Graumarktpreis von 6.000 Euro. Diesmal fliege ich allein nach China. Bei der Rückkehr erlebe ich die weltweit einmalige Quarantänepraxis, die nur noch in kulturell verwandten Destinationen wie Singapur oder Taiwan annähernd erreicht wird.

Schon vor der Abreise geht es los. Um überhaupt ein Flugzeug besteigen zu dürfen, verlangen die chinesischen Behörden einen negativen PCR-Tests sowie zusätzlich eine IgM- und IgG-Analyse, und zwar aus venösem Blut. Also buche ich Termine bei zwei Spezialanbietern am Frankfurter Flughafen, die mit China-Reisenden ein gutes Geschäft machen, kostet das ganze Paket doch weit über 200 Euro. Die Testergebnisse trudeln nach einigen Stunden elektronisch ein. Danach müssen sie zusammen mit zahlreichen weiteren Daten zu Pass, Kontaktdaten, Reisehistorie und Gesundheitsfragen auf einem Portal des zuständigen chinesischen Konsulats eingetragen werden. Das Konsulat überprüft die Angaben. Falls alles passt, wechselt der QR-Code in diesem Portal rechtzeitig vor dem Einchecken die Farbe von rot auf grün.

Die Prozedur gerät für die Reisenden zur Zitterpartie, weil viel schiefgehen kann. Die Untersuchungen dürfen frühestens 48 Stunden vor Abreise erfolgen. Auswertungen im Labor, Eintragen auf der Website, hin und her zum Hotel und die Überprüfung seitens des Konsulats benötigen ihre Zeit. Falls irgendetwas daneben geht, gibt es kaum noch zeitlichen Puffer. In Chatgruppen werden Ratschläge ausgetauscht, von technischen Details wie Dateigröße und -formaten bis hin zum Inhaltlichen.

Viele China-Aspiranten sind aufgrund der Hürden schon am Boden geblieben und mussten für Tausende Euro einen erneuten Anlauf unternehmen – oder sie geben es auf. Am schwierigsten ist es für solche Reisende, die Zubringerflüge nach Frankfurt nutzen, weil aus ihren Ländern keine direkte Verbindung nach China besteht. Die müssen nämlich zweimal durch das Verfahren, das Fehlerrisiko potenziert sich. Unsere aus Italien stammende Ärztin hat auf diese Weise kurz vor meiner Abreise ihren Heimaturlaub zwangsläufig verlängert.

Mit einem Einreisecode allein ist es nicht getan. Für den chinesischen Zoll beantrage ich gleich nach Abarbeiten des Einreiseportals auf einem anderen Portal einen weiteren QR-Code, der nach der Ankunft in China ebenfalls vorgezeigt werden muss. Über weite Strecken gleichen sich die Fragen, doch nicht einmal in China scheint Big Data dem Eigenleben unterschiedlicher Behörden etwas anhaben zu können. Ernüchternd und zugleich tröstlich.

Nach zwei Jahren China schreckt mich, der bis vor kurzem noch um WhatsApp einen weiten Bogen gemacht hat, keine Chatgruppe mehr. Interessiert studiere ich Tipps und Tricks, konsultiere Freunde und Bekannte, die es vor mir geschafft haben. Bei den Testzentren am Frankfurter Flughafen bleibt mir das Glück hold – da gerade nichts los ist, bin ich nach einer guten Stunde fertig und weitere zwei Stunden später flattern schon die ersten Ergebnisse ins Haus. So gelingt es mir 20 Stunden vor Abflug, alle Anträge korrekt abzusenden. Fünf Stunden vor dem Start erhalte ich grünes Licht. Meine Familie, deren Nervosität stündlich steigt, beruhige ich mit dem Hinweis, in China würden die meisten Dinge am Ende schon funktionieren, nicht immer auf so geraden Wegen wie in Deutschland, sondern mit Hilfe von guanxi und Geduld.

Da ich bei China Eastern gebucht habe, stellt sich das Rückkehrgefühl bereits am Gate in Frankfurt ein, nicht nur weil mindestens 90 % der Mitreisenden Chinesen sind. Die Crew hüllt sich von Kopf bis Fuß in Ganzkörper-Schutzanzüge, zieht sogar noch extra Stulpen über die Schuhe. Die meisten Crew-Mitglieder tragen taucherähnliche Schutzbrillen, eine Erscheinung, die Europa allenfalls aus Isolierstationen der Krankenhäuser und Hochsicherheitslabors kennt.

Manche Passagiere tun es der Besatzung gleich. In einer Chat-gruppe wird ein Foto geteilt, wo Passagiere ihre Plätze mit einer mitgebrachten Zeltplane abschotten. Mit zweifacher Maske fühle ich mich fast schon fahrlässig ausgestattet. Den Service an Bord hat man eingestellt, um Kontakte zu minimieren. Stattdessen finde ich auf dem Sitz eine Imbissschachtel samt etlichen Flaschen Wasser vor. Auf Allergien wird dabei keine Rücksicht genommen, aus Erfahrung habe ich selbst Proviant mitgenommen. Freundlicherweise treiben die Stewardessen noch drei Reservebananen für mich auf.

In Shanghai wird gruppenweise ausgestiegen, das Prozedere kenne ich schon. Als Passagier aus einer der letzten Reihen verlasse ich nach einer guten Stunde das Flugzeug. Der internationale Teil des Terminals wirkt wie eine Geisterstadt. Die Ankommenden erwartet ein straff durchorganisierter Parcours, durch Absperrgitter und Schilder gekennzeichnet, mit Überprüfung des Zollcodes, Temperaturscannern, Einwilligungserklärung für den PCR-Test, Ausgabe der Proberöhrchen bis zum PCR-Test selbst. An 20 oder 30 Schaltern werden im Dreiminutentakt kombinierte Rachen- und Halsabstriche vorgenommen. Nach jedem Passagier wird der Testplatz ausgiebig desinfiziert. Das Gestocher in der Nase fällt noch gründlicher als in Frankfurt aus. Wir sind hier an der Front, nicht bei einer freiwilligen Übung.

Die eigentlichen Einreiseformalitäten sind für chinesische Verhältnisse kurz und schmerzlos. Ich muss lediglich ein kleines Papierformular ausfüllen, meine Passnummer beherrsche ich mittlerweile im Schlaf.

Nachdem ich mein Gepäck abgeholt und den Zoll passiert habe, trete ich in den Bereich hinaus, wo üblicherweise die relative Freiheit beginnt. Diesmal jedoch findet sich eine Fortsetzung des durch Absperrgitter markierten Parcours. Er führt weiter zum Wartebereich für die Pendelbusse in die Quarantänehotels. Die Wahl des Buses hängt davon ab, in welcher Provinz oder in welchem Bezirk von Shanghai man wohnt.

Ich gehöre zu den Privilegierten, denen man im Voraus ein Hotel zugewiesen hat. Nach einer Dreiviertelstunde werde ich abgeholt. In meinem Van trennt eine dicke Plastikfolie die Vordersitze vom Passagierbereich im Fonds. Der Fahrer und sein Begleiter tragen, wie ausnahmslos alle Mitarbeiter im Ankunftsbereichs, die geschilderte Schutzausrüstung. Nur Aufkleber am Rücken geben zu erkennen, wer wofür zuständig ist. Sie behandeln mich korrekt, sprechen nur das Allernötigste. Lust auf Small Talk hat keiner von beiden.

Die Tätigkeit in einem solchen Outfit ist trotz wenig Bewegung kein Vergnügen. Obwohl bereits der Herbst Einzug gehalten hat, steht manchen der Schweiß auf der Stirn. Überall nehme ich einen sachlich-korrekten, auf Effizienz getrimmten Umgang mit den Reisenden wahr. Wer trödelt, wird zur nächsten Station weitergescheucht, denn schließlich soll alles schnell gehen. Wer überfordert ist, dem wird geholfen, denn nicht jeder ist gut zu Fuß. Manch ältere Reisende sind mit dem Wust an Apps und QR-Codes überfordert. Ich frage mich, wie sie es überhaupt bis hierher geschafft haben.

Mein Quarantänehotel ist auf den ersten Blick als solches erkennbar. Wir passieren eine beschrankte Zufahrt mit Wachposten, danach werde ich in eine verwaiste Lobby gelotst. Diese ist mit Sperrholzbrettern vom Rest des Erdgeschosses abgetrennt. Ein einsamer Mitarbeiter nimmt meine Daten auf, händigt mir ein Quarantäne-Merkblatt für die kommenden drei Wochen aus und eskortiert mich in mein Zimmer. Man hat es gut mit mir gemeint und mir eine große, moderne Bleibe mit bodentiefen Fenstern und schönem Bad zugeteilt. In Chats werden Tipps und Erfahrungen zur Quarantäne ausgetauscht. Die Qualität der zugewiesenen Hotels schwankt extrem. Sie reicht von dunklen, zellenartigen Behausungen bis hin zu kleinen Apartments wie in meinem Fall. Die Möglichkeit, die Quarantäne in der eigenen Wohnung abzusitzen, besteht schon lange nicht mehr. Das ist nicht nur unangenehm, sondern auch teuer, weil man gleich doppelt Miete bezahlt.

Meine Unterkunft verrät die Coronaprävention sogar für den Laien. Sofa und Stühle sind mit einer dicken Plastikfolie überzogen, die ausdrücklich nicht entfernt werden darf. Bis auf das

Mobiliar ist die Unterkunft leer. Alles nicht Lebensnotwendige hat man entfernt, so auch Geschirr und Besteck. Wie gut, dass ich ein extra scharfes Messer, ein eigenes Besteck und ein Plastikschüsselchen eingepackt habe. Das Verlassen des Zimmers ist streng verboten. Einen „Hofgang" gibt es nicht, ebenso wenig einen Zimmerservice. Auf Anraten von Verena habe ich Putz-, Wasch- und Geschirrspülmittel in meinen Koffer gepackt. Am Tag nach meiner Ankunft robbe ich einmal durch die Wohnung, um mangels Staubsauger und Wischmopp den Boden von Staub und den Haaren meiner Vorgänger zu reinigen. Ansonsten kann ich mich über mangelnde Sauberkeit nicht beschweren.

Das Essen wird dreimal täglich in einer Plastiktüte auf einem Schemel vor der Zimmertür abgestellt. Die Mahlzeiten werden in kompostierbarem Einwegpappgeschirr und mit Plastikbesteck angeliefert, damit sich niemand beim Spülen infiziert. In meinem Hotel gelten Essenszeiten wie man sie in Deutschland aus Krankenhäusern oder Altenheimen kennt. Frühstück um 7.30 Uhr passt ja noch, aber bei Mittagessen um 11.15 Uhr und Abendessen spätestens um 17 Uhr passe ich. Lieber esse ich lauwarm ein oder zwei Stunden später. Nach zwei Tagen und doppelter Erinnerung bekomme ich die Gerichte wie erforderlich auch glutenfrei. Es gibt einen Wasserkocher, sodass ich mir nach Belieben den aus Deutschland mitgebrachten Tee aufbrühen kann.

Bevor sich die Zimmertür schließt, werden mir zwei Packungen Spezialtabletten ausgehändigt. Um eine Verbreitung des Virus über das Abwasser auszuschließen, soll ich nach jedem WC-Gang 5-10 Tabletten in die Toilette geben und erst nach einer Stunde Wartezeit die Spülung betätigen. Man hat an alles gedacht, allein das Kontrollproblem erscheint mir in diesem Fall schwer lösbar. Vielleicht erfasst die elektronische Luxustoilette nach japanischer Machart ja schon die Spüldaten.

Für die Nutzung von Lieferdiensten bestehen genaue Anweisungen. Verpackte Lebensmittel, Getränke und Elektronik dürfen bestellt werden, frisch zubereitete Gerichte dagegen nicht. Ein Freund hat mir einen Anbieter empfohlen, der solide verpackt, weshalb die meisten Lieferungen durchgehen. So auch in meinem Fall. Der Linsensalat kommt in einem Becher mit Drehverschluss, die Portion Ratatouille ist luftdicht verschweißt. Schon der zweiten Lieferung liegen Rabattcoupons bei, außerdem als kostenlose Dreingabe Wurst und ein Glas Schweinskopf-Rillette. Bestimmt hat die künstliche Intelligenz ermittelt, dass Deutsche dafür genau die richtige Zielgruppe sind. Der chinesische Einzelhandel hat mich wieder.

Dass ich in einem staatlich gemanagten Hotel gelandet bin, lässt sich am Tabak- und Alkoholverbot ablesen. Nicht überall gelten dieselben Regeln: Die deutsche AHK organisiert immer noch regelmäßig Charterflüge nach Qingdao, damit ein paar der benötigten Fachkräfte nach China gelangen. Die dortige Ration beträgt bis zu fünf Dosen Bier täglich, wenn man den Chats Glauben schenken darf. Womöglich wirkt die deutsche Kolonialzeit nach, zu deren nachhaltigsten Hinterlassenschaften die berühmte Tsingtao-Brauerei und die erste moderne Kanalisation zählen. Das Hotel in Qingdao verfügt sogar über Balkons mit Meerblick, von denen aus sich die Insassen unterhalten können.

Zweimal am Tag erscheint ein Mitarbeiter im Schutzanzug zum Fiebermessen. Um den Kontakt zu den Insassen auf ein Mindestmaß zu verkürzen, wird der Besuch per Dauerschleife aus dem Lautsprecher im Flur angekündigt: „Fertigmachen zum Fiebermessen." Wer nach dem Klopfen nicht binnen Sekunden die Tür öffnet, wird per Dauergetrommel aus seinem Mittagsschlaf, Telefonkonferenzen oder sonstigen Beschäftigungen gerissen. Nach wenigen Sekunden ist es dann schon wieder vorbei. Der längste Besuch während dieser 14 Tage währt vielleicht 20 Sekunden, da geht es um die Bezahlung der Rechnung.

In Shanghai beinhaltet die 14-tägige Quarantäne insgesamt vier PCR-Tests, dazu kommen zwei weitere während der dritten Woche nach Ankunft. Obendrein erfolgt überall zweimal täglich die erwähnte Fiebermessung. Sollte wider Erwarten einer der PCR-Tests positiv ausfallen, dann droht eine vielwöchige Odyssee zwischen Krankenhaus und Quarantänestation. Typischerweise bleiben die Betroffenen so lange im Krankenhaus, bis die Testergebnisse wieder negativ sind. Danach beginnt die

Quarantäne wieder bei null. Chatgruppen berichten von Extremfällen, in denen Einreisende mehrere Monate in dieser Art von Isolation verbracht haben.

Zwischen den wenigen Highlights des Tages bleibt man ungestörter, als es den meisten modernen Menschen lieb ist. WLAN und Mobilfunk gewährleisten den Kontakt zur Außenwelt. Quarantänearbeit fühlt sich an wie Homeoffice, nur eben ohne Frischluftpausen und ohne Nebengeräusche, denn es gilt, so die Broschüre, der Grundsatz „one person, one room".

Ehepaare können von Glück sagen, wenn sie gemeinsam untergebracht werden. Bei Familien mit Kindern hängen die Einzelheiten vom Alter der Kinder ab, sie können sich regional unterscheiden. Allein dieser Umstand genügt, um die meisten Familien von einer Auslandsreise abzuhalten. Hinzu kommt der enorme finanzielle Aufwand und die Hälfte der Sommerferien würde für die Quarantäne draufgehen. Die Kosten für den sommerlichen Heimataufenthalt summieren sich bei vier Personen gut und gerne auf 20.000 bis 30.000 Euro. Folglich müssen sich ausländische Familien darauf einstellen, die Heimat erst nach drei oder vier Jahren wiederzusehen, es sei denn, sie brechen vorher die Zelte ab oder lehnen die angebotene Entsendung nach China von vornherein ab.

Die Quarantänepflicht wird ausnahmslos durchgesetzt; Privilegierte und Prominente verbringen die Zeit in komfortablerer Umgebung, nach denselben Grundsätzen. Politiker reisen seit Ausbruch der Pandemie mit Ausnahme des Außenministers und ganz weniger Emissäre praktisch gar nicht mehr ins Ausland. Ich frage mich, welche ernsten Krisen in der Vergangenheit ausschließlich online oder telefonisch gelöst worden sind. Manche Provinzen setzen noch eins drauf, in der Reichshauptstadt dauert die Einzelisolierung drei Wochen.

An die Quarantäne schließen sich eine oder mehrere Wochen „health observation" an, die am ehesten mit einem kontrollierten Freigang zu vergleichen sind. In dieser Zeit wohnen die Auslandsrückkehrer zu Hause oder im Hotel. Sie dürfen sich für notwendige Besorgungen außer Haus begeben. Glücklicherweise gelten Essen, gewisse Einkäufe und etwas Bewegung als notwendig. Öffentliche Verkehrsmittel, Veranstaltungen und jedwede Menschenansammlungen sind dagegen tabu. Praktisch funktionieren Einkauf und Essen nach Entlassung aus der Einzelisolierung aber nur, wenn man einen grünen Health Code hat. Das ist bei mir glücklicherweise umgehend nach Ablauf der zwei Wochen der Fall. Wenn man Pech hat, kann es noch einige Tage dauern.

Den Quarantänevogel schießt im Spätherbst 2021 die Provinz Liaoning ab, die Einreisende vier Wochen lang in harte Quarantäne wegsperrt und anschließend weitere vier Wochen „health observation" anordnet. Das innerchinesische Gefälle in der Disziplin des Einsperrens und Wegsperrens hat zur Folge, dass zum Beispiel gewiefte Rückkehrer nach Peking den Weg über Shanghai nehmen, dort zwei Wochen absitzen, eine weitere Woche mit notwendigen Erledigungen während ihrer „health observation" zubringen und erst nach Ablauf von insgesamt drei Wochen ihr eigentliches Ziel ansteuern. Während der Quarantäne verfolge ich mit Heiterkeit die täglichen Meldungen über die unaufhaltsame Öffnung der chinesischen Wirtschaft. Gewiss sind damit die Kapitalflüsse gemeint, weniger die Menschen.

Am zweiten Tag der Quarantäne schicken mir meine Kollegen eine im Büro deponierte Yogamatte und zwei Hanteln aus dem Fitness-Fundus meiner Firma. Weil mich niemand hinauswerfen kann und das Hotel spärlich belegt ist, drehe ich die Musik auf meinem Smartphone auf volle Lautstärke und stärke täglich eine Stunde meine Muskeln. Den größten Teil des Tages verbringe ich in dieser besonderen Ausprägung des Homeoffice. Obendrein verordne ich mir eine Stunde Online-Unterricht mit meinem Sprachlehrer.

Pünktlich nach Ablauf der 14 Tage und einige Kilo leichter werde ich aus der Isolierung entlassen. Ich stelle mich in die Sonne und schnaufe erst einmal frische Luft ein. Der Herbst ist in Shanghai die beste Jahreszeit. Leider ist mir am Vortag die für die dritte Woche gebuchte Unterkunft abhandengekommen. Wie die meisten Hotels hat sich mittlerweile auch das von mir gebuchte entschlossen, risikobehaftete Gäste wie mich nicht aufzunehmen. Wegen der bevorstehenden Olympischen Spiele und der neuen Omikron-Variante werden die Zügel immer weiter angezogen.

Eine Kollegin hilft mir aus der Patsche. Sie macht drei Hotels ausfindig, die Gäste für die Dauer der „health observation" aufnehmen. Ich entscheide mich für die Empfehlung der Bezirksverwaltung und werde nicht enttäuscht. Das schlichte, aber saubere Haus hat sich auf „Drittwöchler" spezialisiert, den Covid-Test gibt es schnell und kostenlos um die Ecke. Beim Einchecken an der Rezeption wird mir gleich das Formular für die Eintragung meiner Körpertemperatur ausgehändigt. Das Hotelrestaurant hat geschlossen, stattdessen werden am Tresen Frühstückpakete ausgegeben.

Neben der Drehtür am Hoteleingang sitzt ein älterer Wachmann, der mich freundlich grüßt und ab dem dritten oder vierten Tag, aus welchem Grund auch immer, salutiert. Vor ihm liegt eine Liste aus, auf der die Gäste notieren, um welche Uhrzeit und zu welchem Zweck sie das Hotel verlassen, außerdem den voraussichtlichen Zeitpunkt der Rückkehr. Da alles in Mandarin beschriftet ist, verstehe ich zunächst nichts. Als ich fragend auf die breite Spalte blicke, deutet er auf das Zauberwort „Food", das ein anderer Ausländer ein paar Zeilen weiter oben eingetragen hat. Das hätte mir auch selbst einfallen können. Also trage ich abwechselnd ein: „food", „hospital" (wegen der PCR-Tests), „walking". Um 22 Uhr herrscht offiziell Zapfenstreich.

Das Betreten der Firmenräume bleibt mir während dieser dritten Woche ab Ankunft trotz mehrfacher Nachfrage verwehrt. Als ich schon im Begriff bin, übereifrige Risikomanager in den eigenen Reihen zu verdächtigen, höre ich, dass kurz zuvor ein anderer Ausländer umgehend wieder den Heimflug hat antreten müssen, nachdem er während der Woche drei regelmäßig die Firma aufgesucht hat. Kurz kommt mir der Gedanke, ob dies eine elegante Methode wäre, das ganze Theater zu beenden. Mir fehlen nur noch zwei Tage, ich lasse es bleiben. Insgesamt kann ich nicht klagen – ich komme an die frische Luft, kann essen, was und wann ich will, heiß ist das Essen endlich auch. WLAN und

Internet – diesseits des nationalen digitalen Schutzwalls – funktionieren tadellos.

Da geht es mir besser als einem Bekannten in der Reichshauptstadt, den es kurz nach seiner Einreisequarantäne zum zweiten Mal erwischt hat. Kaum auf freiem Fuß, hat er zur falschen Zeit am falschen Ort an einer Sitzung teilgenommen. Nachdem im Nachbargebäude des Sitzungsorts ein Covid-Fall festgestellt wird, muss er sich unverzüglich in häusliche Quarantäne begeben, bis 14 Tage, gerechnet ab der Sitzung, abgelaufen sind. Als er sich beschwert, erhält er ein Standardschreiben zur Antwort. Darin steht sinngemäß, man könne ihn auch in die Zentralquarantäne überführen.

Während meiner Quarantäne erreicht mich die Nachricht, dass bei einem Besucher des Disneylands Shanghai eine Infektion festgestellt worden ist. Alle 34 000 Besucher, die sich noch auf dem Gelände befinden, werden noch vor Ort auf Covid getestet. Die anderen müssen den Test umgehend nachholen und sich selbst bei negativem Ergebnis 14 Tage in häusliche „health observation" begeben.

Parallel zur Einreisequarantäne wird seit Ausbruch der Coronakrise der internationale Flugverkehr strikt reguliert und begrenzt. Für die einzelnen Airlines besteht ein Bonus-Malus-System. Wer überdurchschnittlich viele infizierte Personen nach China befördert, muss damit rechnen, dass Verbindungen für mehrere Wochen ausgesetzt werden. Das Angebot an Flügen ist daher noch spärlicher als nach dem ohnehin schon ausgedünnten Flugplan zu vermuten. Mitte November 2021 wird deshalb eine Verbindung der Lufthansa gestrichen, anderen Airlines einschließlich der chinesischen ergeht es wiederholt genauso.

Anfang November 2021 veröffentlicht die Luftfahrtbehörde die Kontingente für den Winterflugplan 2021/2022. Er beinhaltet wöchentlich 408 internationale Flüge von und nach China, nach auch nur 644 im Sommer.[80] Das Passagieraufkommen

---

80 Vgl. www.china-briefing.com.

liegt bei 2 % des Vorkrisenniveaus. Statistisch hat damit jeder Einwohner die Chance, etwa alle 500 Jahre einmal ins Ausland zu fliegen, und selbst das nur, wenn keine Ausländer die wertvollen Kontingente beanspruchen.

Im Jahr 2019, dem letzten vor der Pandemie, hatten Chinesen über 150 Millionen Auslandsreisen[81] unternommen. Kaum jemand rechnet jetzt mit einem baldigen Ende der Beschränkungen. Im Gegenteil, die Regierung kündigt im Herbst 2021, noch vor Aufkommen der neuen Omikron-Variante, die Errichtung neuer Quarantänezentren in großen Städten an, beginnend in Guangzhou.[82] Diese sollen die Unterbringung in Hotels ablösen. Das Provisorium wird zum Dauerzustand. Gelegentlich werden in der Presse Stimmen vorgeschickt, die Zweckoptimismus verbreiten. Die Hoffnung stirbt bekanntlich zuletzt.

Seit Monaten werden mit Verweis auf die Pandemie nur noch in dringenden Ausnahmefällen neue Reisepässe ausgestellt oder alte verlängert.[83] Selbst wer das erforderliche Kleingeld mitbringt, kann das Land jetzt nicht mehr verlassen. Die Mehrheitsgesellschaft erhält jetzt einen zarten Vorgeschmack, wie es sich anfühlt, als Tibeter oder Uigure gefangen im eigenen Land zu leben. Die Volksrepublik verfolgt unverändert eine konsequente Null-Covid-Strategie. Nach offizieller Lesart kommt eine Wiedereröffnung der Grenzen erst dann in Betracht, wenn die Bevölkerung durch Impfungen immunisiert und eine Überlastung des Gesundheitssystems ausgeschlossen ist.

Besonders eilig scheint es die Regierung damit nicht zu haben, sonst hätte sie ausländische Impfstoffe mit höherer Wirksamkeit längst zugelassen und würde mehr in das Gesundheitssystem investieren. In den Nachrichten sehe ich jedenfalls mehr neue Autobahnen, Schnellzugstrecken, Fabriken, Raumfahrttechnik und Waffensysteme als neue Krankenhäuser. Außer-

---

81 Vgl. www.chinadaily.com.cn, 31.08.2021, www.statista.com, 27.01.2022.
82 Vgl. www.cnn.com, 29.09.2021.
83 Vgl. www.scmp.com, 01.04.2021.

dem scheinen die Olympischen Spiele sowie die 2022 anstehende Wiederwahl des Großen Vorsitzenden Grund genug, das Land weiter zu isolieren.

Für den Rest des Planeten besteht die Option einer Null-Covid-Strategie nicht mehr, weil die Durchseuchung zu weit fortgeschritten ist; dort hat man sich nolens volens damit abgefunden, mit Covid zu leben. Will China an seiner Null-Covid-Strategie festhalten, ist eine dauerhafte rigorose Abschottung zwischen den beiden Welten die zwangsläufige Folge, abgesehen von einer schier endlosen Abfolge von Lockdowns angesichts neuer, ansteckender Virusvarianten. Gerüchten zufolge ist mit Liberalisierung des Reiseverkehrs frühestens 2024 oder 2025 rechnen. Angesichts solcher Zeiträume liegt die Frage nahe, ob die Pandemie der einzige Grund dafür ist, das eigene Volk jahrelang ein- und Ausländer auszusperren.

Als ich drei Wochen nach meiner Einreise endlich ins Büro zurückkehre, finde ich dort einen Brief aus Deutschland vor. Ein knallgelber Aufkleber der chinesischen Post informiert darüber, dass im Ausland die Pandemie unverändert wütet und der Brief deshalb desinfiziert worden sei. Beim Öffnen möge ich auf gefährliche Inhalte achten und zu meinem eigenen Schutz geeignete Vorkehrungen treffen.

Am selben Tag igelt sich die Reichshauptstadt im Vorfeld der Olympischen Spiele weiter ein. Einreisen aus anderen Provinzen sind nur noch unter Vorlage eines negativen Coronatests möglich und wenn am gewöhnlichen Aufenthaltsort des Reisenden in jüngster Zeit kein einziger Coronafall aufgetreten ist. Für Pendler aus Nachbarprovinzen gibt es Sonderregelungen. Wie immer entfalten die Vorschriften schon durch ihre Komplexität und durch das Risiko einer jederzeitigen Änderung abschreckende Wirkung. Von ursprünglich geplanten Besprechungen in Peking sehe ich ab.

Mittlerweile habe ich mich entschieden, mein Engagement in China zu beenden. Die Umstände lassen ein halbwegs normales Familienleben nicht mehr zu. Spätestens als ich wieder einmal vom „heiligen chinesischen Boden" auf Taiwan lese, den es heim ins Reich zu holen gelte, und als ein mir ansonsten sympathischer Mitmensch zum Besten gibt, die Taiwanesen genössen zu viele Freiheiten, bin ich überzeugt, die richtige Wahl getroffen zu haben.

In der Nacht vom 5. auf den 6. Dezember 2021 überfliege ich die unsichtbare Grenze zwischen Unterdrückung der Wahrheit und Meinungsfreiheit, zwischen aggressivem Nationalismus und nationaler wie kultureller Selbstaufgabe, zwischen einem Land der Tat um jeden Preis und dem Land des Debattierens, Zögerns und Zauderns, zwischen Überwachungswahn und fortgeschrittenem Kontrollverlust, zwischen einer modernen Ausprägung des Faschismus und bedrohter Freiheit, die es erst wieder lernen muss, sich gegen ihre Feinde von innen und außen zu behaupten.

Willkommen Heimat?!

Epilog

Wenige Wochen nach meiner Ausreise werden die schlimmsten Befürchtungen Wirklichkeit. Auf Geheiß des Diktators wird ein zweimonatiger brutaler Lockdown über Shanghai verhängt. Groteske Szenen gehen in den sozialen Netzwerken um die Welt. Eine Krankenschwester erliegt in Pudong einem schweren Asthmaanfall[84], weil man ihr wegen einer gerade stattfindenden Desinfektion in der Notaufnahme die Akutbehandlung verweigert. Sie bleibt nicht das einzige Opfer dumpfen Einsperrens und Aussperrens. Andere Menschen und andere Städte machen Ähnliches durch.

Der 24. Februar 2022 zerstört die Illusion „Wandel durch Handel", auch im Bezug auf China. Die Führung macht sich die russische Propaganda zu eigen, praktiziert eine zynische Neutralität zwischen Opfern zu Tätern, weigert sich beharrlich, völkerrechtswidrige Aggression und Kriegsverbrechen zu verurteilen. Mit ihrer eigenen militärischen Drohkulisse gegenüber Taiwan demonstriert sie eindrücklich ihre Verachtung für Freiheit und internationales Recht.

Der Klimawandel kehrt sich auch in China gegen seine Verursacher. Gegen ihn hilft kein Militär, selbst wenn die Regierung Wolken in der Hoffnung auf Regen beschießen lässt. Im Sommer 2022 leiden weite Teile Chinas unter einer nie dagewesenen Hitzewelle und Dürre.

Die Wirtschaft geht auf Talfahrt, die Jugendarbeitslosigkeit steigt auf Rekordniveau. Viele Ausländer suchen das Weite. Ebenso manche Chinesen, die in einem zum Gefängnis mutierten Land keine Zukunft mehr sehen.

---

84 Vgl. u. a. www.newsweek.com, 25.03.2022

Dank

Dieses Buch ist meiner Familie gewidmet, die sich aus freien Stücken auf einen Aufenthalt außerhalb der mitteleuropäischen Komfortzone eingelassen und in turbulenten Zeiten durchgehalten hat. Der überragenden Organisationskunst meiner Frau ist es zu verdanken, dass wir viele schöne Stunden verbringen konnten und nichts wirklich Ernsthaftes schiefgegangen ist. Unsere beiden Töchter haben, erst recht für die Verhältnisse von Teenagern, die Zähne zusammengebissen und uns die Frage erspart, wann es endlich nach Hause ergeht.

Unserer Familie, vor allem unseren betagten Eltern, und unseren Freunden in Deutschland danken wir für ihre Geduld und manche Aufmunterung aus der Ferne. Unser besonderer Dank gilt Richard, Nina, Max und Clara, ohne deren Angebot einer mehrmonatigen Wohngemeinschaft unsere vorzeitige Rückkehr aus China nicht so reibungslos verlaufen wäre.

Mit Dankbarkeit denken wir zurück an die gemeinsame Zeit mit neuen Freunden, Kollegen und Nachbarn, die wir in Shanghai kennengelernt haben, sowie an deren Unterstützung in vielen Dingen des täglichen Lebens.

Ungewollt beigetragen zur Entstehung dieses Buches haben die chinesischen Behörden durch die mir auferlegte Quarantäne, die langen Abende während des Freiheitsentzugs galt es schließlich sinnvoll zu füllen.

novum ✒ VERLAG FÜR NEUAUTOREN

Bewerten
Sie dieses Buch
auf unserer
Homepage!

w w w . n o v u m v e r l a g . c o m

EIN HERZ FÜR AUTOREN A HEART FOR AUTHORS À L'ÉCOUTE DES AUTEURS MIA KAPΔIA ΓIA ΣΥΓΓ
HJÄRTA FÖR FÖRFATTARE UN CORAZÓN POR LOS AUTORES YAZARLARIMIZA GÖNÜL VERELIM SZ
CUORE PER AUTORI ET HJERTE FOR FORFATTERE EEN HART VOOR SCHRIJVERS TEMOS OS AUTO
HERZÖINKÉRT SERCE DLA AUTORÓW EIN HERZ FÜR AUTOREN A HEART FOR AUTHORS À L'ÉCOU
CORAÇÃO BCEЙ ДУШОЙ K ABTOPAM ETT HJÄRTA FÖR FÖRFATTARE Á LA ESCUCHA DE LOS AUTO
AUTEURS MIA KAPΔIA ΓIA ΣΥΓΓΡΑΦΕΙΣ UN CUORE PER AUTORI ET HJERTE FOR FORFATTERE EEN
YAZARLARIMIZA GÖNÜL VERELIM SZÍVERZŐINKÉRT SERCE DLA AUTORÓW EIN HERZ FÜ
VOOR SCHRIJVERS TEMOS OS AUTORES CORAÇÃO BCEЙ ДУШОЙ K ABTOPAM ETT HJÄRTA FÖ

Der Autor

Markus Arnold, Jahrgang 1966, studierte BWL
an der Universität Passau und promovierte dort
anschließend mit einem wirtschaftspolitischen
Schwerpunkt. Seit vielen Jahren ist er als Führungs-
kraft bei einem weltweit tätigen Unternehmen
beschäftigt. Von Mitte 2019 bis Ende 2021 war er
gemeinsam mit seiner Familie als Expat in Shanghai. Aufgewachsen in Niederbayern, unweit der
Nahtstelle zum Warschauer Pakt während des
Kalten Krieges, und schon in jungen Jahren in
West und Ost unterwegs, interessiert er sich seit
jeher für Politik.

novum 🔷 VERLAG FÜR NEUAUTOREN

Der Verlag

*Wer aufhört
besser zu werden,
hat aufgehört
gut zu sein!*

Basierend auf diesem Motto ist es dem novum Verlag
ein Anliegen, neue Manuskripte aufzuspüren, zu ver-
öffentlichen und deren Autoren langfristig zu fördern.
Mittlerweile gilt der 1997 gegründete und mehrfach
prämierte Verlag als Spezialist für Neuautoren in
Deutschland, Österreich und der Schweiz.

**Für jedes neue Manuskript wird innerhalb
weniger Wochen eine kostenfreie, unverbindliche Lektorats-Prüfung erstellt.**

Weitere Informationen zum Verlag und
seinen Büchern finden Sie im Internet unter:

www.novumverlag.com